KB067169

사람은 무엇으로 움직이는가

BRING YOURSELF

: How to Harness the Power of Connection to Negotiate Fearlessly

사람은
무엇으로 움직이는가

Bring Yourself

연결의 힘으로 원하는 결과를 끌어내는
와튼스쿨 협상수업

모리 타헤리포어 지음 | 이수경 옮김

INFLUENTIAL
인플루엔셜

일러두기

- 이 책은 국립국어원의 표준어규정 및 외래어 표기법을 따랐으나 일부 인명, 브랜드명 등은 실제 발음을 따랐다. 통상 약칭으로 사용하는 경우는 원어 그대로 표기했다.
- 저자가 언급한 도서 중 국내에 번역 출간된 경우 국내서 제목을 표기했고, 국내 미출간 도서의 경우에는 번역하여 원서 제목과 함께 병기했다.
- 사례에 등장하는 인물 중 일부는 개인의 요청에 따라 가명으로 표기했다.
- 독자의 이해를 돕기 위한 옮긴이의 주석은 본문 내 괄호 안에 '–옮긴이'로 표기했다.

나 자신보다 더 많이 나를 믿어준 모든 분께 전합니다.
여러분 덕분에 이 여정을 시작했고
진실을 발견할 수 있었습니다.
감사한 마음, 늘 잊지 않을 겁니다.

능숙하고 효과적인 협상 기술을 익히고 싶은 사람에게 가장 현실적인 길잡이가 되어줄 책이다.

— 존 로저스John F. W. Rogers, 골드만삭스재단 회장

당신이 협상에서 원하는 결과를 얻지 못하게 방해하는 장애물이 무엇인지 알고 싶다면, 이 책을 읽어라. 모리 타헤리포어는 우리 자신의 특별한 능력과 경험을 활용해 창의적 해결책에 도달할 방법을 알려준다.

— 데브라 리Debra Lee, BET 네트워크 전 회장 겸 CEO

협상에 관한 과감하면서도 참신한, 설득력 있는 관점을 제시하는 책이다. 모리 타헤리포어는 가르치는 일에 탁월한 재능을 지녔다. 이 책에는 와튼스쿨의 협상 수업에서 그녀가 가르치는 내용뿐만 아니라 그녀 자신이 학생들로부터 배운 교훈들도 담겨 있다. 타인에 대한 호기심과 경청을 강조하는 이 책을 읽으며 나는 열린 태도와 공감이 모든 성공적인 협상의 핵심이라는 사실을 알게 되었다.

— 폴 태글리어부Paul Tagliabue, 전 NFL 커미셔너

이 책의 협상법은 내가 예상했던 것과 놀랍도록 다르다. 협상에서 상대에게 내가 가진 약점을 드러내고, 오히려 감정을 숨기지 말라고 조언한다! 이 의외의 접근법이 얼마나 효과적인지는 이 책을 읽고 경험해본 사람만이 안다. 여전히 타인 앞에 서는 일이 두려운 당신에게 나는 우선 이 책을 읽어보라고 강력히 권한다.

— 김봉진, 우아한형제들 의장

내가 수년째 즐겨 듣는 팟캐스트 〈Skimm'd from the Couch〉는 출연하는 게스트에게 "가장 마지막으로 협상을 한 건 언제인가?"라는 공통 질문을 항상 던지는데, 대부분 배우자와의 갈등, 십대 자녀와의 살얼음판 대화, 매니저 또는 파트너와의 지리한 업무상 회의에 대해 이야기하며 방금 전까지도 협상을 했다고 답한다. 우리는 크건 작건 매 순간 협상을 하면서 살아가고 있는 것이다! 모리 타헤리포어는 학교와 비즈니스 현장에서 십수 년에 걸쳐 경험한 구체적인 사례를 통해 '협상의 자세'를 말한다. 그가 제안하는 이 '협상의 자세'는 직장인으로, 워킹맘으로, 또 사회구성원으로 매일 마주해야 하는 '내키지 않은' 상황 속에서 최선의 결과를 만드는 데 필요한 실질적인 도움을 준다. 특히, 보다 공정하고 함께하는 세상을 만들기 위해 이 협상의 자세가 어떻게 도움을 주는지를 정리한 마지막 장은 끝까지 읽은 사람만이 만날 수 있는, 마치 예상치 못한 '보너스'를 얻은 듯한 큰 즐거움을 선사한다.

— 정김경숙, 구글 (본사) 디렉터

협상에 대한 책은 많지만, 이 책이 가진 최고의 장점은 협상의 출발점을 독특하게 정의하는 데 있다. 협상을 잘하기 위해서는 나 자신을 제대로 알고 진짜 자신의 모습으로 임해야 한다는 것이다. 나의 강점이 무엇인지, 나의 취약점이 무엇인지, 나는 얼마나 스스로에게 가치를 부여하는지에 따라 협상의 목표도, 전략도, 물론 결과도 달라진다는 빛나는 통찰! '너 자신을 알라'는 말은 너무 뻔한 듯 들리지만, 사실 모든 문제의 출발점이자 해결책이기도 하다. 매일매일 오만 가지 협상을 하며 살아가는, 우리 모두를 위한 책이다.

— 박소령, 퍼블리 대표

CONTENTS

모든 협상의 출발점은 자기 자신이다

나는 펜실베이니아대학교 경영대학원인 와튼스쿨에서 '협상negotiation'을 가르치고 있다. 수업 중에 팀을 짜서 모의협상을 하는데, 특정 상황과 주제를 정한 후 각자의 역할에 따라 실제 협상을 진행한다. 각 팀이 협의해 강의실 바깥 편한 곳에서 시작하면 되고, 합의에 이르는 시간은 30분 이내로 제한한다. 한 수업에서 화장실 리모델링 공사업자와 그를 고용한 집주인 간의 협상을 주제로 진행한 적이 있는데, 그때 가정한 상황은 다음과 같았다.

공사업자가 약속시간에 여러 차례 펑크를 내는 바람에 집주인은 이미 불만을 잔뜩 품은 상태다. 마침내 공사를 시작했는데, 공사업자는 집주인이 고른 것과 전혀 다른 엉뚱한 타일로 공사를 했다. 집주인은 속으로는 바뀐 타일이 더 괜찮다고 생각하면서도, 약속을 어긴 것이니 공사비용을 50퍼센트 깎겠다고 한다. 하지만 공사업자는 이미 작업을 마쳤기 때문에 원래 약속된 금액을 받아야 한다고 주장한다.

협상을 시작한 지 10분 후, 브렛$_{Brett}$과 앤절라$_{Angela}$가 아무런 성과 없이 돌아왔다. 협상에 진전이 없어 합의에 이르지 못한 것은 그럴 수 있다 치더라도, 주어진 30분을 다 쓰지 않고 10분 만에 포기한 채 돌아온 것은 다소 의외였다. 나는 두 사람에 대한 주변 사람들의 평판이 어떤지 대략 알고 있었다. 공사업자 역할을 맡은 브렛은 경쟁심이 강하고 원하는 건 어떻게 해서든 얻어내는 협상가 스타일이었다. 대학 졸업 후 맨해튼의 금융회사에 다니는 그는 온몸에서 자신감이 흘러넘쳤다. 집주인 역할을 맡은 앤절라는 부드럽고 조용한 성격에 늘 상냥해서 친구들과 협력을 잘하는 편이었다. 그녀가 모의협상에서 파트너와 합의점을 찾지 못한 것은 처음이었기에 나는 약간 당황스러웠다.

어떻게 된 일인지 확인하니 브렛과 앤절라 둘 다 상대방이 완전히 양보하지 않는 한 해결책을 찾을 수 없다고 생각하고 있었다. 두 사람은 서로의 이해관계가 겹치는 부분을 확인해 타협점을 찾아낼 가능성이 전혀 없으므로 더 실랑이하는 건 시간 낭비라고 판단했고, 결국 최후 수단인 법적 소송을 하기로 결론 내린 상태였다.

제한시간 30분이 다 돼 다른 학생들도 강의실로 돌아왔다. 그들은 각자 도출한 꽤 만족스러운 합의점을 들려주었다. 다양한 관점으로 공사업자와 집주인 모두 만족할 만한 해결책을 찾을 수 있다는 점을 깨닫고 브렛과 앤절라는 매우 놀라워했다. 어떻게 된 일일까? 브렛과 앤절라는 무엇을 놓친 것일까? 그들은 어째서 마음을 움직이지 않았던 걸까?

협상이 결렬된 후 브렛은 까다롭고 센 사람이라는 자신의 평판을 재확인했다는 점 때문에 기분이 좋지 않았다. 앤절라는 마음속의 두려움과 불안감에 스스로 지고 말았다는 생각으로 속상했다. 앤절라는 남성 비율이 높은 영역인 상업용 부동산 중개시장에 뛰어들 계획을 하고 있던 터라, 상대방이 아무리 강하게 나오더라도 물러서지 않고 끝까지 버티는 훈련이 필요했다. 그래서 브렛과 파트너가 되었을 때 '착해서 물러터진 사람은 질 수밖에 없어. 더욱 세게 나가야 이길 수 있어'라고 마음속으로 몇 번이나 되뇌었다.

'실제로' 경쟁심 강하고 주장을 굽히지 않는 사람, 그리고 경쟁심 강하고 주장을 굽히지 않는 '척하는' 사람이 협상 테이블에서 만나면 어떻게 될까? 그 협상은 대개 교착 상태에 빠지고, 양측 모두 아무것도 얻지 못한다. 원래는 경쟁을 싫어하는 사람이 경쟁심이 강한 척 '가면persona'을 쓰면 협상에서 최선의 결과를 얻을 수 없다. 최고의 협상을 위해서는 가면이 아니라 자신의 진짜 '강점'을 활용해야 한다. 앤절라는 자신의 강점을 이용하지 않고

시작하는 글

본래의 자기 모습과 딴판인 깐깐하고 완강한 자세로 협상에 임했고, 그로써 브렛과의 대화는 비생산적인 방향으로 흘러갔다.

나는 이런 문제를 자주 목격한다. 앤절라처럼 부드럽고 수용적인 사람들은 그런 자신의 성격이 협상에서 불리할 것이라 판단하고 공격적인 협상가의 가면을 쓰려고 애쓴다. 그들은 TV 리얼리티 프로그램 〈샤크탱크Shark Tank〉에 출연하는 투자자 케빈 올리리Kevin O'Leary나 스포츠에이전트 드루 로젠하우스Drew Rosenhaus처럼 최대한 공격적인 자세를 취해야 한다고 생각한다. 그리고 원하는 결과를 얻지 못하면 더 세고 공격적으로 나갔어야 한다고 자책한다. 사실 그런 생각을 전혀 이해하지 못하는 바도 아니다. 우리는 "길에서 불량배를 마주치면 평소보다 더 거칠게 행동해야 한다"라는 믿음을 심어주는 사회에서 성장하고 살아왔으니 말이다.

하지만 협상 테이블에서는 이런 믿음을 버려야 한다. 가면을 쓰는 것은 생각보다 많은 에너지를 쓰게 한다. 원래 그렇지 않은 사람이 공격적이고 강한 사람으로 보이려고 애쓰다 보면, 판단력과 주의력을 잃어버려 대화 흐름에 맞춰 효과적이고 민첩하게 대응하는 것이 어려워진다. 오히려 자신의 강점을 충분히 이해하고 활용하는 것이야말로 공격적인 유형을 상대하는 가장 효과적인 방법이다. 강한 척 세게 밀어붙여서 상대방을 제압하려는 것은 절대 뛰어난 협상가가 되는 길이 아니다.

협상 스타일이나 성격에 상관없이 누구나 뛰어난 협상가가 될 수 있다. 자신의 협상 스타일에 맞는 방법을 찾기만 하면 말이다.

나는 지난 15년간 약 5,000명의 사람들에게 협상을 가르쳤다. 현재는 와튼스쿨 학부생과 대학원생을 가르치고 있으며, 골드만 삭스가 지원하는 '1만 중소기업' 프로그램에서도 기업가들을 가르치고 있다. 이 프로그램은 중소기업 경영자를 위한 경영대학원 과정과 유사하다. 또 나는 뉴올리언스, 디트로이트, 뉴욕, 프로비던스를 비롯한 여러 도시를 다니면서 강의한다. 이집트 카이로의 여성들, 금융업계 임원들, 중국 부동산 투자자들, 간호사들, NFL(미국프로풋볼리그) 선수들, 스포츠에이전트들을 대상으로 강의한 경험도 많다.

그런데 어떤 강의에서든 "협상 테이블에서 가장 중요한 것은 자기 자신을 제대로 알고 진짜 자신의 모습으로 임하는 것이다"라고 설명하면 대부분 의아한 표정을 짓는다. 이것은 브렛과 앤절라의 협상 결과를 듣고 나서 학생들과 얘기를 나눌 때 강조한 내용이기도 하다. 몇몇 학생들은 의문을 품고 이렇게 질문하기도 한다. "자신을 제대로 아는 것이 협상과 무슨 관련이 있습니까? 오히려 상대를 제압할 논리적인 전략을 세우는 법이나 대화술을 배워야 하지 않나요? 이건 협상 수업이지 심리치료 수업이 아니지 않나요?"

그럼 나는 "당연히 우리는 지금 협상 수업을 하고 있지요"라고 대답한다. 지금 이 책도 당연히 협상에 관한 책이다. 하지만 당신이 기대했던 것과는 조금 다른 내용일지도 모른다. 내가 협상 수업에서 가장 중점을 두는 것, 그리고 이 책에서 강조하고 싶은 네 가지는 다음과 같다.

첫째, 협상에서 가장 중요한 것은 공감이다.

협상의 이론적 정의는 '합의 도달을 목표로 하는 대화'다. 이 정의는 협상에 커뮤니케이션, 문제해결, 리더십, 혹은 회복탄력성과 같은 여러 가지 '소프트 스킬$_{soft\ skill}$'이 필요하다는 의미를 내포한다. 물론 어떤 협상에는 다양하고 복잡한 계산이 동반된다. 그러나 숫자와 논리에 아무리 뛰어나도 자신의 강점과 약점을 정확히 파악하지 못하거나 상대의 관점을 제대로 이해하는 능력이 떨어지면, 또는 대화를 통해 긍정적인 유대감을 형성하지 못하면 협상을 망칠 수 있다. 협상에서는 머리가 아무리 좋아도 감성지능(EQ)이 부족하면 별 효용이 없는 것이다.

둘째, 자신의 가치를 제대로 알아야 한다.

나는 학생들에게 협상을 잘하기 위해선 자신의 가치를 제대로 이해하는 것이 중요하다고 누차 강조한다. 언젠가 한 학생이 "자신감 없는 사람의 반대는 뭘까요?"라고 물었다. 그러자 다른 학생이 "나르시시스트죠!"라고 외쳤다. 순간 내 머릿속에서는 왜 그 답이 '자신감 있는 사람'이 아니라 부정적 뉘앙스가 포함된 '나르시시스트'일까 하는 생각이 스쳤다. 왜 어떤 사람들은 '자신감 있는 사람'을 자연스럽게 받아들이지 못할까?

자신의 가치에 대한 믿음이 없으면 자신의 힘을 깨달을 수 없다. 자신의 힘을 깨닫지 못하면 자신의 협상 우위를 알 수 없고, 따라서 최대 능력치를 발휘하지 못한다. 내가 이 점을 강조할 때 자주 예로 드는 인물은 씨티그룹Citigroup 산하 스미스바니Smith Barney 에서 CEO를 지낸, 여성으로선 드물게 월스트리트Wall street 최상층 부에 오른 샐리 크로책Sallie Krawcheck이다. 그녀는 남성들이 득시글대는 그곳에서 자신이 여성이라는 점을 별로 신경 쓰지 않거나 혹은 약점으로 생각할 수도 있었다. 하지만 그녀는 여성이라는 정체성을 오히려 강점으로 활용할 줄 알았다. 그녀는 바로 '여성이었기에' 남다른 관점으로 세상을 바라볼 수 있었고, 이는 그녀에게 일과 협상에서 우위를 점할 수 있게 해주었다.

자신의 가치를 이해하는 것은 협상의 본질이면서 출발점이다. 협상을 통해 우리는 경청의 중요성을 깨닫고, 자만심 때문에 큰 손해를 볼 수 있다는 점을 배우기도 한다. 또 협상이라는 렌즈를 통해 과거의 상처를 자각하고 그것과 씨름하면서 자신이 왜 잘못된 신념을 갖게 됐는지 깨닫기 시작한다. 협상은 자신의 도덕적 신념과 가치관을 깊이 들여다보는 렌즈가 돼주고, 대화에 필요한 공감 능력을 키울 기회를 제공하기도 한다.

내 강의를 듣는 학생들은 협상이라는 렌즈로 삶을 바라보기 시작하면서 자기 자신을 이해하는 능력이 향상되고 인간관계도 한층 개선되는 경험을 한다. 일터와 개인적 삶에서 더 큰 성공을 이뤄내기도 하며, 때로는 그들의 배우자가 찾아와 내 수업 덕분에 부부 관계가 회복됐다며 고마워한다.

적잖은 학생들이 수업 중에 감정적으로 흥분하고 심지어 눈물도 흘린다. 내가 모욕감이나 창피를 주는 못된 선생이어서는 아니다. 물론 마냥 부드럽고 따뜻하기만 한 스타일도 아니다. 다만 나는 그들에게 깊은 애정을 갖고 그들이 자신의 진짜 모습을 드러낼 수 있도록 꽤 세게 밀어붙인다. 그 과정에서 학생들은 강렬한 감정적 경험을 하는데, 한편으론 협상 수업에서 그런 경험을 한다는 것에 놀라워한다.

협상이 인간의 감정이 배제된 행위라는 생각은 흔한 오해 중 하나다. 내가 깨달은 바로는 오히려 그 반대다. 그동안 다양한 연령, 성별, 인생 경험을 가진 사람들을 가르쳤던 경험에 따르면, 누구에게나 협상은 복잡하고 민감한 문제를 수면 위로 떠오르게 하는 행위다. 협상은 자아를 건드림으로써 스스로 자신을 어떤 사람이라고 생각하는지, 무엇이 자신을 불안하게 하는지 이해할 수 있게 해준다. 바로 그래서 협상을 통해 많은 것을 배울 수 있다.

셋째, 협상은 삶의 모든 순간과 연결돼 있다.

원하는 것을 얻기 위해 짜증을 부리는 아이도 나름의 방식으로 협상을 하는 것이다. 삶의 끝자락에서 의료적 도움을 받을지 말지를 고민할 때도 협상이 이뤄진다. 우리는 자녀나 부모님, 친인척, 직원, 이웃, 상사, 의료서비스 제공자 등 수많은 이들과 협상을 하며 살아간다. 심지어 자기 자신과도 늘 협상을 한다. 이렇듯 매 순간 협상을 하며 살다 보니, 인생 연륜이 쌓일수록 협상을 더 편안하게 느끼고 잘하게 된다. 더 나아가 협상이 모든 일상과 연결된 지극히 개인적인 행위라는 사실을 깨닫게 된다.

자기 내면의 서로 다른 여러 목소리 사이에서 갈등하는 것도 협상이다. 시간이 늦었는데 잠자리에 들지 않으려는 자녀와 실랑이하는 것도 협상이다. 바깥에서 더 놀고 싶어 하는 반려견을 집으로 들어오게 만드는 것도 협상이다. 회사 측의 채용 제안에 명확한 답변을 주지 않고 장단점을 따져보는 것도 협상이다. 연봉 협상만 협상이 아니다. 협상은 우리가 자신의 목소리를 발견하는 무대 같은 것이다. 협상은 의사결정이고 커뮤니케이션이며 비판적 사고다. 한마디로 협상은 삶 그 자체다. 협상을 더 편안하게 느끼고 자신감이 커질수록, 그리고 자신의 가치에 대한 믿음이 클수록 더 만족스러운 삶을 살게 된다.

넷째, 누구나 훌륭한 협상가가 될 수 있다.

나는 자신이 협상에는 젬병이라며 성격이 강한 사람과 대화하는 것이 두렵다고 말하는 학생들을 자주 만난다. 때로는 자신이 너무 만만해 보여서 협상을 잘할 수 없다고 말하는 학생들도 있다. 그들을 보며 나는 사람들이 '협상가'에 대해 가진 고정관념을 발견하곤 한다. 대부분 사람들은 '훌륭한 협상가' 하면 브렛처럼 자신감 넘치고 공격적이고 논리적 말하기에 능한 스타일을 떠올린다. 그래서 공감 능력이 뛰어나고 조용한 성격인 앤절라도 자신의 본 모습이 협상에서 불리하다고 판단한 것이다.

나는 이 책을 통해 다른 건 몰라도 그 오해만큼은 바로잡고 싶다. 공감 능력이 뛰어난 사람은 훌륭한 협상가가 될 수 있다. 실제로 내가 아는 최고의 협상가 중에는 그런 사람이 많다. 또 내성적인 사람도 훌륭한 협상가가 될 수 있다. 이건 내가 장담할 수 있는데, 나 역시 내성적인 성격이기 때문이다. 어떤 종류든 타인과의 충돌을 싫어하는 사람도 훌륭한 협상가가 될 수 있다.

사실 협상의 본질이 문제해결임을 깨닫고 나면 협상을 즐길 수 있게 된다. 겉으로 보기에 협상 능력이 뛰어난 사람도 실제로는 그렇지 않을 수 있다. 브렛 같은 사람에게도 스스로 인지하지 못하는 약점이 있기 마련이고 그 약점이 최선의 결과를 얻지 못하게 방해할 수 있다. 예컨대 지나친 자신감으로 인해 협상 전 준비를 제대로 하지 않거나, 그들이 가진 평판 때문에 상대에게 신뢰감을 주지 못할 때도 있다. 그러니 기억하라. 중요한 것은 자신의 강점을 제대로 이해하고 활용하는 일이다.

내가 가르친 많은 이들과 마찬가지로 내 삶에도 매 순간 협상이 있었고 지금도 마찬가지다.

이란에서 태어난 나는 이란혁명이 한창이던 1978년, 어린 나이에 미국으로 이주했다. 부모님은 이란의 전통적인 집안 분위기를 고수했고, 나는 착하고 말 잘 듣는 딸이 돼야 했다. 부모님과 형세사매 사이에 의견 충돌이 일어나면, 균열을 메우기 위해 함께 문제를 해결하는 게 아니라 격렬한 언쟁이 벌어지곤 했다. 서로 한 치도 양보하지 않으려 했고, 대화 주제가 정치적 이슈나 인생의 중요한 선택과 관련돼 있으면 그야말로 진이 다 빠질 정도였다. 우리의 대화는 의견 차이를 좁히기 위한 토론으로 좀처럼 이어지지 않았다. 각자 생각을 주장하기 바빴고 해결되지 않는 또 다른 언쟁만 만들어낼 뿐이었다. 당연히 즐겁지도 효율적이지도 않은 대화였다. 그게 우리 가족의 의사소통 방식이었고, 언젠가부터 나는 승산이 있겠다 싶은 싸움만 골라서 하기 시작했다.

가족이라는 좁은 울타리를 나와 바깥세상에서 했던 협상 중 가장 기억에 남는 것은 캘리포니아주 오클랜드의 HIV(인체면역결핍바이러스) 교육 및 예방, 지원 활동을 하는 기관에서 경험했던 협상이다. 에이즈가 빠르게 퍼지고 있었는데, 사회적 지원이 미치지 못하는 계층의 흑인과 라틴계 젊은이들, 동성애자들의 감염률이 현저히 높았다.

나와 동료는 매춘부와 그 섹스 상대, 주사제 마약 사용자, 성전환자, 고위험 청소년 등 소외계층 사람들을 찾아다녔다. 우리 기관의 활동은 긍정적인 효과를 냈는데, 이는 그들이 있는 곳으로 직접 찾아가 선입견이나 일방적 판단을 배제하고 그들의 문화적 특성에 맞춘 교육과 지원을 제공한 덕분이었다. 우리는 그들을 이해하려고 애썼다. 따뜻한 식사나 깨끗한 주사바늘, 콘돔, 금융 혜택을 제공하고, 필요한 의료서비스를 알아보거나 집 구하는 일을 돕기도 했다. 우리는 그들을 고압적이거나 비판적인 태도가 아니라 존중하고 공감하는 시선으로 대하려 애썼다.

그곳에서 일하면서 경험한 협상은 보람도 컸지만 꽤 까다롭기도 했다. 매춘부와 약물중독자에게 콘돔과 깨끗한 주사바늘 사용의 중요성을 이해시키는 것은 결코 평범한 협상이 아니었다. 위험한 환경의 젊은이들에게 HIV 검사를 받으라고, 안전한 섹스가 삶과 죽음을 가르는 문제라고 설득하다 보면 때로 매우 인상적인 대화로 이어졌다. 나와 전혀 다른 세계의 삶을 살아온 이들이었지만, 나는 그들을 진심으로 이해하고 싶었다. 그들을 비난하고 싶은 마음은 눈곱만큼도 없었다. 그들을 위해 노력하는 모습을 보여줌으로써 그들을 존중하고 신뢰를 얻고자 노력했다. 겨우 스물한 살이었던 나는 낯선 사람들에게 껄끄러운 검사를 받아야 한다고, 마주하고 싶지 않은 두려운 문제를 직시해야 한다고 설득했다. 그것은 꽤 어려운 협상 훈련이었다.

그중에서도 특히 기억에 남는 10대 소년이 있다. 많아도 열여덟 살은 안 돼 보이는 그 소년은 콘돔을 쓰지 않겠다고 고집을 피웠다. HIV 감염 위험에 관해 설명했지만 잘 납득하지 못했다. 그러다 그 소년이 물었다. "만약 내가 HIV에 감염되면 얼마나 살 수 있죠?" 내가 난처한 표정을 짓자 다시 물었다. "HIV 양성 판정이 나오면 죽을 때까지 얼마나 걸리느냐고요."

나는 개인차가 있긴 하지만 약물 치료를 하지 않는 경우 일반적으로 HIV 감염 후 에이즈로 진행되기까지 5년에서 10년 정도 걸린다고 설명했다. 다분히 교과서적인 대답이었다. 그런데 그의 반응을 듣고 나는 허를 찔린 기분이 들었다. 그는 어깨를 으쓱하더니 심드렁하게 말했다. "뭐, 꽤 오래 사네요. 우리 동네에선 당장 내일 총 맞아 죽을 수도 있는데." 그제야 나는 그의 삶을 진정으로 이해하기 전까지는, 그의 입장이 돼 매일매일 그가 어떤 삶을 살아내는지 알기 전까지는, 그를 설득할 수 없다는 사실을 깨달았다. 누군가를 설득하기 위해서는 아주 사소해 보이는 것일지라도 섣불리 속단해서는 안 된다는 점을 배운 것이다. 나는 그때 깨달은 교훈을 절대 잊지 않았다.

나는 경영학 석사학위를 취득했지만 다른 친구들처럼 다국적 대기업이나 금융회사에 취직하는 대신 내 회사를 시작하는 쪽을 택했다. 회사를 운영하면서 여러 가지 사업 노하우를 익혔고, 다양성 및 포용Diversity and Inclusion, D&I 이슈와 관련해 기업에 자문을 제공하는 일도 했다. 얼핏 생각하기에 다양성 및 포용은 협상과 별 관련이 없을 것 같지만 사실은 그렇지 않다. 사람들은 나고 자란 배경, 문화, 사고방식이 저마다 다르며 이러한 차이와 다양함은 그 자체로 중요한 가치다. 사람들이 지닌 다양성을 발견하고 가치 있게 활용하려면 각자 자신의 고유한 강점을 바탕으로 설득력을 키우고 효과적인 협상법을 익혀야 한다.

이후 학생들을 가르치기 시작하면서 나는 협상이 훨씬 더 많은 것과 관련된 행위임을 깨달았다. 나는 수업에서 협상을 직접 해보는 것이 중요하다고 생각했고, 앞에서 소개한 것과 같은 방식으로 모의협상을 진행해 수업 중에 배운 이론을 익히게 했다. 그런 다음 그들의 협상 결과를 하나씩 프로젝터 스크린에 띄워 함께 살펴봤다. 학생들은 모의협상에서 자신과 같은 역할을 맡은 다른 학생들의 결과와 자신의 결과를 비교해볼 수 있었다. 이런 과정을 통해 반드시 협상에서 이기는 것만이 좋은 결과는 아니라는 것을 깨닫곤 했다. 이런 수업 방식의 목적은 누군가에게 창피를 주는 것이 아니라 전체 과정을 환하게 드러내는 것이다. 각자 잘한 것뿐만 아니라 부족한 점과 실수도 공개적으로 드러내고, 그런 분위기를 효과적으로 활용하면 뜻밖의 솔직한 태도를 이끌어낼 수 있다.

나는 또한 학생들이 저마다 비슷한 장애물에 부딪힌다는 것을, 그리고 여기에는 협상 결과의 숫자가 보여주지 못하는 더 많은 개별적인 '이야기story'가 있다는 것을 깨달았다. 나는 그들의 협상 과정과 태도를 주의 깊게 관찰하고 분석했다. 어떤 이들은 협상 테이블에서 요구치를 너무 낮게 잡았는데, 좀 더 들여다보니 각자의 요구치는 스스로 생각하는 자신의 가치와 연관이 있었다. 또 어떤 이들은 앤절라처럼 원하는 결과를 얻으려면 세게 나가야 한다고 믿고 자신과 다른 모습의 가면을 쓰려고 애썼으며 대개는 별 효과를 얻지 못했다. 오히려 상대방에게 집중하지 못하는 바람에 중요한 정보를 놓쳐 불리한 상황에 놓이는 경우가 많았다. 그리고 대부분은 협상을 양측 모두 이익을 얻을 수 있는 대화가 아니라 승자와 패자가 갈리는 싸움이라고 생각했다.

이러한 깨달음을 얻은 후에 나는 수업 내용을 바꿨다. 주어진 정보를 이용해 목표를 설정하는 방법 등 기본 개념들도 설명하되, 그 정보에서 각자의 '이야기'를 읽어내는 방법과 그것이 왜 중요한지에 더 초점을 맞췄다. 그러자 수업 분위기가 달라졌다. 학생들은 서로를 더 잘 이해하기 시작했고, 자신의 취약점을 더 기꺼이 드러냈으며, 그동안 자신을 방해하던 나쁜 습관도 자각하기 시작했다. 모의협상 결과에 따라 성적을 매기는 교수들도 있지만 나는 결과보다 과정에 초점을 맞추는 것이 더 나은 방법이라고 판단했다.

내 수업을 들은 학생들은 "제가 예상했던 수업과 전혀 달라요"라고 말하곤 한다. 나는 그들이 왜 그렇게 말하는지 잘 안다. 나 역시 이런 방식의 수업을 하게 되리라곤 예상하지 못했다. 앞으로 또 어떤 것을 더 깨닫게 될지 모르겠다. 그래서 누군가에게 '전문가'라는 소리를 들으면 왠지 불편하고 어색하다. 협상에서 완벽한 전문가가 되는 일은 불가능하다. 지금도 나는 날마다 협상의 미묘한 측면들을 깨달으며 더 깊이 알아가고 있다. 그것은 우리 모두 마찬가지일 것이다.

이 책에서 다양한 협상 이론이나 기술적 조언은 만나지 못할 것이다. 그런 것을 훌륭하게 설명하는 책은 이미 많이 나와 있다. 대신 나는 여러 '이야기'들을 소개할 것이다. 우리 삶에서 만나는 다양한 협상 상황의 이면에서 사람들의 미묘하고 복잡한 심리가 작동하는 실제 모습을 살펴볼 것이다. 그래서 이 책에는 (나도 그랬듯이) 자신과 가치관이 다른 부모님과 충돌하며 힘들어하는 누군가의 이야기가 등장하고, 자신의 가치를 제대로 인식하지 못한 채 세상에 나가는 것을 힘들어하는 풋볼 선수의 이야기도 등장한다. 육아 문제를 놓고 갈등하는 부부의 이야기도, 삶의 방식을 고민하는 젊은이의 이야기도 등장한다. 넬슨 만델라_{Nelson Mandela} 같은 최고의 협상가, 세라 파르잠_{Sarah Farzam} 같은 중소기업 경영자의 이야기도 등장한다.

이 모든 이야기를 통해 당신은 분명히 깨닫게 될 것이다. 협상 가로서 우리는 모두 같은 문제로 씨름하고 있다는 점을, 즉 협상 과 관련된 모든 문제의 출발점은 바로 자기 자신이라는 점을 말이다.

PART 1

우리가 착각하는 것들

우리는 생각하는 대로 된다.

―무하마드 알리 *Muhammad Ali*, 권투 선수

당신은 자신의 강점이 무엇인지 생각해본 적이 있는가?
자기 자신을 스스로 평가하는 말은
자신의 이미지를 만들고 존재를 규정하며,
타인과 협상하는 방식에도 영향을 미친다.

자신의 가치를
스스로 깎아내리는 사람들

내 인생에서 가장 중요한 협상은 나 자신과의 협상이었다. 2010년 어느 날, 손에 마비 증세가 나타났는데 신경 쓸 여유가 없어 귀찮게만 느껴졌다. 창업한 지 얼마 되지 않은 때라 스트레스가 최고조에 달해 있었다. 중요한 계약을 위한 제안서를 작성해야 했고, 부실한 경영 실적을 만회할 타개책을 마련할지 아니면 인생의 다른 길을 택할지도 판단해야 했다. 손의 마비 증세는 계속 뒷전으로 미루다 제안서를 마무리한 후에야 병원에 가보기로 했다. 증세가 심해지자 8년 전 시신경염 진단을 받았다가 그것이 다발성 경화증의 신호일 수 있다는 얘기를 들었던 것이 떠올랐다. 손의 마비 증세도 그것과 연관이 있을지 모른다는 생각이 들었다. 부인하며 회피하고 싶은 충동도 일었지만, 제대로 아는 것이 낫겠다는 판단에 MRI를 찍고 신경과 진료를 받았다.

매우 사무적인 스타일의 신경과 의사는 다발성 경화증으로 진단을 하고선 마비 증상 완화를 위해 즉시 스테로이드 주사를 맞아야 한다고 말했다. 나는 애써 담담한 척했지만 속마음은 그렇지 못했다. 진단을 받고 돌아와 일주일 동안은 심각한 피부 트러블에 시달렸고 식욕을 잃어 밥도 제대로 먹지 못했다. 다행히 내 상태를 알게 된 친한 친구가 옆에서 큰 힘이 돼주었다.

나는 한없이 나약하고 의존적인 사람이 된 기분이었다. 그런 사람이 되는 걸 끔찍이 싫어했기 때문에 극심한 괴로움과 두려움을 느꼈다. 내 머릿속에서 다발성 경화증 환자는 보행 및 운동 장애가 생겨 휠체어를 타고 다니는 모습이었다. 생각할수록 혼란스럽고 무서웠다. 내 증상이 앞으로 어떻게 변화할까? 내 미래는 어떻게 될까? 언젠가는 일상생활의 아주 기본적인 것마저도 타인에게 의지해야 하는 날이 오는 건 아닐까? 나는 다발성 경화증에 대한 정확한 지식 없이 마음만 잔뜩 약해진 상태에서 끔찍한 시나리오를 써댔다. 내 걱정과 두려움을 뒷받침하는 정보만 찾아 읽느라 다른 정보는 눈에 들어오지 않았다. 긍정적인 가능성은 아예 차단했다. 나는 나 자신의 가장 끔찍한 적이 돼버렸다.

하지만 얼마 후 고통의 구렁텅이에서 빠져나올 계기를 만났다. 나는 다발성 경화증에 관한 최고의 전문가와 치료법을 찾아보기 시작했고, 운 좋게도 워싱턴 D.C.에서 실력자로 손꼽히는 신경과 의사와 진료 약속을 잡았다. 그는 진료실에 들어서는 내게 악수를 건네며 따뜻하게 맞아주었다. "당신 기분이 어떤지 잘 압니다"라고 말하는 듯한 눈빛을 보니 왠지 안심이 됐다. 나는 진료실에서 긴 시간을 보냈다. 컴퓨터 화면으로 MRI 결과를 보면서 자세한 설명을 듣다 보니 인터넷에서 읽었던 정보들 때문에 가졌던 두려움이 차츰 사라지는 것을 느꼈다. 그는 "가능성들을 제한하는 게 아니라 만들어가는 것이 제 방식입니다"라고 말했다. 그러면서 병의 재발을 막고 건강을 유지할 수 있도록 최선을 다하겠지만, 자신이 권하는 치료 과정이 쉽진 않을 것이라고 분명한 어조로 말했다. "나는 무서운 의사 선생님이 될 겁니다. 당신이 지금처럼 계속 건강하길 바라니까요."

그는 내가 쓴 비관적 시나리오에는 빠져 있던 중요한 정보 한 가지를 지적했다. "8년 전에 첫 증상이 나타났고 이후로 특별히 치료를 받지 않았는데도 한 번도 재발하지 않았다는 건 대단히 중요한 신호입니다. 운동이든 좋은 식습관이든 그동안의 생활습관이 당신의 건강을 지켜준 거니까요. 굉장히 놀라운 일이에요."

그 말만으로 충분했다. 순간 묵직한 깨달음이 뒤통수를 내려치는 듯했다. 그 의사는 내가 스스로 나의 가능성을 제한했던 그런 말들을 멈춰야 한다고, 머릿속에서 반복 재생되는 부정적 이야기를 진실에 더 가까운 것으로 바꿔야 한다고 일깨워줬다. 깨달음은 내 마음을 지배하는 에너지를 완전히 바꿔놓았다. 몇 주 만에 모처럼 예전의 나로 돌아간 기분이었다. 강하고 단호하고 주의 깊고 건강한 나 자신으로 말이다. 깨달음 전과 후의 내가 너무 다르게 느껴졌고, 마치 육체를 이탈한 또 다른 내가 나를 내려다보는 것 같았다.

나는 스스로 지어낸 이야기에 빠져 허우적거리는 대신 눈앞에 있는 진실을 읽어내야 했다. 이 점은 협상 수업을 시작할 때 늘 강조하는 것이기도 하다. 그 의사는 내가 진실을 볼 수 있도록 해줬다. 무려 8년 동안 아무 증상 없이 건강하게 지냈는데, 왜 나는 그 사실을 철저히 무시했을까?

그때부터 나는 스스로 가능성을 제한하는 말을 하지 않기로 했다. 대신 이런 말들을 했다. "그래, 나는 다발성 경화증 환자야. 그건 바뀌지 않아. 하지만 난 지금 건강해. 내게 나타났던 증상 덕분에 오히려 건강에 최우선 순위를 두며 생활할 수 있었어. 회사를 운영하느라 일과 삶의 균형을 맞추기가 어렵지만 건강 챙기는 일만큼은 소홀할 수 없지. 8년 동안이나 증상이 재발하지 않았고 몸이 어디 불편한 것도 아니잖아. 사실 요즘은 다발성 경화증 환자라는 사실을 종종 잊어버릴 정도로 그 어느 때보다 건강 상태가 좋아. 내가 가진 능력의 최대치까지 밀어붙이면서 스스로 놀랄 때도 많으니까."

강의실에서 나는 학생들에게 내 담당의사가 했던 것과 같은 역할을 하려고 노력한다. 나는 자신감을 잃고 주눅 들어 있는 학생들을 자주 목격한다. 그들은 "저처럼 어린 사람이 어떻게 경력자들과 경쟁할 수 있겠어요?"라고 말한다. 또는 자신이 유색인종이라서, 여자라서 어렵다고 말한다. '그저' 미용사일 뿐이라고, 요리사일 뿐이라고 말하기도 한다. 그들은 그런 말들이 자신에게 어떤 부정적 영향을 미치는지에 대해 생각해본 적이 없었고, 협상 수업에 들어와 그런 말들에 의문을 품게 되리라곤 더더욱 예상하지 못했다는 반응을 보인다. 나는 그렇게 자신의 가치를 과소평가하는 이들에게 내 담당의사가 그랬듯 이렇게 말한다.

"왜 그렇게 믿고 있죠? 내 눈에는 보이는 걸 왜 당신은 보지 못하나요? 여기 진실을 봐요. 자신의 가치를 깎아내리지 말고 가능성을 만들어나갑시다!"

왜 '부정적인' 정보에만 집중하는가?

그날은 볼티모어에서 골드만삭스가 지원하는 '1만 중소기업' 프로그램에 참여했던 학생들의 졸업식 리허설이 있는 날이었다. 그 프로그램에 참여하는 학생들은 중소기업 경영자들이며, 그들은 회사를 성장시키고 일자리를 창출하기 위해 도움이 될 만한 여러 가지 교육을 받는다. 내가 맡았던 협상 수업을 비롯해 다양한 강의를 듣는 것은 물론이고 사업자금을 확보하거나 유용한 네트워크를 구축할 기회도 얻는다. 나는 이곳에서 수업을 하지 않았더라도 이 프로그램의 열렬한 팬이 됐을 것이다. 그날 학생들은 가족들과 함께할 졸업식을 상상하며 시종일관 밝은 얼굴로 리허설에 참여했다. 일과 병행하느라 프로그램을 끝까지 해내는 것이 쉽지 않았을 테니, 그들에겐 졸업식을 즐길 자격이 충분했다.

리허설 장소 근처에서 내 수업을 들었던 데이나 시코_{Dana Sicko}와 마주쳤다. 그녀는 쾌활하고 밝은 성격에 늘 긍정적인 모습이었다. 케더링회사와 주스회사를 운영했는데, 자신이 판매하는 신선한 주스처럼 아담한 체구에 늘 에너지가 넘쳐흘렀다. 그런데 그날 오후에는 평소와 달랐다. 왠지 위축돼 보이고 근심이 있어 보였다. 내가 알던 활기찬 여성이 아니라 작고 약한 소녀처럼 보였다. 그녀의 표정은 리허설 현장의 들뜬 분위기와 대조적이었다. 무슨 일인가 싶어서 다가가 말을 걸었다. 이런저런 이야기를 잠시 나눴지만, 그녀의 마음은 다른 데 가 있는 듯했다. 억지로 밝은 표정을 지으려 애쓰는 게 분명했다. 나는 우리 둘의 공통 관심사인 해독주스로 화제를 돌렸다.

나는 건강에 매우 신경 쓰는 편이기 때문에 착즙주스에 관해서도 전문가 수준으로 알고 있다. 내가 주스 마니아라고 하자 그녀는 어떤 주스를 좋아하는지 물었다. 나는 한두 가지 이름을 댄후 "그리고 물론 건달로_{Gundalow} 주스도 무지 좋아하고요"라고 말했다. 그녀는 정중한 태도로 고개를 끄덕였지만, 내 말을 제대로 들은 것 같진 않았다. 일 분쯤 후에야 그녀는 흠칫 놀라며 "어, 잠깐만요. 그거 우리 회사네요"라고 말했다. 나는 "맞아요"라고 대꾸하면서 속으로 생각했다. '이 사람 정신이 나갔나? 자기가 얼

마나 멋진 제품을 만들었는지도 모르는 거야?'

나중에 알고 보니 데이나는 바로 자신의 주스회사인 건달로 때문에 고민에 빠져 있었다. 건달로는 여러 가지 문제에 봉착했고 시장에서 살아남을 수 있을지 불확실했다. 그녀는 졸업식을 앞두고 기쁘기는커녕 사기꾼이 된 기분이었다. 졸업식 리허설을 위해 무대에 올라가며 성공한 사업가가 되면 어떤 기분일까를 상상했는데, 막상 그렇지 못한 현실이 떠오르자 기분이 울적해진 것이었다.

그런데 내가 보기에 건달로를 위태롭게 하는 건 재정적 수치들이 아니었다. 그녀의 내면에서 스스로 만들어내는 부정적인 이야기들이 회사 운영을 어렵게 만드는 진짜 원인이었다. 당시 데이나는 투자자들에게 보여줄 예상매출 자료를 만드는 중이었고, 매출을 견인할 확실한 타깃 소비자층을 확정해야 했다. 그녀는 초초해하며 걱정하기에 앞서 중요한 사실을 간과하고 있었다. 전년도에 큰 성과를 내진 못했어도 그럭저럭 잘 버텼다는 사실에, 또는 그 이전 해에 높은 수익을 냈다는 사실에 집중할 수도 있었다. 그리고 과거에 회사 성장의 걸림돌이었던 유통 관련 문제가 이제는 해결된 상태라는 사실에 집중할 수도 있었다.

그녀는 내면에서 들려오는 부정적인 이야기를 바꾸기 위해서, 즉 마음가짐을 바꾸기 위해서 거짓말을 하거나 가면을 쓸 필요가 없었다. 속마음은 위축돼 있는데 겉으로만 자신감 있는 척하라는 의미가 아니다. 자신의 마음속 생각과 신념이 과연 맞는지 의문을 제기하고, 부정적인 정보만이 아니라 눈앞의 '모든' 정보를 바라봤어야 한다는 얘기다.

나와 우연히 대화를 나눴던 그날은 데이나에게 무척 힘든 하루였다. 하지만 그녀는 투자자들을 만나기 전에 협상 수업에서 배운 내용을 다시 떠올리며 자신이 고민하고 있는 내용들을 점검하고 수정했다. 그리고 부정적 데이터에만 집중하지 않고 가능한 모든 데이터와 사실을 종합적으로 고려함으로써 투자자들에게 매우 타당하면서 낙관적인 예상매출 자료를 만들어 보여줄 수 있었다.

당신은 자기 자신에게 어떤 이야기를 하는가?

우리는 자기 자신에게 하는 말들로 인해 스스로 가장 큰 적이 될 수 있다. 특히 협상을 할 때 우리는 자신의 가치를 낮추고 과소평가하는 경우가 너무 많다. 내가 그런 우를 범하지 않는 완벽한 사람이라서 이렇게 말하는 것이 아니다. 나도 내 가치를 폄하하는 말을 많이 했었다.

과거에 회사를 운영하던 시절의 일이다. 당시 나와 함께 사업을 했던 파트너는 나보다 나이도 많고 경험도 더 풍부했다. 동업을 시작하기 전 내가 사회초년생일 때는 멘토이기도 했던 터라 나는 그를 매우 공손한 태도로 대했다. 사업이 잘될 때는 둘의 의견이 달라도 큰 문제 없이 넘어갔지만, 회사가 큰 어려움에 부딪히거나 재정 문제를 겪을 때면 둘의 시각 차이가 확연히 드러났다. 그런 힘든 시기에 나는 회사 부채를 큰 부담으로 느꼈고 직원들을 해고해야 하는 것에 죄책감을 느꼈다. 늘 마음이 불안했고 경영자로서 갖는 의무들의 무게에 감정적으로 힘들어했다. 하지만 그는 이런저런 일을 많이 겪어봐서인지 무신경하고 덤덤했다. 특히 책임감에 대한 관점은 완전히 달라서 자금 투입과 관련해 서로 약속했던 내용을 이행하는 방식에서는 의견 일치를 보기가 힘들었다.

나는 자기 자신에게 '아직 배워야 할 게 많아. 자신감도 부족해. 아직 어려서 세상 물정에도 밝지 못해'라고 말하면서 내 주장을 내세우기보다 그의 의견에 따랐다. 나는 이렇게 말할 수도 있었을 것이다. '어떤 부분에서는 저 사람이 분명 경험도 더 많고 노련해. 하지만 나는 직감도 뛰어나고 꽤 현명한 편이야. 창업 자금 확보에도 중요한 역할을 했어'라고. 물론 나는 모든 면에서 완벽한 판단을 내리지 못했다. 직원 규모를 줄여 재정 부담을 줄이기로 한 그의 판단은 결과적으로 옳았다. 하지만 젊은 경영자로서 내가 가진 능력들을 좀 더 믿었더라면 어땠을까 하는 후회는 여전히 남아 있다.

데이나처럼 자기 능력을 확신하지 못하는 이들을 볼 때면 과거의 내 모습이 겹쳐 보인다. 그래서 그들이 나 자신도 종종 시달렸던 '자기의심self-doubt'을 극복할 수 있게 돕고 싶어진다. 그것을 단번에 없앨 마법을 알려주지는 못해도, 적어도 각자의 내면에 '자기의심'이 있다는 걸 자각하고 떨쳐낼 방법을 깨닫도록 도울 수는 있을 것이다. 자신도 모르게 '자기의심'의 말들을 되뇌는 사람은 상대방에게 불안하고 자신감이 부족해 보이는 모습으로 비치게 마련이다. 내가 늘 학생들에게 "스스로 자신의 가치를 깎아내려서는 안 됩니다. 그러면 남들도 당신의 가치를 깎아내립니다"라고 말하는 이유도 여기에 있다.

강의실에서 만난 킴Kim도 스스로 자신감이 몹시 부족하다고 느끼는 학생이었다. 협상 테이블에서 자기 입장을 끝까지 밀어붙이지 못하는 자신을 바보 같다고 생각했다. 그런데 나는 킴을 직접 만나기 전부터 그녀가 매력적인 성격의 소유자임을 알아볼 수 있었다. 강의 준비를 하다가 학생 서류에서 발견한 킴의 사진 속 모습은 단연 눈에 띄었다. 활짝 미소 지은 얼굴에 자신감과 침착함이 공존했다. 나중에 그녀 내면의 불안함에 관해 이야기 나눌 때 나는 이렇게 말했다. "당신을 만나기 전에 내가 당신 사진에서 받은 인상이 어땠는지 알아요? 강하고 자신감이 넘쳐 보였어요." 이 말을 듣고 그녀는 눈물을 흘렸다. 사실은 너무나도 그런 사람이 되고 싶었기 때문이다. 그녀는 수업에서 배워야 할 것이 협상에서 얻을 이익을 계산하거나 강한 척 연기하는 방법이 아니라 자기 자신의 가치를 믿는 방법이라는 사실을 깨달았다.

학생들과 대화하다 보면 이런 상황이 수시로 일어난다. 내가 칭찬을 하거나 장점에 주목하는 말을 해주면 그 말이 그들 내면의 민감한 부분을 건드려 감정이 크게 요동치곤 한다. 최근에 나는 어떤 학생에게 협상 초반에 제시하는 요구치를 왜 그렇게 낮게 잡았는지 물어보았다. 그녀는 "제가 상황 판단을 제대로 하지 못했나봐요"라고 대답하곤 잠시 후에 덧붙였다. "그 이상을 요구할 자격이 없다고 생각한 것 같아요." 나는 실제로 그녀가 능력이 뛰어난 사업가라는 걸 알았기 때문에 "당신은 20년 동안이나 회사를 잘 운영해왔어요. 당신만큼 사업을 훌륭하게 유지하는 사람이 얼마나 될까요? 왜 자신이 그 이상을 요구할 자격이 없다고 생각하는 거예요?"라고 물었다. 그녀는 "저도 잘 모르겠어요. 그냥 그런 것 같아요"라고 대답했다.

어쩌다 보니 여성들의 사례만 언급했지만 사실 '자기의심'은 비단 여성들만의 문제는 아니다. 나는 같은 문제를 겪는 남성들도 자주 목격한다. 여기에는 소위 강한 남성미를 운운할 때 결코 빠지지 않는 프로풋볼 선수들도 포함된다. 나는 풋볼리그 은퇴를 준비하면서 두렵고 불확실한 미래를 마주한 선수들을 도운 경험이 있다. 그들은 박수를 받는 스타 선수의 자리에서 박수를 치는 응원석으로 삶의 자리가 완전히 바뀌는 극적인 경험을 한다. 인생의 방향을 바꿔 홀로 서는 일은 외롭고 두려운 일일 수밖에 없으며, 그런 만큼 스스로 자기 자신의 가장 끔찍한 적이 되기 십상이다. 자기의심이 서서히 마음을 잠식하고 내면의 적은 그것을 더욱 키우고 악용한다.

그들은 얘기한다. "나는 풋볼 말고는 아무것도 할 줄 모릅니다.

잘하는 것도, 아는 것도 그것뿐이라고요." 하지만 내 생각은 다르다. 그들이 프로 선수로 활동했던 경험, 운동하면서 익혔던 많은 기술과 역량은 넓은 세상에 나가 활용할 수 있는 매우 소중한 자산이다. 자신을 다스릴 줄 아는 절제력, 협력하는 능력, 투지, 회복탄력성, 복잡한 경기 전략을 정확히 기억하는 능력, 몇 시간이고 경기 화면을 보면서 분석하는 능력, 근면함 등등. 그들이 유일하게 잘한다고 말하는 '그 한 가지'를 위해 준비하고 갈고닦은 모든 자질은 하나도 버릴 것이 없다. 회사에 취직하든 창업을 하든 말이다. 그들 마음속에 자리 잡은 자기의심이라는 내면의 적은 이 모든 강점을 선택적으로 지워버린다.

자기 자신을 스스로 평가하는 말은 자신의 이미지를 만들고 존재를 규정하며, 타인이나 세상과 협상하는 방식에도 영향을 미친다. 일단 그 사실을 알고 나면 그런 상황이 주변 곳곳에서 보이기 시작한다. 강의실에서도, 함께 일하는 동료들에게서도, 심지어 TV 드라마에서도 말이다. 이 주제와 관련해 내가 무척 좋아하는 드라마는 〈마블러스 미시즈 메이즐The Marvelous Mrs. Maisel〉이다. 주인공 메이즐의 정체성과 가치는 세상이 이미 정해놓은 것처럼 보인다.

1950년대 말 뉴욕의 상류층 여성인 메이즐은 그 시대 여성들에게 당연하게 여겨졌던 대로 남편을 내조하는 가정주부로 살아간다. 완벽한 아내로서의 그림을 망치지 않기 위해 남편이 잠들기 전까지는 화장을 지우거나 헤어롤을 말지도 않는다. 그러다 남편이 외도 사실을 밝히고 떠나버린다. 그녀의 인생은 미리 정해진 방향으로 흘러갈 것처럼 보인다. 남편이 정신을 차릴 때까지 시커멓게 탄 속을 숨긴 채 행복한 결혼생활을 하는 척하다가 나중에 남편을 되찾는 것 말이다. 하지만 메이즐은 그 이상을 추구한다. 그녀는 자신이 '그 이상의 존재'가 될 수 있다고 믿는다. 재밌고 발랄한 성격인 그녀는 스탠드업 코미디언이 되기로 한다. 그리고 삶의 시련이나 시대의 고정관념이 자신을 정의하게 내버려두지 않는다. 그녀가 자신을 향해 하는 말은 "나는 성실한 엄마이자 가정주부야"에서 "나는 성실한 엄마이자 가정주부이면서 코미디언이야. 그 무엇도 그 누구도 날 막지 못해"로 바뀌어간다.

한 시즌 총 여덟 시간에 주인공의 삶이 압축된 TV 드라마 속에서야 모든 게 쉬워 보인다. 하지만 분명히 말하건대, 실제 우리의 삶에서는 절대 쉽지 않다. 자신의 가치를 올바로 인식한다는 것은 사실 매우 힘들고 복잡한 과정이다. 거기에는 자존감과 자기인식, 그리고 가면증후군(자신이 그저 운으로 성공했다고 생각하며 불안해하고 성공할 자격이 없는 '가면을 쓴 사기꾼'이라고 믿으며 자신을 의심하는 심리 상태-옮긴이)과의 싸움이라는 문제가 전부 관련돼 있다. 그것은 명상이나 요가 수업에서 자주 들을 수 있는 "자기 자신을 사랑하십시오"라는 가르침과는 다르다.

자신의 가치를 올바로 인식하는 것은 매우 현실적이고 실제적인 행위이며 협상하는 방식과도 밀접하게 연관돼 있다. 자기의심에 휩싸여 있으면 협상을 시작하기도 전에 결과가 정해지는 셈이다. 그러나 자신의 가치에 확신이 있으면 그 가치에 의문을 품는 사람들 앞에서 더 당당해질 수 있다. 우리가 자신에게 어떤 말을 하는가는 협상이 만족스러운 결과를 낳을지 그렇지 않은 결과에 그칠지, 혹은 무대 위의 스타가 될지 평범한 주부로 남을지를 결정짓는다.

낮은 마지노선의 함정
: 적게 기대할수록 적게 얻는다

협상가 스타일 중에 '적당히 괜찮은 수준에 만족하는' 유형이 있다. 이들은 목표치를 높게 잡지 않고 모험을 피하며 자신의 기대에 못 미치는 제안을 받아도 그냥 수락하고 거래를 마무리한다. 이 유형은 쉽게 알아보기 힘든데, 그것은 그들이 자신의 선택을 그런 식으로 설명하지 않기 때문이다. 그들은 더 높은 금액을 요구할 타당한 근거가 없었다거나 윤리적인 측면을 고려했다며 자신의 선택을 합리화한다. 그들의 합리화 내용은 매우 그럴듯하고 다양하지만, 사실상 그 기저에는 적당하면 그만이라는 심리가 깔려 있다.

와튼스쿨 학부생인 샘Sam도 그런 부류였다. 그는 갈등이 생겨 시끄러워지는 것을 싫어하는 성격이었다. 모의협상에서 대부분의 계약을 성사시키기는 했지만, 최고의 계약을 도출하지는 못했다. 한번은 모의협상에서 그가 아파트를 판매하는 역할을 맡았다. 가장 중요한 셀링포인트_selling point_ 는 아름다운 바다가 내려다보이는 끝내주는 전망이었다. 하지만 건물 외장 공사를 새로 해야하는 상태라 모든 세대에 꽤 많은 '특별 유지보수 비용'이 부과될 예정이었고 몇 개월간 시끄러운 공사 소음도 겪어야 했다.

샘이 수락 가능한 최저선으로 정한 가격은 30만 달러였다. 모의협상에서 늘 그렇듯 학생들은 매물의 가치 산정을 위한 충분한 정보를 가졌다. 샘은 30만 달러 이하로 팔면 손해가 너무 클 것으로 판단했다. 협상을 시작하면서 그는 구매자에게 32만 5,000달러를 제시했고, 어느 아파트든지 특별 유지보수 비용이 발생할 수 있다는 점과 그 정도 비용 부담은 장기적으로 보면 별것 아니라는 사실을 길게 설명했다. 하지만 구매자인 제인은 29만 달러 이상은 내지 않으려고 했고, 결국 그 가격으로 거래가 마무리되면서 샘은 손해를 봤다. 협상이 끝난 후 결과에 대해 함께 이야기를 나누면서 내가 물었다. "왜 굳이 이 매매 계약을 했어요? 다른 구매자가 나오길 기다릴 수도 있었잖아요? 제인에게 팔지 않기로 결정할 수도 있었을 텐데요."

수업 후 샘이 몹시 우울해 보여서 그에게 다가가 대화를 시도했다. 그는 내게 "전 확실히 저 자신을 과소평가하는 습관이 있어요, 그렇죠?"라고 말했다. 나는 고개를 끄덕였다. 샘은 무언가를 팔기 위한 협상을 할 때마다 손해를 보곤 했다. 그가 걸려 넘어지는 지점은 늘 같았다. 자신의(혹은 자신이 가진 물건의) 가치를 충분히 활용하지 못한 채 '적당히 괜찮은 수준'을 받아들이고 거래를 끝내는 것이었다.

샘 같은 유형의 학생들은 협상 준비 단계에서 주어진 정보를 이용해 자신이 원하는 더 높은 목표치를 잡는 데에 집중하지 않는다(기억해보라. 이 아파트는 전망이 끝내준다). 대신 자신이 설명하는 조건 중 부정적인 면(특별 유지보수 비용, 공사 소음)에 대해 상대방이 어떻게 생각할지 집중하는 경향이 있다. '아파트에 이런 이런 단점이 있는데 어떻게 높은 가격을 부르겠어?' '내가 너무 욕심이 많은 게 아닐까?' '아파트의 적정 매매가를 내가 어떻게 판단하겠어?' 마음속에서 자기의심이 고개를 들고, 그 결과 협상이 깨지지 않을 정도의 안전한 금액을 부르게 된다.

샘의 협상 결과에 관해 이야기를 나눌 때, 아니나 다를까 그는 더 높은 가격을 부를 만한 근거가 부족했다고 설명했다. 더 비싼 가격을 주장할 타당성이 부족하다는 것이었다. 나는 샘과 함께 협상 시작 전에 주어졌던 정보들을 차근차근 살펴봤다. 자료에는 같은 지역에서 35만~40만 달러에 매매된 아파트들에 대한 정보가 있었다. 샘은 "그건 그래요. 하지만 그 집들은 평수가 더 넓었다고요"라고 말했다. 샘이 늘 최선의 결과를 얻지 못하는 이유가 분명해지는 순간이었다. 이는 자신의 가치를 확신하지 못하는 학생들에게 늘 목격되는 현상이다. 그들은 더 높은 목표치의 타당성을 뒷받침할 정보가 이미 충분한데도 그것보단 자신에게 불리한 한두 가지 정보에 더 많은 신경을 쓰면서 얽매인다.

샘이 처음에 32만 5,000달러를 제시한 것은 상대방이 자신을 부정적으로 평가해 평판이 나빠지면 어쩌나 하는 두려움 때문이었다. 자신의 가치에 확신과 믿음이 있는 사람들은 그렇게 하지 않는다. 그들은 먼저 자신이 가진 가치와 자원의 강점을 파악한 후에 상대방을 설득할 논리를 준비한다. 물론 그들도 상대방이 반론을 제기하는 상황을 고려한다. 하지만 반론 제기를 '먼저' 생각하지는 않는다. 이런 생각의 순서는 매우 큰 차이를 만들어낸다. 그들의 출발점은 두려움과 나약함이 아니라 자신감과 협상 우위다.

샘은 32만 달러 혹은 그 이상의 가격에 아파트를 거래한 다른 학생들의 협상 결과를 들으면서 자신이 무엇을 놓쳤는지 깨달을 수 있었다. 그들은 특별 유지보수 비용이나 공사 소음보다는 멋진 전망이나 고급 목재를 사용한 실내바닥을 강조했고 그 주장은 매우 합당했다. 샘은 그제야 말했다. "아, 저는 그런 측면들은 미처 고려하지 못한 것 같네요."

샘이 얻은 깨달음은 협상 수업에서만 필요한 것이 아니다. 아파트 판매는 수업 중의 연습일 뿐이고 그의 일상생활과는 관련이 없다. 그러나 거기서 얻은 교훈은 실제 생활에서의 행동이나 습관과 절대 무관하지 않다. 내가 수업에서 진행하는 다른 연습들도 대개 비슷하다. 단지 협상 기술을 익히는 것이 아니라 삶의 지혜를 배우는 기회가 된다. 세상의 고정관념이나 타인의 인식을 토대로 자신의 가치에 의심을 품고 과소평가하는 것은 더 나은 협상에도, 실제 생활에도 아무런 도움이 되지 않는다. 협상 테이블에서 내놓는 첫 제안에는 당신에게 있는 최고의 가치를 담아야 한다. 그리고 그 가치의 타당성을 객관적 자료와 설득력 있는 스토리텔링을 활용해 논리적으로 설명할 수 있어야 한다. 그렇게 출발해야 상대방과 소통하기도, 당신의 의견을 밀고 나가기도 더 쉬워진다.

두 베이비시터, 그리고 무보수 노동의 함정

우리는 어릴 때부터 자신의 가치에 대한 관점을 형성하고 그것을 고수하는 경향이 있다. 두 베이비시터의 이야기를 살펴보자.

제나Jenna는 이웃에 사는 열세 살 소녀 매들린Madeline에게 오후 시간에 자신의 두 딸을 돌봐줄 수 있는지 물었다. 매들린은 그러겠다고 했다. 제나는 아기 봐주는 비용으로 시간당 얼마를 주면 되느냐고 물었다. 그러자 매들린은 쭈뼛거리며 "모르겠어요. 그냥 아줌마가 적당하다고 생각하시는 만큼 주세요"라고 대답했다. 제나는 다시 "네가 아기 봐줄 때 다른 어른들은 보통 얼마를 주시던?" 하고 물었다. 매들린은 얼굴을 붉히며 어깨를 으쓱했다. "그냥 알아서 주셨던 것 같아요." 말을 하면서도 자기 발끝만 내려다봤다. 마치 '이런 얘기는 어색해요. 돈 얘기 그만 좀 물어보세요. 이쯤에서 끝내자고요!'라고 말하고 싶은 듯했다.

매들린은 자신의 가치를 남들이 규정하게 내버려두고 있었다.

아마 '겨우 열세 살인 내가 뭘 알겠어?'라고 생각했을지도 모른다. 하지만 아이들을 책임지고 돌볼 수 있을 정도라면 아무것도 모르는 바보는 분명히 아니다.

이번에는 제나의 다른 베이비시터 던_{Dawn}을 보자. 던은 일주일 동안 매일 오후에 제나의 아이들을 봐줬다. 던은 일을 시작할 때, 자기 또래 아이들이 대개 얼마를 받는지 얘기하고 근처 병원에서 아이 돌보는 법을 배운 적이 있다고 덧붙이면서 제나에게 비용을 알려줬다. 일주일 후 제나에게 돈을 받은 던은 "잠깐만요, 5달러가 모자라요"라고 말했다. 딸을 데리러 와서 그 자리에 함께 있던 던의 어머니는 당황하면서 제나에게 사과했다. 하지만 제나는 어린 소녀의 야무진 태도에 오히려 흐뭇해하면서 던의 어머니에게 괜찮다고 말했다. 그러곤 던에게 부족한 금액을 마저 챙겨주면서 팁까지 후하게 얹어줬다.

이미 힘든 시기를 보내고 있을 사춘기 소녀들에게 너무 엄격한 잣대를 들이대고 싶은 생각은 없다. 그러나 이 소녀들이 20대가 되면 인턴에 지원하고, 신입사원이 되고, 나중에는 간부나 임원 자리에도 오를지 모른다. 사회생활에서 자기 가치에 대한 이해는 매우 중요하고, 성장하고 발전하면서 그 가치를 조정하는 일 역시 마찬가지다. 지금 본인이 받아야 마땅하다고 믿는 대접에 대해 근거 없이 높은 기대를 품어야 한다는 얘기가 아니다.

던에게 베이비시터 아르바이트로 시간당 20달러를 받을 자격이 저절로 생기지 않는 것처럼, 경력도 없는 20대 젊은이에게 관리자 직급에 오를 자격이 저절로 생기는 것은 아니다. 그 자리에 합당한 능력을 갖춰야 한다. 하지만 무엇보다 먼저 자신의 가치를 제대로 알아야 한다. 던에게 자신이 요구하는 비용의 타당성을 뒷받침할 정보가 있었다는 점은 아주 중요하다. 비슷한 또래의 베이비시터들이 얼마를 받고 있는지 알고 있었고, 교육을 받았다는 점을 내세울 줄도 알았다. 겨우 열세 살이지만 자신의 가치를 분명히 이해한 것이다.

내 학생 중 한 명인 세라 파르잠Sarah Farzam은 스물네 살 때 바이링궐버디스Bilingual Birdies라는 회사를 창업했다. 이 회사는 아이들에게 노래를 이용해 언어를 가르치는 교육 프로그램 서비스를 제공한다. 세라는 창업 초창기를 회상하며 말했다. "처음에는 학부모들이 아이를 데려다주고 가면서 '그런데 이곳 운영자가 누구죠?'라고 묻곤 했어요. 그럼 나는 머뭇거리며 '아, 전데요'라고 대답했고요."

세라는 당시 무엇이든 협상을 해야 하는 상황이 되면 두려움부터 앞섰다고 했다. "상대방에게 '아니요'라는 거절을 들을까 두려웠어요. 나의 가치에 대한 확신이 부족했기 때문이죠." 당연히 상대방도 그녀의 그런 불안감을 눈치채곤 했다. 그래서 그녀는 중소기업 경영자에게 컨설팅 및 교육을 무료로 지원하는 단체인 스코어SCORE를 찾아갔고, 거기서 소프트웨어 회사를 운영하는 나이 지긋한 사업가를 멘토로 만났다.

세라는 말했다. "늘 입는 캐주얼한 옷차림으로 그를 만나러 갔어요. 제가 물었죠. '회의나 협상 자리에서 돈 얘기를 어떤 식으로 해야 하나요?' 그랬더니 그가 '어떤 식으로 하다뇨? 그냥 얘기해요'라고 말하더군요." 그녀는 "저는 그게 어려워요"라고 답했다. 그러자 그는 사무실 벽에 걸린 미니 농구 골대를 향해 무심하게 공을 던지면서 "그냥 이렇게 말하면 돼요. '1,000달러는 주셔야 합니다.' 뭐, 이런 식으로요"라고 말했다. 세라는 생각했다. '이 사람은 나랑 완전히 다른 세계에 사는구나. 왠지 모르게 나랑은 소통이 잘 안 돼. 이 사람은 자신감이 넘치는데 나는 정반대야.'

그 사업가가 들으면 기분이 나쁠지도 모르겠지만, 그는 중요한 것을 놓치고 있었다. 그는 세라의 진짜 문제를 이해하지 못했다. 그녀의 문제는 돈 얘기를 할 때면 자신을 어른한테 돈 달라고 떼 쓰는 철부지 아이처럼 느낀다는 점이었다. 그는 세라가 자신을 부정적으로 인식하고 있다는 점을 일깨우고, 그녀의 강점(사업 능력이 탁월하고, 에너지가 넘치며, 4개 국어를 할 줄 알고, 가르치는 능력이 뛰어나다는 것)에 집중하도록 이끌어주지 못했기 때문에 협상 능력을 키우는 데 도움을 주지 못했다. 그녀에게는 자신이 제시하는 금액만큼 가치 있는 일을 하고 있다는 믿음, 자신이 가진 능력에 대한 긍정적 평가가 필요했다.

세라와 같은 문제를 겪는 이들은 흔하게 목격된다. 자신의 노동력을 무료로 제공하는 사람들을 떠올려보자. 그들은 흔히 이렇게 말한다. "돈은 안 받아도 됩니다. 시간이 많이 걸리는 일도 아닌걸요." "제가 좋아서 한 일이었어요." "그들은 세상을 위해 좋은 일을 하잖아요. 그래서 기꺼이 도운 겁니다." 물론 그런 말들은 진심일 것이다. 당연히 우리는 마땅히 선한 의도로 타인을 도울 줄도 알아야 한다! 하지만 나는 노동력을 제공했다면 설령 적더라도 반드시 보상을 얻어야 한다고 믿는다. 보상이 없다면 적어도 뚜렷한 계획을 갖고 노동력을 기부해야 한다(예컨대 무보수 프로젝트에는 일 년에 두 번만 참여하기로 한도를 정해놓는다든지). 당신은 가치 있는 사람이므로 당신의 시간 역시 소중하다. 당신 스스로 그렇게 생각해야 하고 세상에도 그런 메시지를 보내야 한다. 당신의 시간은 공짜가 아니다. 그것에는 비용이 따른다.

나는 내 강의를 들었던 학생을 종종 조수로 고용한다. 그런데 그들에게 보수를 물어보면 거의 예외 없이 이렇게 대답한다. "돈은 필요 없습니다. 선생님과 같이 일할 수 있는 굉장히 좋은 기회니까요." 그러면 나는 늘 이렇게 말한다. "돈을 안 받겠다면 당신을 고용하지 않겠어요. 당신은 앞으로 남들이 당신의 시간과 노력을 소중하게 여기지 않는다고 생각하며 살게 될 테니까요. 그리고 내가 당신의 시간과 노력을 소중하게 여긴다는 것을 꼭 알았으면 합니다. 내가 그렇게 생각한다고 '말만' 하는 것으로는 충분하지 않아요."

물론 나는 그들의 선한 의도를 십분 이해한다. 만일 내가 20대 젊은이라 해도 교수님에게 일을 제안받았을 때 대뜸 "돈을 얼마나 주실 건데요?"라는 질문부터 던지진 않을 것 같다. "돈은 필요 없습니다"라고 말하는 심리는 충분히 이해가 간다. 그러나 이런 선언은 특정한 습관을 형성시킬 수 있고, 잠재의식에 계속 쌓이면 위험해진다. 자신의 가치를 스스로 깎아내리는 과정은 매우 미묘하게 진행된다. 처음엔 작은 눈뭉치였던 것이 경사로를 굴러 내려오면서 점점 커져 마침내 눈사태가 발생하는 것처럼 말이다.

예를 들면 이런 식이다. 당신은 고객을 확보하는 능력이 스스로 부족하다고 느끼며 자신감이 없다. 그래서 잠재고객에게 보내는 제안서에 해당 분야의 유용한 지식이 많다는 점을 강조한다. 당신은 최대한 좋은 성과를 보여줘서 그들을 깜짝 놀라게 해야 한다고 느낀다. 그쪽에서 리스크를 감수하고 당신을 고용할 만큼 당신에게 매력적인 강점이 있다고는 생각되지 않기 때문이다. 그런데 문제는 잠재고객에게 확실하게 어필하고 싶은 마음에 당신의 지식과 재능을 무료로 제공할 때 발생한다. 당신이 자진해서 무료로 해주겠다는데 그쪽에서는 굳이 마다할 이유가 없다. 그러고 나면 당신의 가치는 훨씬 더 낮아진다. 어쩌면 당신은 다음번 잠재고객에게 당신의 '가격'을 낮춰 부를지도 모른다. 이렇게 패턴이 형성되면 남들은 당신이 자기 자신을 부족한 사람이라고 여긴다는 것을 알고 그 점을 이용하려 든다.

나는 꼭 금전적 형태는 아니더라도 가치의 교환이 이뤄져야 한다고 믿는 쪽이다. 가령 내가 옛 제자에게 일을 도와달라고 부탁한다면 그가 적어도 이렇게 말했으면 좋겠다. "돈은 안 주셔도 됩니다. 대신 법학대학원 지원에 필요한 추천서를 좀 써주시겠어요?" 모종의 '주고받기'가 필요하다는 얘기다. 그래야 잠재의식에서 자신의 가치를 깎아내리는 일이 일어나지 않는다.

사람들이 금전적 보상 없이 노동력을 제공하는 이유는 나름대로 다양하다. 조직에서 의미 있는 구성원이 되고자 하는 경우가 있는가 하면, 자기 브랜드 위상을 높여줄 수 있는 회사를 고객으로 확보하고 싶어서 무료로 용역을 제공하기도 한다. 일 자체가 성취감을 주기 때문이라고 말하는 사람, 보수를 안 받더라도 경험이든 뭐든 어쨌든 얻는 게 있다고 말하는 사람도 있다.

제러미Jeremy의 경우는 이런 이유들 중 어느 것에도 해당이 안 됐다. 제러미는 지방채 판매 담당자였는데, 그의 가장 뛰어난 업무 능력 중 하나는 고객과 친밀한 관계를 맺는 능력이었다. 그는 중요한 잠재고객 한 명과 개인적으로 굉장히 친해졌고 그 고객은 툭하면 제러미에게 연락해 이런저런 도움을 요청하기 시작했다. 그때마다 제러미는 기꺼이 도와줬고 조만간 계약을 진행하자는 의사를 내비쳤다. 고객은 "암요, 물론이죠. 우리 쪽에서도 준비 중입니다"라고 대답했다. 그런 상황이 반복되는 동안 제러미는 무보수로 계속 일을 도와줬지만, 잠재고객은 계약을 자꾸 미뤘다. 사실 이런 종류의 상황은 꽤 빈번하게 일어난다. 마침내 계약 진행 단계가 됐을 때, 잠재고객은 제러미가 제시하는 수수료에 난색을 보이며 멈칫거렸다. 결국 둘의 관계는 끝나버렸다. 제러미는 고객한테 이용당했다는 기분을 느낀 채로, 잠재고객은 수수료가 너무 비싸다고 화가 난 채로 말이다.

제러미가 고객과의 관계를 쌓는 데 시간과 에너지를 쏟은 것은 바람직하다. 그의 실수는 자신이 제공하는 도움의 가치를 고객에게 분명히 인식시키지 않은 채 너무 오랫동안 무료로 도와줬다는 점이다. 말하자면, 그는 고객을 교육할 필요가 있었다. 그 고객은 제러미에게 받은 도움의 가치를 전혀 이해하지 못했고 심지어 당연한 것으로 생각했다. 그 일을 겪은 후 제러미는 누군가 자신에게 다가오면 자신을 이용하려는 속셈이 있을지 모른다고 추측하며 잔뜩 예민해지는 자기 자신과 싸워야 했다. 이 경험은 일종의 상처가 돼 그의 판단력을 방해하곤 했다.

타인에게 시간과 노력을 투자하기 전에는 자신이 감수해야 하는 손해가 있는지, 어느 정도의 시간과 노력을 투자하는 것이 좋을지, 그 대가로 얻을 수 있는 것은 무엇인지 등을 신중하게 따져 보고 결정해야 한다. 그것은 기회주의적인 행동이 아니라 전략적인 행동이다. 반드시 금전적 이익과 관련이 없더라도 시간과 노력이 투여된다면 '거래'라고 봐야 한다. 거래는 서로의 가치를 존중하며 이뤄지는 교환 행위여야 한다. 당신의 가치가 충분히 존중받고 있는지(그 형태가 금전적 보상이든, 관계든, 또는 배움의 기회든) 항상 스스로 점검해야 한다. 제대로 존중받지 못한다고 느끼면서도 계속 시간과 노력을 내주면, 자신의 가치에 회의감이 들기 시작하고, 모종의 습관과 패턴이 생겨 부정적인 상황이 지속될 수 있다. 또는 억울한 마음이나 분노가 차오를 수도 있으며 이 역시 해롭기는 마찬가지다.

협상과 도덕적 프레임

나는 수업에서 종종 모의협상을 진행한다. 한 사람이 다른 사람에게 희귀 와인 한 병을 팔아야 한다. 판매자는 손해 보지 않을 수 있는 최저 판매가가 400달러이고 많게는 1,000달러까지 받을 수 있음을 보여주는 정보를 갖고 있다. 이 모의협상에서 다이앤Diane이라는 학생은 협상을 시작하자마자 와인 가격으로 400달러를 제시했다. 내가 물었다. "왜 목표 금액을 그렇게 정했죠? 800달러나 그 이상을 불러도 되잖아요."

"하지만 속여서 팔고 싶지 않아요."

"그건 속이는 게 아니에요. 속여서 팔라는 얘기가 아니라고요."

"800달러가 타당하다는 근거는 없어요."

800달러가(심지어 1,000달러도) 터무니없는 가격이 아님을 보여주는 '증거'는 분명히 존재했다. 그 와인의 가치는 최근 몇 년 동안 꾸준히 상승세였고, 현재까지의 가치 상승 속도를 감안하면 사실 1,000달러도 충분히 합리적인 판매가였다. 하지만 나는 이 사실을 설명하기 전에 다시 물었다. "400달러로 정한 이유가 뭐죠? 그 가격이 최선이라는 증거가 뭐죠? 나는 800달러도 충분히 타당하다는 증거를 보여줄 수 있어요." 다이앤은 당황하며 대답했다. "400달러에 팔면 손해도 안 나고 상대방을 속일 필요도 없으니까요."

와인의(그리고 그녀 자신의) 가치를 과소평가하는 목소리가 그녀

마음속을 지배하고 있었다. 그녀는 자신이 생각하는 가치보다 비싼 가격으로 파는 '나쁜' 사람이 되는 것을 두려워하고 있었다. 솔직히 말해 "하지만 속여서 팔고 싶지 않아요"라는 다이앤의 말을 듣는 순간 나는 약간 화가 나면서도 방어적인 태도가 됐다. 나는 분명 '가르치는' 입장인데도, 내가 제시한 가격이 불합리한 수준이 아니며 거짓말을 하는 것도 아니라는 점을 스스로 거듭 상기해야 했다.

다이앤의 말에 감정적으로 동의하는 사람은 의외로 많다. 여기에는 미묘한 사회적 이유들이 다양하게 작용한다. 다이앤이 사용한 것과 같은 도덕적 프레임은 때로 상황의 본질을 숨기기 위한 방패막이 역할을 한다. 이 방패막이는 우리가 자신의 가치에 대해 충분히 생각하는 것을 방해한다. 스스로 자기 확신과 자신감이 부족하다고 인정하는 것보다 "상대방을 속이고 싶지 않다"라고 말해버리는 편이 훨씬 더 쉽기 때문인지도 모른다.

자신이 수용할 수 있는 가장 낮은 마지노선을 정하고, 이것만 지켜내면 된다는 것을 협상의 기본 전략으로 삼는 학생들이 많다. 그들은 이런 식으로 말한다. "나는 최고의 거래를 하진 못했지만, 적어도 흥정을 하진 않았어요. 인간적인 거래를 했으니 그것으로 족해요." 이 말이 도대체 무슨 뜻일까. 여기에는 흥정을 하는 것이 인간성을 훼손하는 것이라는 의미가 담겨 있다.

그래픽 디자이너 제니퍼Jennifer는 다른 여성 세 명과 동업을 했다. 모두 서로 친한 사이였다. 사업을 시작하고 일 년 동안은 중요한 문제로 서로 협상할 일이 없었다. 네 명이 각자 자신의 고객을 상대하면서 개별적으로 일했기 때문이다. 그러다 어느 고객이 넷이서 함께 협력해 진행해야 하는 프로젝트를 의뢰했다. 그들은 프로젝트에서 각자 맡을 부분을 정했지만 넷이서 수익을 어떻게 나눌지는 논의하지 않았다(이게 그들의 첫 번째 실수였다). 네 동업자 중 한 명인 로라가 대부분의 작업을 했지만, 제니퍼가 일한 분량도 적지 않았다. 시간이 흐를수록 프로젝트가 복잡해지면서 처음 예상보다 일이 더 많아진 탓이었다. 프로젝트가 끝난 후에 네 명의 동업자들 가운데 회계 담당자는 수익의 90퍼센트를 로라에게 주고 10퍼센트를 나머지 세 명이 나누자고 말했다. 제니퍼는 불공정하다는 생각이 들었고 그 생각을 동업자들에게 말했다.

제니퍼는 그때의 일을 이렇게 설명했다. "그랬더니 세상에, 심판의 폭풍이 몰아치더라고요! 그들은 이렇게 말했어요. '이쪽 일은 공정하니 불공정하니 그런 걸 따지는 일이 아니에요. 다들 회사에 도움이 된다면 보상 없이도 일하곤 하잖아요'라고요. 내가 마땅히 받을 자격이 있다고 요구하면 욕심 많은 사람이 되는 분위기였어요. 공정하지 않다고 말하는 것이 도덕적으로 잘못된 일인 듯한 기분까지 들었죠. 돈 얘기를 꺼내면 나쁜 인간이 되는 기분이었어요." 제니퍼에게는 그들의 반응이 결코 가볍게 느껴지지 않았다. 그녀가 나중에 수익 배분 이야기를 다시 꺼냈을 때 한 동업자는 이렇게 말했다. "당신이 자꾸 돈 얘기부터 꺼내니까 당신한테 믿음이 안 가네요."

이후 한동안 제니퍼는 수익 배분에 관해 얘기하는 것을 피했다. 하지만 내면의 감정은 곪아갔다. 재정적 문제나 다른 의견에 대해 말할 수 없다는 점 때문에 억울하고 분한 마음이 커졌다. "그 상황이 정말 괴로웠습니다. 부당한 대우를 받고 있다는 기분이 맞는 건지, 아니면 그렇게 생각하는 내가 정말 이기적이고 욕심이 많은 건지 나중엔 헷갈려서 밤에 잠도 안 왔어요." 제니퍼의 상황에는 여러 요인이 복잡하게 얽혀 있었지만, 무엇보다 그녀는 돈 얘기를 하는 것과 자신의 몫을 주장하는 것이 '잘못된 행동이 아니라는' 자기인식을 더 굳건하게 지킬 필요가 있었다. 그렇게 한다고 해서 나쁜 인간이 되는 것은 아니다. 하지만 동업자들은 그런 식으로 생각했으므로, 그녀는 이를 충분히 고려해서 좀 더 적절한 방식으로 접근할 필요가 있었다. 이런 종류의 문제(즉 제안하는 '방식')에 대해서는 4장에서 다시 살펴볼 것이다.

사람들이 협상을 도덕적 요소와 결부해 생각하는 데에는 이유가 있다. 그것은 협상 테이블에서 '실제로' 고약하게 행동하는 이들이 많기 때문이다. 내 수업을 들은 미셸Michelle은 뉴욕의 대기업에서 소송 변호사로 일한 적이 있는데, 그때 강력한 협상가에 대한 전형적인 이미지가 머릿속에 더욱 굳어졌다고 말했다. "협상에서 자신이 얼마나 강한지 보여주는 게 중요했어요. 위협적인 태도와 가식, 센 척하는 허세 같은 것 말이에요." 사회초년생이었던 그녀에게 세상이 보내는 메시지는 '협상은 공격적인 것이고, 제로섬 게임이고, 경쟁해서 승자와 패자가 남는 일'이라는 것이었다. 그녀는 그런 것을 효과적인 협상이라고 믿는 사람들의 무리에 끼고 싶지 않았다.

그래서 미셸은 늘 문제를 해결하고 상대방을 기분 좋게 해야겠다는 생각으로, 그리고 무엇보다도 나쁜 사람이라는 인상을 주지 않으려고 애쓰면서 협상에 임했다. "나는 정중한 태도를 중시했습니다. 욕심 많거나 불합리한 사람이라는 나쁜 인상을 주지 않으려고 늘 신경 썼지요."

하지만 소송 변호사 일을 그만두고 가족이 운영하는 귀금속사업에 합류하고 나서는 협상에 대한 그런 접근법을 전면적으로 수정해야 했다. 목표 금액을 높이 설정하고 이를 고객에게 제안하는 것을 욕심만 앞선 프로답지 못한 행동이라고 생각하면 사업에서 성공할 수 없었기 때문이다. 그녀는 원하는 바를 당당히 제안해도 괜찮다는 것을, 그런다고 나쁜 사람이 되는 건 아니라는 점을 깨닫기 시작했다. "이제 나는 '내가 필요한 건 이것이고 원하는 조건은 이렇습니다'라고 당당하게 말합니다. 그렇게 말해도 기분 좋은 거래가 얼마든지 가능합니다. 협상에서 굳이 재수 없는 인간이 될 필요는 없지만, 너무 굽히고 들어갈 필요도 없어요!"

이것은 사실 꽤 복잡하고 미묘한 문제다. 자신이 협상을 도덕적 프레임으로 바라본다는 사실을 인지하기 위해서는 깊숙한 내면의 독백에 귀를 기울이며 자기인식의 시간을 충분히 가져볼 필요가 있다. 앞에서도 말했듯이, 우리는 삶의 매 순간에 협상 테이블을 마주한다. 그 협상 테이블에서 자신이 어떠했는지 되돌아보

자. 왜 당신은 협상 테이블에서 스스로를 '나쁜 사람'으로 인식했을까? 혹은 왜 더 강하게 나가야 한다고 느꼈을까? 협상 스타일은 개인적인 것이므로 그 대답과 평가 역시 다분히 개인적인 것일 수밖에 없다. 우선 당신 자신의 방식을 깨닫는 것이 협상의 출발점이다.

선택은 우리 몫이다

나는 도널드 트럼프Donald Trump 대통령 집권 2년 차이던 해에 와튼스쿨 학부생들을 가르치다가 적잖이 놀랐다. 지난 15년간 협상을 가르치면서 매해 다른 학생을 만나고 새로운 경험을 했는데, 그해의 학부생들은 유독 달랐다. 성별, 연령, 인종, 민족, 종교, 삶의 경험 등이 서로 다른 다양한 학생들이 모여 있다는 점은 이전 학부생들과 다를 게 없었다. 다만 그들은 몇 년 전에 만났던 학생들에 비해 협상에 임할 때의 자신감이 현저히 낮았다.

나는 첫 수업 때 협상에서의 목표 설정과 있는 그대로의 자기 자신에 대한 인식과 평가가 중요한 이유를 집중적으로 다루고, 그다음 단계로 넘어간다. 그런데 이 반은 그게 잘 안 됐다. 모의협상 결과를 함께 분석하고 검토할 때마다 목표치를 왜 그렇게 낮게 잡았는지 물어야 했고, 그러다 보면 첫 수업 때 했던 얘기들로 다시 돌아가 있곤 했다. 예를 들어 한 학생은 자신이 원하는 목표치를 생각해두긴 했지만 막상 협상을 시작하니 그것을 제안하고 싶은 마음이 사라졌다고 했다. 그는 처음부터 자신의 제안이 타당하다는 확신이 없었다. 목표치를 지나치게 높게 정했다고 느끼고 있었다.

그 학부생들과 나는 학기 내내 이런 식의 대화를 이어갔다. 그들에게 자신감이 없는 이유는 부정적인 자기인식 때문이었다. 한 발짝 물러서서 차분히 생각해보니 그 이유를 알 것 같았다. 그때도 지금도 미국 사회는 시끄럽고 호전적이며 갈등과 충돌이 넘쳐나고, 정중함과 배려는 갈수록 찾아보기 어렵다. 우리 마음과 일상은 이러한 사회적 분위기에 영향을 받을 수밖에 없다. 특히 소외계층이나 소수집단에 속한 사람들은 사회적 갈등과 차별을 더욱 강하게 내면화해서 자기 존재와 가치를 규정한다.

학생들의 전체적인 분위기가 그렇다 보니 우리는 스스로 확신할 수 있고 달성 가능성이 있는 목표치를 설정하는 연습을 하면서 학기의 대부분을 보냈다. 자연히 '자존감self-esteem'이라는 주제도 수면 위로 올라왔다. 그해의 마지막 수업 때 내가 "여러분은 지금 모습 그대로 충분히 가치 있는 존재입니다"라고 말하며 그 사실을 절대 잊지 말라고 당부하자 학생들 절반가량이 눈물을 글썽였다. 그들이 부정적인 자기인식에서 좀처럼 벗어나지 못하고, 그 결과 협상에서 충분히 높은 목표를 세우지 못하는 이유가 전적으로 사회적 분위기 탓이라고 말하기는 어렵지만, 그것이 큰 영향을 미친 것만은 분명해 보였다.

나는 자존감이 낮은 상태에서 온 세상 짐을 어깨에 짊어진 듯한 중압감을 느끼며 살아가는 젊은이들을 자주 목격한다. 그들은 '부모님이 나를 위해 모든 것을 걸고 여기까지 이민을 왔으므로 나는 반드시 성공해야 해' 또는 '내 또래들은 벌써 인생 계획을 다 세워놨잖아. 그러니 나도 그래야 해'라고 생각한다. 그들은 사회적 분위기와 개인적 부담감, 낮은 자존감이 뒤섞여 종종 심하게 요동치는 감정적 소요를 경험하기도 한다.

자신이 속한 인종이나 민족 때문에 열등감을 느끼는 사람은 오래전부터 있었고, 최근에는 그런 열등감을 느끼는 이들이 더 많아지는 것 같다. 그들의 부정적 자기인식은 내면에서 오랫동안 키워온 불안감과 긴밀히 연결돼 있다. 아프리카계 미국인 사회활동가이자 작가인 웨스 무어Wes Moore는 오프라 윈프리Oprah Winfrey에게 이렇게 말했다. "우리 흑인들은 '나는 여기에 어울리지 않아'라는 생각을 자주 합니다. 일종의 가면증후군이죠. 금방이라도 누군가 다가와 어깨를 툭 치면서 '당신이 왜 여기 있죠?'라고 말할지도 모른다고 느낍니다."

훈장을 받은 참전용사이며 명망 높은 로즈장학금(백인우월주의자였던 세실 로즈Cecil Rhodes가 1902년 사망하면서 옥스퍼드대학교에 기증한 막대한 유산으로 창설된 장학금-옮긴이)을 받은 웨스는 살아오면서 어떤 성공이나 성취를 경험할 때마다 자신이 그 자리에 어울리지 않는다는 생각이 들었다고 말했다. 하지만 웨스는 자신이 만나본 적도 없는 수많은 아프리카계 미국인들이 '그를 떠올리며' 열심히 노력하고 모험을 감수하고 희망을 품는다는 사실을 생각했다. "우리에게 어울리지 않는 자리라는 것은 있을 수 없습니다.[1] 우리는 그저 단순한 방관자가 아니라 당당한 자신감을 가져야 합니다." 웨스가 다른 사람들에게 한 이 말은 바로 자기 자신에게 하는 말이기도 했다.

나는 오프라 윈프리나 매들린 올브라이트Madeleine Albright, 세레나 윌리엄스Serena Williams 같은 여성들을 존경해왔다. 꼭 그들과 똑같이 되고 싶다는 얘기가 아니다. 각자의 분야에서 최고가 된 그들을 '보는 것'만으로도 많은 깨달음과 영감을 얻는다. 그들이 어려움을 이겨내고 성공할 수 있다면 나라고 해내지 못하란 법이 없지 않은가? 열심히 노력만 한다면 말이다. 그들을 보면서 나도 할 수 있고, 나도 충분히 가치 있는 존재라고 스스로 말하기가 더 수월해진다. 그리고 그런 말을 자신에게 수시로 하면 자신감이라는 근육이 점점 자라 나중에는 자신감이 저절로 작동하기 시작한다. 운동광인 나는 이 비유를 굉장히 좋아한다. 어떤 운동 요법에서든 자신이 단련하고 있는 근육에 그다지 주의를 기울이지 않아도 되는 시점이 온다. 어느 시점부터는 운동을 시작하면 자동적으로 그 근육이 실력을 발휘하기 시작하는 것이다.

긍정심리학에서는 우리가 자신에게 긍정적인 말을 할수록 더 좋은 결과를 얻을 수 있다고 강조한다.[2] 긍정의 힘에 대한 지혜는 아주 오래전부터 존재했다. 체로키Cherokee 인디언들 사이에 전해오는 이야기에서는 할아버지와 손자가 대화를 나눈다. 할아버지는 자신의 내면에서 늑대 두 마리가 맹렬히 싸우고 있다고 말한다. 한 마리는 나쁜 늑대로 시기·자만·탐욕 등을 상징하고, 다른 한 마리는 착한 늑대로 기쁨·너그러움·공감 등을 상징한다. 할아버지는 모든 사람의 내면에서 두 늑대가 싸운다고 말한다. 손자가 "그럼 어느 늑대가 이기나요?"라고 묻자 할아버지가 대답한다. "네가 먹이를 주는 녀석이 이기지."

자신의 에너지를 어느 쪽에 쏟을지 선택하는 일은 매우 중요하다. 어떤 늑대에게 먹이를 주느냐는 자존감에, 그리고 자신을 둘러싼 세상과 협상하는 능력에 엄청난 영향을 미친다.

내가 불편하더라도 다른 사람이 만족하는 협상은 괜찮지 않을까?
모두의 욕구는 중요하다. 그렇기에 자신의 만족을 무시하고
자신을 위해 협상하지 않으면,
결코 양쪽 모두 만족하는 최상의 해결책을 도출할 수 없다.

Lesson 2

타인의 시선에 잠식당한 사람들

TV 시트콤 〈더 오피스The Office〉에서 제지회사의 지점장이자 자기애가 강하지만 밉상은 아닌 주인공 마이클 스콧Michael Scott 은 직원을 차로 치는 사고를 낸다. 마이클은 직원이 그를 용서하지 않겠다고 한 말을 자꾸 떠올린다. 마이클은 카메라를 향해 이렇게 말한다(이 시트콤은 모큐멘터리 형식이다). "꼭 사랑을 받아야 하느냐고요? 절대 아니에요. 나 사랑받는 것 좋아해요. 사랑받으면 좋죠. 그래야 하고요. 하지만 사랑받고 싶다는 강박이 있는 건 아니에요. 칭찬받고 싶은 욕구랑은 달라요."

풍자가 사람들에게 재미를 주는 요소는 자기 내면에 있다. 평소 말하지 않았던 어떤 것을 모종의 형식으로 끄집어내 과장되게 표현하기 때문이다. 우리는 누구나 사랑받고 싶어 하고 남들이 자신을 좋아해주길 바란다. 하지만 그 욕구가 적절한 수준으로 억제되지 않으면 곤란에 빠질 수도 있다. 자신도 모르는 사이에 주도권을 넘겨주게 되는 것이다. 흔히 '착한사람증후군'을 가진 사람들이 이런 패턴에 빠진다.

에밀리_{Emily}는 전형적인 '착한사람증후군'을 갖고 있다. 그녀에겐 오래전 남편과 함께 중고차를 사러 갔을 때 가격 협상 과정이 꽤 힘들었던 기억이 있다. 법학대학원 재학 중이던 남편은 이것저것 따져가며 협상에 유난히 진지하고 열성적이었다. 딜러인 스티브_{Steve}는 저녁식사 데이트에 늦을 거라고 여자친구한테 전화했다면서 호들갑을 떨었다. 스티브는 에밀리에게 여자친구와의 관계를 시시콜콜 설명했다. 한편 그녀의 남편은 마지막으로 1,000달러를 더 깎아달라고 요구하는 중이었다. 스티브가 한숨을 쉬면서 여자친구한테 다시 전화해서 약속시간을 더 뒤로 미루려던 찰나에 에밀리가 끼어들었다. 그녀는 스티브의 여자친구가 기다리고 있으니 더 깎지 말고 그냥 이쯤에서 거래를 마무리하라고 남편을 다그쳤다. 그게 15년 전 일인데도 에밀리의 남편은 지금도 자동차를 살 때는 협상에 방해가 된다며 그녀와 함께 가지 않으려고 한다.

착한사람증후군이 있는 사람은 갈등을 싫어해서 어떻게든 피하려고 한다. 이 유형은 앞사람이 사무실 커피포트에 남은 마지막 커피를 마셔버리고 나면, 자신이 새 커피를 내린다. 원래는 마지막 커피를 마신 사람이 새 커피를 내리는 게 옳지만 옥신각신하기 싫은 것이다. 이 유형은 그런 일로 괜히 머리 아픈 상황이 되는 걸 원치 않는다. 하지만 새 커피를 내리는 행동에는 대가가 따른다. 속으로 부아가 치미는 것이다. '왜 항상 내가 커피포트를 채워야 하지?' 사실 그는 이 질문을 속으로 삼킴으로써, 협상을 시도하지 않은 채 주도권을 넘겨주고 있는 것이다.

또한 착한사람증후군이 주로 여성에게 나타난다고 생각한다면 그것은 오산이다. 그레그$_{Greg}$의 경우를 보자. 내가 맡았던 기업가 대상 MBA 수업에 들어온 그레그는 조직생활 10년 차인 남성이었다. 희귀 와인을 거래하는 모의협상에서 그레그는 와인을 판매하는 딜러 역할을 맡았다. 곧 은퇴를 앞둔 딜러라서 고객과 좋은 관계를 형성하는 데 신경 쓸 필요는 없었다. 그저 최대한 높은 가격에 와인을 팔기만 하면 되었다. 그레그는 자신에게 주어진 정보들을 보고 800달러를 목표 금액으로 정해도 괜찮겠다고 생각했다. 그 희귀 와인을 손해 보지 않고 팔 수 있는 최저 가격은 400달러였다. 구매자는 와인 가격으로 250달러를 제안했다. 그러자 그레그는 500달러는 수용할 수 있다고 말했고 구매자도 그 가격에 동의해서 거래는 몇 분 만에 완료됐다.

나중에 모두 함께 협상 결과를 검토할 때 그레그는 다른 팀의 딜러들이 600달러나 700달러, 심지어 800달러에 와인을 팔았다는 사실을 알게 됐다. 내가 처음 목표였던 800달러를 왜 그렇게 빨리 포기했느냐고 묻자 그는 "상대방과 저의 평소 관계를 아예 무시하기가 힘들었습니다"라고 대답했다. 학기의 그즈음이면 학생들은 서로에 대해 꽤 잘 아는 상태가 되곤 했다. 그레그는 누구나 좋아할 만한 성격이라 학생들 사이에 인기가 높았다. 이런 수업에서는 사람들에 대한 평판이 짧은 시간에 형성되기 마련이다. 모든 사람이 그레그가 상냥할 것이라 기대했고 그는 실제로 그랬다. 그레그의 협상 상대는 그가 평소 친하게 지내던 학생이었다. 그레그는 말했다. "상대방이 상당히 낮은 금액을 제시하는 걸 보니까, 제가 생각한 목표 가격을 내겠다고 할 가능성은 없겠더라고요." 더 깊이 파고들며 대화를 나눠보니, 그는 서로가 제시한 가격 차이를 좁히기 위해 흥정이 길어지는 것을 피하고 싶었다고 설명했다. "터무니없는 값을 부른 사람처럼 보이고 싶지 않았습니다."

우리 삶과 비즈니스에서 인간관계가 중요하다는 점에는 나도 동의한다. 하지만 그레그는 상대방과 친밀한 관계를 유지하는 '동시에' 와인도 더 비싼 가격에 팔 수 있었지만 서둘러 주도권을 넘겨주는 바람에 그렇게 하지 못했다. 모의협상을 해보면 착한사람증후군인 사람은 거의 예외 없이 빨리, 그리고 싸게 와인을 판매하고 거래를 끝내버린다.

여기에는 여러 이유가 있다. 첫 번째는 자신이 팔려고 하는 상품의 가치를 뒷받침하는 근거 자료가 있음에도 불구하고, 그 진정한 가치를 이해하지 못하기 때문이다. 그레그에게는 그것이 희귀 와인이라는 정보가 주어져 있었다. 또 다른 딜러들이 과거에 똑같은 와인을 600달러나 700달러에 판매했으며 와인 가치가 해마다 오르고 있다는 정보도 있었다. 그는 자신이 팔려고 하는 물건의 가치를 증명해주는 정보들을 제대로 활용하지 못했다.

두 번째는 거래를 완료하면서 모두가 기분 좋은 상태가 되기를 원하기 때문이다. 그레그의 경우 협상 상대였던 친구를 좋아했고 그녀가 앞으로도 계속 자신을 좋아해주기를 바랐다. 또한 그는 교수인 나도 기쁘게 해야 한다고 생각했다. 앞선 두 번의 수업에서 협상을 타결하지 못했기 때문에 이번에는 거래를 완료하는 모습을 보여주고 싶었던 것이다.

착한사람증후군은 다양한 유형으로 존재한다. 그들은 요리사일 수도, 기업 CEO나 프로 운동선수일 수도 있다. 이들은 정형화된 한 가지 이미지로 규정하기 어렵다. 또 무뚝뚝하거나 거칠어서 겉으로 보기에는 전혀 착한사람증후군처럼 보이지 않을 수도 있다. 아마 대부분 사람은 자신이 착한사람증후군을 앓고 있을 것이라곤 상상도 하지 못할 것이다. 설령 당신 자신이 착한사람증후군이 아니라 해도 이 유형의 심리를 알아두는 게 좋다. 배우자나 자녀, 동료, 친구 등 당신 주변에는 십중팔구 그런 사람이 있기 때문이다. 그들이 자신의 진짜 욕구를 꾹 참고 속으로 삼킬 때 당신은 그것을 알아볼 수 있어야 한다.

이번 장에서는 거절(말하는 것이든 듣는 것이든)에 대한 두려움이 좋은 사람으로 비치고 싶은 욕구와 어떻게 관련돼 있는지, 침묵에 대한 불편함이 주도권을 넘겨주려는 성향에 어떻게 영향을 미치는지 살펴볼 것이다. 또 착한사람증후군을 가진 사람이 치러야 하는 대가(분노의 형태를 띤다), 그리고 모두를 만족하게 할 수 없다는 사실을 깨달으면서 힘겨워하는 모습도 살펴볼 것이다.

"사람들을 불편하게 만들고 싶지 않았어요"

 어느 날 기업가들을 대상으로 한 수업을 마친 후였다. 리즈Liz가 곧장 돌아가지 않고 강의실에서 꾸물거리는 게 보였다. 나는 일부러 천천히 가방을 쌌다. 잠시 후 강의실에 우리 둘만 남자 그녀가 나랑 잠깐 얘기하고 싶다고 청했다. 그녀는 어느 모로 보나 매력적인 여성이었다. 대기업 임원으로 오래 일하다가 얼마 전 회사를 창업한 뒤 꽤 성공적으로 운영하고 있었다. 그녀는 학생들 사이에서도 똑똑하고 자신감 넘칠 뿐만 아니라 강인하면서도 공정한 사람으로 평판이 나 있었다. 그런데 그날은 약간 심란해 보였다. 나는 그녀의 속마음을 들어보기 위해 커피를 마시자고 했다.

 근처 카페에 자리를 잡고 앉자 그녀는 먼저 "저한테는 오늘 수업이 참 힘들었어요"라고 말을 꺼냈다. 나는 그날 수업을 찬찬히 되짚어 봤다. 그날 수업에서는 상대방 기분을 맞춰주거나 남을 기쁘게 하려고 자신의 주도권을 포기하는 사람들의 성향을 다뤘다. 꽤 활발한 토론이 진행됐지만 리즈는 별로 참여하지 않고 소극적이었다. 사실 평소와 다르게 거의 말이 없었다.

"제가 자신 있게 아무 문제 없이 잘 지내는 사람처럼 보이죠? 맞아요. 지금은 그래요. 하지만 마음속에는 엉킨 실타래 같은 일이 하나 있습니다. 오늘 수업을 들으면서 그때 일이 떠올랐어요." 그녀는 마음속 이야기를 털어놓기 시작했다. 그녀는 과거에 다녔던 회사에서 자신이 맡은 업무를 해낼 자격과 능력이 안 된다고 느꼈다며 이렇게 말했다. "툭하면 이런 생각이 들었어요. '내가 왜 여기 있지? 이건 나한테 과분한 업무야. 시간이 지나면 사람들도 곧 알아챌 거야'라고요. 저는 자신에게 굉장히 엄격했고 모두를 깜짝 놀라게 하는 성과를 내야 한다고 생각했죠. 꽤 심각한 가면증후군을 앓고 있었어요."

다행히 그녀의 상사는 "리즈, 당신은 충분히 해낼 수 있어"라며 격려하고 도와줬다. 그녀는 회상했다. "처음에는 상사와 굉장히 잘 지냈어요. 서로 마음이 잘 맞았거든요. 같은 목표를 향해 노력하면서 유대감도 깊어졌고요. 자연히 많은 시간을 함께하면서 꽤 친해졌어요. 제 업무에 대한 자신감도 점점 더 커졌어요. 그런데 시간이 흐를수록 상사에게서 마음에 안 드는 면이 보이기 시작했죠. 그가 다른 직원들에 대해 말하는 방식도 거슬렸고, 일할 때 후배 직원들을 교묘하게 이용한다는 느낌도 들었어요. 어떤 때는 제가 너무 편해져서인지 외모에 관한 부적절한 언급도 했고요. 저는 그런 말이나 행동을 비난하는 대신 그와 조금씩 거리를 두기 시작했죠. 평소와 똑같이 일했지만 그와 함께 시간을 보내는 건 가급적 피했습니다. 그도 무언가 달라졌다는 것을 눈치채기 시작했죠."

어느 날 업무상 참석한 행사가 끝난 후 그녀가 차로 집까지 데려다주겠다는 동료의 제의를 수락하자 상사는 못마땅한 표정으로 말했다. "저 직원 차를 타고 가면 사람들 눈에 어떻게 보이겠어?" 하지만 그건 부당한 핀잔이었다. 상사가 생각하는 대안은 자신이 그녀를 데려다주는 것이었는데, 사람들 시선이 문제라면 그녀가 상사의 차를 타는 것 역시 신경 써야 하기는 마찬가지였다. 그래서 그녀는 상사의 말을 대수롭지 않게 흘려버렸다. "그런데 얼마 후부터 제가 회의에서 자꾸 제외되기 시작했습니다. 처음엔 크게 신경 쓰지 않았어요. 상사가 나쁜 의도로 그럴 거란 생각은 전혀 하지 않았고, 또 일이 눈코 뜰 새 없이 바빠서 회의에 한두 번 빠지는 것은 오히려 반가웠으니까요. 하지만 시간이 흐를수록 마음이 불안해졌어요." 리즈는 마음속 불안과 걱정을 회사의 그 누구에게도 말하지 않았다.

"사람들을 불편하게 만들거나 괜한 분란을 일으키고 싶지 않았어요. 그 누구한테도(심지어 이제 멀리하고 있는 상사한테도) 폐를 끼치고 싶지 않았죠. 한편으론 그를 보호해주고 싶은 마음도 있었던 것 같아요. 그래서 제 마음속 걱정과 감정은 무시했어요. 대신 일에만 몰두했죠. 그리고 열심히 한 만큼 굉장히 좋은 성과를 냈어요."

얼마 후 상사는 그녀에게 밖에서 따로 만나 저녁식사를 하자고 했다. 그 자리에서 상사는 말했다. "리즈, 요즘은 일하는 게 별로 즐겁지 않은 모양이야. 예전엔 나랑 같이 시간을 많이 보냈는데 지금은 그렇지 못해서 그런가. 요즘은 서로 대화도 자주 안 하잖아."
당연히 그녀는 그게 즐겁게 일하는 것과 무슨 상관이 있나 싶었다.
하지만 그 말은 속으로 삼키고 이렇게 말했다. "아녜요, 저 즐겁게
일하고 있어요. 지금 하는 일이 정말로 좋은걸요."

　일주일 후 그녀는 업무 보고를 하러 상사의 방에 갔다. 상사는
방문을 닫더니 "리즈, 더는 안 되겠어"라고 말했다. 말을 이어가던
리즈의 목소리가 흔들렸다. 눈물을 참고 있는 게 분명했다. "정말
어이가 없었어요. 저는 업무상 목표치도 달성하고 있었고 여러 면
에서 기대치를 뛰어넘고 있었으니까요. 그 상사도 참석한 가장 최
근 회의에서는 회사 대표가 저를 칭찬하기도 했고요. 우리 팀은
효율적이고 생산성이 높았어요. 대체 상사가 왜 그런 말을 하는
지, 적어도 그 순간에는 도통 이해가 안 됐죠. 너무 충격을 받아서
몸이 다 떨리던걸요. 심지어 동료들한테 작별인사도 제대로 하지
못한 채 회사를 나왔어요. 그러고 나니 저 자신한테 화가 났습니
다. 왜 위험 신호들을 진작에 알아채지 못했을까? 함께 저녁식사
했던 날 상사와의 의견 차이를 왜 그냥 대수롭지 않게 넘겼을까?
내가 공정하게 평가받지 못하고 있다는 게 분명했는데."

　리즈는 자신이 회사를 그만두고 얼마 뒤 상사도 퇴사를 했다
는 소식을 들었지만 그 이유는 알 수 없었다. 어쨌든 이미 일어난
일은 되돌릴 수 없었다. 그녀가 그 회사에서 경력을 쌓을 기회는
이미 사라진 상태였다. "이후 몇 달간, 아니 몇 년간은 그 회사를
그만둔 과정을 떠올리기만 해도 괴로웠습니다. 정신적으로 너무

힘들었어요. 이 얘기는 아주 가까운 몇 사람에게만 했어요. 그런데 오늘 수업을 들으면서 그때 기억이 생생히 되살아난 거예요."

나는 그녀의 손을 꼭 잡았다. 우리는 잠시 말없이 앉아 있었다. 그녀는 내가 무슨 말인가를 해주길 바라는 것 같지는 않았다. 그저 자신의 말을 들어주는 것만으로 충분한 듯했다. 그러는 동안 이야기를 듣고 내가 느낀 감정들도 찬찬히 살펴볼 수 있었다. 그렇게 자신감 넘치고 매력적인 사람이 업무 능력에 회의를 느끼면서 가면증후군을 겪었다는 게 믿어지지 않았다. 그녀는 자신의 힘과 주도권을 너무 쉽게 넘겨주는 바람에 어려움을 겪었다.

리즈의 경우와 같은 일은 흔히 일어난다. 주변 사람들에게 불편을 초래하고 싶지 않고 모두가 평화롭고 괜찮기를 바라는 마음이 너무 큰 나머지 정작 '자기 자신'에게는 불편이 초래되고 '자기 자신'은 괜찮지 않은 상황이 되는 것이다. 그들은 거의 무의식적으로 그렇게 행동하기 때문에 스스로 인식하지 못하는 새에 주도권이 사라지고 만다. 내가 리즈에게 해줄 수 있는 말은 그런 일을 겪어서 유감이라는 말뿐이었다. 그리고 앞으로 다시는 그런 일이 일어나지 않을 것이라고 덧붙였다.

무조건적인 '예스'의 함정

회사 창립자이자 영업전문가이며 강인한 인상을 지닌 제임스

James같은 남성은 얼핏 타인을 기쁘게 하려는 욕구와 상관이 없어 보인다. 하지만 인간은 원래 복잡한 존재이며, 그 욕구는 특정 사람들에게만 해당되는 것도 아니다(내가 제임스에게서 전혀 상상하지 못한 측면은 또 있었다. 그는 회사 일 외에 목사님으로도 활동한다!). 지난해에 제임스는 한 인터넷회사로부터 단기간에 완료해야 하는 큰 프로젝트를 의뢰받았다. 제임스는 "그 프로젝트와 관련된 모든 측면과 변수를 예상해봤습니다. 그런데 고객이 원하는 기간 내에 완료하지 못할 수도 있다는 생각이 들었죠"라고 말했다. 하지만 그는 고객의 요구를 충족시키고 싶은 마음이 앞선 나머지, 작업 기간에 대한 불안감을 표현하지 않았다. 결국 일을 수락했는데, 일을 시작하자 역시나 일정에 차질이 생기기 시작했다.

"제가 통제할 수 없는 요인들이 많았습니다. 그 프로젝트는 납품업체들에 의존하는 측면이 컸고 뉴욕시의 협조도 필요했습니다. 고객이 '어떻게 된 겁니까? 프로젝트 진행 속도가 언제 정상화되는 거죠?'라고 물으면 저는 계속 '문제없습니다. 해낼 수 있습니다'라고 대답했어요. 하지만 제 통제력 밖에 있는 요인들 때문에 엄청 속을 끓이고 있었죠."

비록 정해진 마감일을 며칠 넘기기는 했어도 결국 프로젝트는 마무리됐다. 고객은 조금 늦어진 것은 상관없다며 결과물에 크게 만족했다. 그러나 제임스는 일을 진행하는 내내 엄청난 스트레스를 감내해야 했다. "나는 이 일에 관련된 모든 이들을 만족시키고 싶었습니다. 하지만 그때로 되돌아갈 수 있다면 일을 시작하기 전에 '의뢰하신 프로젝트는 물론 가능합니다. 그렇지만 제 통제력 밖에 있는 몇 가지 변수가 있어서 제때 완료하지 못할 수도 있습니다'라고 말할 것 같아요. 좀 더 자신감을 갖고 솔직하게 상황을 설명하지 못했던 게 아쉽습니다. 저는 고객을 실망시키고 싶지 않다는 생각에만 빠져 있었던 거예요."

좋아하는 직장을 생각보다 빨리 그만둬야 했던 리즈의 사례에서도 보았듯, 타인의 기분을 맞춰주고 만족하게 하려는 성향은 자신도 모르게 거의 반사적으로 작동한다. 자신이 협상 가능한 상황에 있다는 사실을 인지하기 위해서는 신중한 주의력과 의식적인 노력이 필요하다. 특히 착한사람증후군인 사람은 상대의 요구나 제안에 동의하는 데 너무 익숙해져 자신에게 이로운 해결책을 강구하며 대응할 기회가 있다는 사실조차 인식하지 못하는 경우가 많다.

딜런 라임Dylan Reim은 모의협상을 해보고 나서야 자신에게 상대의 제안을 무조건 받아들이려는 성향이 있다는 사실을 깨달았다. 모의협상에서 그는 한 스타트업으로부터 채용 제안을 받은 사람 역할을 맡았다. 그는 해당 회사의 인사담당자와 채용 조건을 협상해야 했다. "상대방과 마주 앉았는데 저도 모르게 면접을 보는 기분이었습니다. 속으로 '이 일에 대한 애정과 의욕이 부족한 인상을 절대로 줘선 안 돼. 지금 이건 협상하는 상황이 아니야'라고 생각했죠." 그의 마음에는 협상 자체가 당연히 안 될 거라는 믿음이 먼저 자리를 잡았다. 하지만 그 자리는 분명 면접이 아니라 '협상' 자리였다. 이미 채용이 확정된 상태였기 때문이다.

그가 입사를 원하는 마음이 큰 만큼이나 회사 측에서도 그를 채용하려는 의지가 강했다. 그는 모의협상이 끝나고 나서 깨달은 점을 이렇게 말했다. "상대방과 제가 똑같이 서로를 원한다는 사실을 인지하고 나면 훨씬 자신감을 갖게 됩니다. 서로 동등한 입장임을 기억해야 하는 거죠." 원하는 조건을 요구한다고 해서 그 사실이 바뀌지는 않는다. 그 협상의 타이밍을 놓치지 말아야 한다. 원하는 것을 요구할 줄 아는 사람과 자신이 그래도 된다는 사실을 모르는 사람 사이의 연봉 격차는 커질 수밖에 없다.

전직 프로풋볼 선수이자 대학 풋볼팀 코치로도 활동한 하디 니커슨Hardy Nickerson은 탬파베이 버커니어스Tampa Bay Buccaneers에 코치로 영입됐을 당시의 상황을 이렇게 회상했다. 선수 시절에는 모든 것을 에이전트가 관리해줬기 때문에 그가 직접 협상을 해본 경험이 없었다. 게다가 탬파베이 버커니어스의 코치는 그가 너무나도 원하던 자리였다. 팀에서 제시하는 연봉을 들었을 때 그는 '그래, 이만큼이 내 연봉이군' 하고 생각했다. 하지만 곧 협상 수업에서 배운 것을 떠올렸다. 그는 자신이 잡음 없는 순조로운 계약 진행을 위해 그냥 반사적으로 상대측 제안에 동의하려 했음을 깨달았다. "순간 이런 생각이 들었습니다. '잠깐, 이러면 안 되지. 이건 협상해야 할 문제야.' 그래서 곧장 '나는 연봉으로 이러이러한 정도를 원하는데, 그쪽 의견은 어떤지요?'라고 물었죠."

우리는 타인의 제안에 동의하지 '않을' 경우 어떤 일이 일어날

지 잘 생각해보지 않는다. 하디가 경험한 것 같은 상황은 남녀를 막론하고 누구에게나 일어날 수 있지만, 성별이라는 요인을 무시할 수는 없다. 이와 관련해 내가 목격한 꽤 충격적인 연구결과가 있다. 이 연구에서 피험자들은 실험 진행자로부터 낱말 게임을 끝내고 나면 3~10달러를 받을 것이라는 설명을 들었다. 게임이 끝난 후 실험 진행자는 "3달러를 드리겠습니다. 3달러 괜찮으십니까?"라고 말했다. 이때 더 높은 금액을 달라고 말하는 남성이 여성보다 무려 아홉 배나 더 많았다.[3]

개인의 성격 특성 중에 '관계지향성₍sociotropy₎'이라는 것이 있다. 이는 타인과의 관계에 매우 신경을 쓰고 타인에게 인정받고 싶은 욕구가 강한 것을 말하며, 남성보다는 여성에게 많이 나타난다. 이런 성향을 가진 사람은 타인, 심지어 낯선 사람이라도 과도하게 보살피려는 태도를 보인다. 여러 연구는 사람들과 함께 있을 때 음식을, 특히 고칼로리의 음식을 더 먹는 행동과 관계지향성 사이에 상관관계가 있음을 보여준다.[4] 관계지향성이 강한 사람은 함께 있는 상대방이 죄책감 대신 즐거움과 편안함을 느끼길 원하기 때문에 자신도 모르는 사이에 음식을 많이 먹곤 한다.

관계지향성이 강한 내 친구 한 명이 최근 프랑스로 여행을 갔는데 그곳에서 그녀의 착한사람증후군이 두드러지게 나타났다. 어느 날 저녁 그녀가 식당에서 밥값을 계산할 때였다. 종업원이 신용카드 단말기를 들고 와서 팁을 10퍼센트, 15퍼센트, 20퍼센트 중 어느 비율로 낼 생각이냐고 물었다. 내 친구는 프랑스에는 팁을 꼭 내야 하는 문화가 없고 다만 서비스에 만족해서 주고 싶은 경우엔 1유로나 2유로를 테이블에 놓고 가면 된다는 것을 이미 알고 있었다. 하지만 그녀의 착한사람증후군 성향이 곧장 발동하고 말았다. 그녀는 종업원을 실망시키거나 상황이 어색해지는 것을 원치 않았다. 앞으로 다시 만날 일 없는 낯선 사람인데도 말이다. 결국 종업원은 평소 받아보지 못한 두둑한 팁을 챙겼다.

줄리아Julia는 경영컨설턴트다. 그녀도 앞서 소개한 제임스처럼 고객의 요구를 충족시키기 위해 무조건 '예스'라고 하고 싶어지는 순간을 종종 경험한다. 컨설턴트는 비교적 큰 위험 부담을 안고 가야 하는 직업이다. 고객은 컨설팅 비용으로 큰돈을 지급하는 만큼 많은 것을 기대한다. "일을 진행하다 보면 정보 과부하에 걸릴 때가 있기 마련입니다. 그럴 때면 내 의견을 접고 그냥 고객 요구를 따라가고 싶은 충동이 일죠. 팀원들과 함께 회의실에 있는 상황에서 고객이 전화로 '중간 보고서를 받아봤는데 이건 우리가 원하는 것과 좀 다릅니다'라고 말한다고 치죠. 얼핏 보기엔 별일이 아닌 것 같지만 이것은 협상이 필요한 순간이에요. 지금 고객은 뭔가를 요구하고 있어요. 이때 어떻게 반응하느냐가 중요합니다. 경우에 따라서는 정보가 너무 많아서 실시간으로 전부 소화하기 힘들 때가 있지요."

이럴 때 착한사람증후군이 있는 사람은 고객을 기쁘게 하고 싶은 마음에 고객 요구에 무조건 응하려고 할 가능성이 크다. 이제 그는 덫에 빠지고 고객의 요구에 맞는 결과물을 완성할 수 있다는 확신이 없음에도 '예스'라고 말해버릴 것이다. 그때부터 감수해야 할 스트레스는 온전히 자신의 몫인데도 말이다.

그와 비슷한 경험을 해본 줄리아는 이제 "그 부분에 대해 생각해본 뒤 다시 연락드리겠습니다"라고 말한다. 또 고객의 요구 사항 중에 그녀가 확신이 서지 않거나 걱정되는 점이 있으면 "제 생각은 이렇습니다. 사실 제가 우려되는 점은 다음과 같습니다"라고도 답한다. 고객의 요구를 정확히 충족시킬 자신이 없다고 솔직히 말하는 것이다. "시간이 충분하지 않다고 판단되면 그런 우려를 설명합니다. 또는 우리 팀원들이 고객의 프로젝트에서 더 중요한 이런저런 다른 문제들에 집중하고 있다고 설명하면서, 가장 시급하게 해결할 문제에 대해 고객과 대화를 나눕니다. 대부분 사람은 합리적이기 때문에 하나를 택하면 다른 하나를 포기해야 한다는 점을 금세 이해합니다."

할 수 있다고 큰소리치고 속으로 불안과 걱정에 시달리는 것보다 고객을 기쁘게 하려는 마음을 접고 현실적인 우려 사항을 솔직히 얘기하는 편이 훨씬 더 현명한 행동이다.

시간관리 코치 엘리자베스 그레이스 손더스Elizabeth Grace Saunders는 조직 내 관계에서 발생하는 경계선 문제의 상당 부분이 자신의 역할에 대해 비현실적인 기대치를 설정한 데서 기인한다고 말한다. 예를 들어 당신이 팀장이고 회의나 손님이 없을 때는 항상 방문을 열어놓는다고 치자. 직원들이 언제든 편하게 말을 걸 수 있는 상대로 느끼는 것은 좋은 팀장의 핵심 조건이기도 하다. 그런데 문제는 업무시간 중에는 조용하게 집중해야 하는 일을 할 수가 없다는 점이다. 늘 그런 일은 퇴근 후 집에 가져가서 한다. 손더스는 이 경우 좋은 팀장의 의미를 재정의해야 한다고 말한다.[5] 물론 직원들이 좋아하고 편하게 느껴야 좋은 팀장인 건 맞다. 그러나 좋은 팀장은 우선순위가 높은 업무에 집중하는 것이 중요함을 보여줄 줄도 알아야 한다. 손더스는 말한다. "이런 팀장의 경우 특정 위치에 있는 사람이 해야 할 행동과 하지 말아야 할 행동에 대해 융통성 없는 엄격한 규칙을 설정해놓은 겁니다. 하지만 사실 그 규칙은 충분히 조정이 가능하죠."

만약 당신이 착한사람증후군 때문에 '노'라고 거절하기 힘들어한다면 다음 세 가지를 반드시 기억해야 한다.

첫째, 반사적으로 동의하려는 충동을 조심하라.
평소 의욕 넘치고 '난 할 수 있어!'라는 마인드를 가진 사람일수록 '예스'라고 말해버리고 협상 타이밍을 놓치기 쉽다.

둘째, 한 가지에 '예스'를 하면 다른 무언가는 포기해야 할 가능성이 크다는 사실을 기억하라.
까다로운 고객의 요구를 무조건 들어주면 당신이 받는 스트레스는 늘어나고 취침 시간은 줄어든다. 큰 액수의 팁을 내겠느냐고 묻는 프랑스 종업원에게 '예스'라고 말하면 나중에 당신 아이에게 맛있는 디저트를 사주는 것은 포기해야 할지도 모른다. 분명 무언가는 포기해야 하고, 그 무언가는 당신 삶의 행복과 만족에 꼭 필요한 것일 수도 있다. 이 점을 기억하면 '예스'를 말해야 하는 순간인지 아닌지 전략적인 마인드로 판단하는 데 도움이 된다.

셋째, '예스'를 하려는 이유가 자신의 역할에 대한 비현실적 정의 때문은 아닌지 점검하라. 마음속 그 정의를 무조건 믿지 말고 의문을 가져라.

물론, 이 세 가지는 말처럼 쉽지만은 않다. 우리는 비즈니스 관계가 가져다줄 성공의 가능성을 바라보며 무리한 약속을 해버릴 때가 많기 때문이다.

착한 사람의 잠재적 위험은 분노다

착한사람증후군을 가진 사람들은 주변에서 흔히 찾아볼 수 있지만, 놀랍게도 나는 그런 성향을 프로풋볼 선수들에게서도 자주 목격했다. 풋볼 선수의 가족이나 친구들이 해당 선수에게 경제적으로 의지하거나 금전적 도움을 기대하는 경우는 흔히 있는 일이다(꼭 풋볼이 아니라 다른 종목도 마찬가지다). 이때 선수는 자신이 누리는 행운에 감사할 줄 모르거나 욕심 많은 사람으로 보일까봐, 또는 '성공'하기 전에 자신을 도와줬던 이들을 외면하는 것처럼 보일까봐 그들의 요구를 거절하기 힘들어한다. 그래서 요구를 계속 들어주다가 어느 순간 마음속에 과부하가 걸리고 분노를 느끼게 된다.

1987년 하디 니커슨이 NFL 신인 드래프트draft 5라운드에서 피츠버그스틸러스Pittsburgh Steelers 팀의 지명을 받았을 때 언론에서는 그가 25만 달러를 받기로 팀과 계약을 맺었다고 보도했다(현재 기준으로 볼 때 이는 5라운드 지명치고는 터무니없이 낮은 금액이다). 하디의 가족들은 대박이 났다고 믿었다. 그들은 이제 더는 일을 안 해도 된다고, 하디가 자신들의 자동차 할부금도 내주고 예상치 못한 지출 비용들도 해결해주리라고 생각했다. 하지만 그들은 뭔가 단단히 착각하고 있었다. 하디가 맺은 것은 다년 계약이었고, 그의 1년 수입은 세전 금액으로 7만 5,000달러였기 때문이다. 그런데도 하디로서는 상당한 돈을 벌었기 때문에 가족들을 최대한 금전적으로 도왔다.

상황이 바뀐 것은 그에게 아이들이 생기면서부터였다. 이제 자신의 아이들을 키우는 데 돈을 많이 써야 했다. "가족들에게 안 된다고 말하기가 어려웠습니다. '내가 별 볼 일 없는 놈이었을 때도 늘 내 곁에 있었던 이들이야' 하는 생각에 입이 안 떨어졌죠. 하지만 저는 어머니와 아버지에게 '노'라고 말해야 했습니다." 경제적 지원을 중단하겠다는 말에 가족들은 그를 몹시 원망했다고 한다. 하지만 현재 그는 과거보다 한층 성숙한 관점을 갖고 있다. 그는 은퇴 후 고교팀과 대학팀, NFL에서 활동하는 코치가 됐고, 수많은 젊은 선수들에게 조언을 해주고 있다.

"나는 그들에게 강조합니다. 가족이나 주변 사람을 경제적으로 돕더라도 자기 자신의 현재 상태를 명확히 파악하고, 그리고 어느 선까지 도울지를 잘 판단하라고 말입니다. 그리고 이 점을 생각해보라고 합니다. 내 도움이 앞으로도 그들이 계속 나에게 의지할 피난처가 될 것인가? 아니면 그들에게 성장하고 뭔가 만들어내게 하는 발판이 될 것인가? 그러지 않고 무조건 도와주기만 하면 어느 시점에 이르러 자신이 인간 현금인출기가 된 기분을 느낄 수 있다고 말입니다."

많은 운동선수가 무명 시절에 도움을 받았던 이들에게 보답할 수 있게 된 것을 뿌듯해하다가 시간이 지나면서 분노를 느끼기 시작한다. '왜 다들 나한테서는 끝도 없이 돈이 나온다고 생각하는 거지?' 사실 이런 생각을 하는 경우는 그나마 괜찮다. 어떤 선수들은 자신이 어떤 상황인지도 모른 채 재정적 곤경에 빠져버리기도 한다. 분노를 느끼기 시작하면 그들은 심리적 불편함을 직시하는 대신 사람들을 멀리하거나 관계를 끊어버린다. 그리고 관계가 틀어진 이유를 외부에서 찾는다. 예컨대 "그 인간이 나를 이용했어요"라고 말하는 식이다.

그럴 때 나는 이렇게 묻는다. "당신은 안 된다고 거절한 적이 있나요? 그 사람과 당신 사이에 적절한 경계선을 그은 적이 있나요?" 내가 말하지 않으면 남들은 내가 뭘 원하는지 알 수 없다. 그것은 커피포트를 새로 채워놓는 문제에서든, 상사에게 부당한 대우를 받는다고 느낄 때든, 돈을 달라는 부탁을 계속 받을 때든 마찬가지다.

운동선수들이 친구나 가족을 대상으로 겪는 이런 증후군은 서비스업을 하는 사업가들에게서도 자주 목격된다. 어떤 카페 사장은 자신이 한 번이라도 만났던 사람에게 무조건 음료값을 할인해준다. 어떤 그래픽 디자이너는 웹사이트를 만들거나 명함을 디자인해달라는 주변 이들의 부탁을 거절하지 못한다. 상대방과 관계가 틀어지는 것을 원치 않기 때문이다. 하지만 경계선을 긋지 않아도, 거절하지 않아도, 그런 관계에는 어차피 균열이 생긴다. 분노라는 보이지 않는 작은 망치가 관계를 조금씩 깎아내리기 때문이다. 그들은 '노'라고 말하면서도 관계를 지킬 수 있다는 사실을 알지 못한다.

우리는 적절한 경계선을 그음으로써 자기 자신의 욕구에 초점을 맞출 수 있다. 그렇다고 해서 타인의 욕구를 완전히 무시하라는 의미는 아니다. 어느 정도까지 감당할 수 있는가? 당신의 예산은 어느 정도인가? 얼마나 자주 해야 하는 일인가? 특별한 사정이 없는 한 언제든 해줄 수 있는 종류의 일인가? 상대방이 끝없이 요구할 만한 가능성은 없는가? 가령 나는 풋볼 선수들에게 가족이나 지인에게 이런 식으로 말하라고 조언한다. "교육비나 의료비는 제가 최대한 댈게요. 하지만 제가 도와주는 건 거기까지입니다."

경계선을 긋는 일은 직장에서도 쉽지 않다. 방문을 항상 열어 놓는 팀장의 경우처럼 사람들은 종종 자신도 모르게 머릿속에서 스스로 협상을 진행해 자신에게 불리한 방향으로 떠밀려 가기 때문이다. 셰릴Sheryl의 경우를 보자. 셰릴은 대학의 경제학 교수다. 그녀는 노동경제학 분야의 전문가로 숫자에 강했고, 가장 개연성 높은 결과를 예측하는 작업에도 뛰어난 역량을 지니고 있다. 덕분에 그녀는 1년 전 연봉 협상에서 큰 폭의 인상을 얻어 낼 수 있었다. 그로부터 몇 달 뒤 그녀는 경제학과의 행정업무 책임자 자리를 맡아달라는 요청을 받았다. 임기는 2년이고 꽤 많은 시간을 투자해야 하며 추가 보수는 없었다. 그녀는 자신이 그 자리를 맡아야 한다고 생각했다. 높은 연봉 인상을 받은 직후이기도 했고, 한편으론 학과의 성실한 일원이라는 인상을 주고 싶었기 때문이다. 그리고 얼마 후 다른 교수가 휴직계를 내면서 그녀에게 자신의 수업을 대신 담당해달라고 부탁했다.

수업은 5회만 진행하면 되고, 이번에 맡아주면 자기가 다음 해에 꼭 보답하겠다는 것이었다. 셰릴은 그의 부탁을 수락했다. 이번에도 그녀는 좋은 동료로 보이고 싶었다. 그리고 자신이 학과 교수들 중에 가장 많은 보수를 받는다는 사실도 마음속에 떠올렸다. 그런데 막상 맡고 나서 보니 그녀가 대신 메워야 할 수업은 5회가 아니라 10회였다. 따라서 성적 처리 등 행정업무도 처음에 생각한 것보다 훨씬 더 많았다.

셰릴은 이러지도 저러지도 못하는 난감한 상황에 빠진 기분이었다. 어떤 식으로든 '재협상'이 필요하다고 느끼면서도 꾹 참고 넘기려다 보니 적절한 타이밍을 놓치고 말았다. 그녀는 종신교수라서 일자리를 잃을 위험이 없는데도 학과장을 기쁘게 해주고 동료 교수의 부탁도 들어줘야 한다고 느꼈다. 현재 그녀의 마음은 답답함과 불만으로 가득하다. 학과의 다른 모든 이들에게 화도 난다. 과중한 업무로 혹사당하면서 제대로 인정받지 못하는 기분이다. 그녀의 남편도 불만스럽기는 마찬가지다. 아내가 거의 매일 늦게까지 일을 하므로 자신이 육아 대부분을 책임져야 하기 때문이다. 셰릴은 자신의 가치를 충분히 인지하고 연봉 협상을 훌륭하게 해냈다. 하지만 이후 착한사람증후군 성향이 발동하는 바람에 많은 것을 잃어야 했다.

셰릴처럼 타인을 기쁘게 하려다가 분노라는 대가를 치르는 것은 결코 사소한 문제가 아니다. 그녀는 자신의 욕구와 만족을 뒷전으로 밀쳐두는 것이 고결한 행동이라고, 또는 옳은 행동이라고 생각했다. 나는 이런 문제를 가진 기업가들을 많이 봤다. 그들은 자신이 무언가에 '예스'를 하는 순간 다른 것은 포기하는 셈이라는 점을 인식하지 못한다. 어떤 이들은 번아웃증후군이나 이혼, 또는 가정불화라는 대가를 치른다. 또는 좋아하는 직장을 떠나야 하는 상황에 내몰리기도 한다. 착한사람증후군이 있는 사람은 자신이 상황을 감당할 수 있다고 믿으므로 이런 대가들이 따를 것이란 점에 대해선 거의 생각해보지 않는다. 바로 이러한 점 때문에 더욱 힘겨운 상황에 빠지곤 한다. 애초에 '예스'를 한 이유가 문제를 크게 만들지 않고 싶은 마음 때문이었다는 점을 생각하면 매우 아이러니한 상황이 아닐 수 없다.

우리는 상대방이 중요한 존재일수록 그의 부탁을 거절했다가 마음을 상하게 하면 어쩌나 하는 걱정을 한다. 상대방이 무시당하거나 거절당했다는 기분을 느끼지 않게 하려고 애쓴다. 그러나 그렇게 '예스'를 남발하면 내면에 차츰 쌓이는 분노를 피할 도리가 없다는 점을 늘 명심해야 한다.

'좋은 거절'이 '나쁜 동의'보다 훨씬 더 나은 이유

착한사람증후군을 가진 사람은 거절의 말을 하는 것만큼이나 '듣는 것' 역시 두려워한다. 거절에 대한 두려움이 너무 큰 나머지 거절의 말이 나올 상황 자체를 만들지 않으려고 한다. 요청을 아예 하지 않거나, 부정적인 대답이 나오기 전에 침묵을 서둘러 메우려고 든다.

흔히 사람들은 어떤 요청이 담긴 대화나 이메일 끝에 이런 말을 덧붙인다. "제 요청을 들어주시기 어렵다 해도 이해합니다." "물론 얼마든지 조정이 가능합니다." 왜일까? 기껏 요청해놓고선 왜 상대방이 빠져나갈 수 있는 길을 먼저 안내하는 것일까? 그들은 거절당할지 모른다는 두려움 때문에 그렇게 미리 충격완화장치를 마련해두는 것이다. 그러면 '노'라는 말을 듣더라도 덜 무서울 것이라 생각하는 것이다. 거의 무의식적으로 그렇게 하는 경우가 놀랄 만큼 많다.

내 친구는 자신에게 그런 성향이 있다는 것을 뜻밖의 순간에 깨달았다. 어린 딸이 학교 모금행사를 위해 기부 요청을 하는 이메일 쓰는 것을 도와주면서 끝에다 "기부가 곤란하시다고 해도 충분히 이해합니다"라고 쓰게 했다는 것이었다. 우리는 종종 용기있게 제안하는 것보다 한 걸음 뒤로 물러서는 것부터 가르친다.

프리랜서 IT 기술자인 제이슨 컴리Jason Comely는 거절에 대한 두려움에 발목이 붙들려 자신의 삶이 앞으로 나아가지 못하고 있다는 것을 깨닫고, 거절당하기 게임을 생각해냈다. 거절에 익숙해지기로 마음먹은 것이다. 그는 날마다 거절당하는 것을 목표로 삼고, 당연히 거절당할 것 같은 일을 낯선 사람에게 부탁하기 시작했다.[6] 예를 들어 처음 보는 사람한테 아주 먼 거리를 차로 데려다 달라고 하거나 쇼핑하러 가서 물건값을 무턱대고 깎아달라고 했다. 그에게는 거절을 자꾸 겪어서 둔감해지는 것이 큰 효과가 있었고, '거절 요법Rejection Therapy'이라는 카드게임도 만들었다. 그는 일부러 거절당하는 것에 대해 NPR(미국공영라디오)에서 이렇게 말했다.

"거절을 당하고 나면 오히려 짜릿한 성취감이 듭니다. '우와, 난 두려움에 굴복하지 않았어'라는 생각이 들거든요." 이 거절당하기 게임은 꽤 기발하지만, 그렇게 두려운 상황으로 대담하게 뛰어드는 전략이 모두에게 맞는 것은 아니다. 나는 뱀을 엄청 무서워하는데, 그 끔찍한 동물을 자꾸 보거나 그 동물에 둘러싸이는 것은 뱀에 대한 두려움을 극복하는 데 전혀 효과가 없을 것 같다. 그 모습을 상상만 해도 심장마비가 오려고 한다. 물론 여기에서 둔감화 전략이 거절에 대한 두려움을 극복하는 데 효과적인지 아닌지는 중요하지 않다. 내가 말하려는 것은 많은 이들이 '노'라는 말을 너무 두려워한 나머지 결국 그 말이 자신을 지배하게 내버려둔다는 점이다.

나는 협상 수업에서 거절에 대한 두려움을 다루는 데 굉장히 많은 시간을 할애한다. 내가 택하는 접근법은 둔감화 전략이 아니라 상대와의 대화 자체를 완전히 다른 시각으로 바라보는 것이다. 즉 '노'를 그저 거절로만 받아들이지 말고 전체 대화의 일부에 해당하는 하나의 정보로 보는 것이다. 그리고 생각해본다. 그 '노'에서 또 어떤 다른 정보를 알아낼 수 있을까? 그 정보를 어떻게 활용할 수 있을까?

당연히 어떤 거절은 정말 괴롭다. 만일 간절히 바라던 지원금 대상에서 탈락했다거나 입사 지원을 한 회사로부터 불합격했다는 이메일을 받으면 너무 상심한 나머지 다시는 그 일을 생각하기도 싫을 것이다. 그러나 이런 경우 나는 사람들에게 용기를 내서 그 '노'를 정면으로 마주하라고 말한다. 그것은 당신에게 유용한 하나의 정보이기 때문이다. 만일 거절한 쪽에서 협조만 해준다면 당신은 거절당한 이유를 알아낼 수 있고, 그것을 토대로 다음에는 더 좋은 결과를 얻을 수 있다. 나도 안다. 거절한 쪽과 그런 대화를 하는 것이 편하지만은 않을 것이다. 하지만 시도하지 않으면 얻는 것도 없다. 캐나다의 전설적인 아이스하키 선수인 웨인 그레츠키Wayne Gretzky의 말을 떠올려보라. "슛을 쏘지 않으면 골인은 100퍼센트 불가능하다."

새로운 사업을 시작하는 기업가는 대개 사업자금이나 고객 확보 과정에서 수없이 거절을 겪는다. 그들은 그런 거절에서 뭔가를 배워야 한다. 그러지 않으면 절대 성공적인 창업을 할 수 없다.

서배스천 잭슨Sebastian Jackson은 웨인주립대학교로부터 세 번이나 거절당한 후에야 캠퍼스 내에 이발소를 열 수 있었다. 그는 말한다. "처음 거절당했을 때는 정말 괴로웠습니다. 말 그대로 '거절'로만 느껴졌으니까요. 하지만 다시 기운을 차리고 일어나 이유가 뭔지 알아보기로 했죠. 머릿속에 번쩍 불이 켜지는 순간이었어요." 그러나 직접 만나서 거절의 이유를 들어보고 싶다는 요청 역시 거부당했다. 그래서 서배스천은 대학의 비즈니스 관련 업무에 대해 잘 아는 교내 직원을 수소문해서 만났다. 그 직원은 대학에서 제안을 거절한 이유가 이발소라는 사업 모델이 아니라 서배스천 때문이라고 말했다. 그가 과거에 다른 대학 캠퍼스에서 운영했던 이발소가 실패했기 때문이라는 것이었다. 대학 측에서는 그가 이번에는 캠퍼스 이발소를 성공시킬 수 있으리라 확신할 수 없었다.

서배스천은 그 부분을 해결하기로 했다. 그는 자신의 사업 능력을 보증해줄 추천장을 여러 곳에서 받아 대학 측에 함께 제출했다. 이번에도 거절이 돌아왔다. 이번에는 사업 모델이 불안정해 보이기 때문이라고 했다. 그래서 서배스천은 아예 처음부터 새롭게 시작한다는 기분으로 사업 모델을 한층 명확하게 재정비해 다시 제시했다. 이번에도 거절이 돌아왔다. 대학 측은 서배스천에게 그의 구상대로 사업을 실행하기 위한 자본이 충분치 않아 보인다고 말했다. 하지만 그는 포기하지 않았다. 설령 사업자금은 넉넉하지 않아도 이발소 임대료를 낼 만큼은 있다며 대학 측을 설득했다. 당시 그 공간은 임차인 없이 비어 있던 터라 적자를 보고 있었다. 마침내 대학 측은 그와 임대 계약을 맺기로 동의했다.

서배스천은 '노'를 정보로 바라보고 활용했으며 그 과정에서 자신이 사업 성공에 필요한 끈질긴 인내심을 갖췄다는 것도 입증했다(그의 이발소 '소셜클럽Social Club'은 큰 성공을 거뒀다. 현재 소셜클럽은 단순한 이발소를 넘어 해당 지역 사람들을 연결하는 커뮤니티 역할까지 하고 있다. 이에 대해서는 9장에서 다시 살펴본다). '노'를 거절이 아닌 정보로 바라보기 시작하면, 상대로부터 즉각 '예스'라는 대답을 듣는 것이 마냥 기쁘지만은 않게 된다. 거절은 더 깊고 진지한 대화로 들어가 서로를 더 잘 이해할 기회인데, 그 기회가 없어지기 때문이다. 그런 점에서 본다면 더 많은 정보를 알게 해주는 '좋은 거절'이 '나쁜 동의'보다 훨씬 더 낫다.

침묵을 불편해하지 마라

영국 철학자 프랜시스 베이컨_{Francis Bacon}은 "침묵은 지혜를 살찌우는 잠"이라고 했다. 착한사람증후군이 있는 사람이라면 가슴에 새길 만한 말이다. 그들은 기다림이 필요한 상황도 가만히 견디지 못하는 경향이 있기 때문이다. 앞서 소개한 제임스는 이렇게 말했다. "나는 침묵이 싫습니다. 불안감이 나를 자꾸 쿡쿡 찌르거든요. 왠지 불편해서 어떻게든 그 빈 시간을 채워야만 할 것 같아요. 예전에는 내가 제시한 가격에 고객이 조금이라도 반응하는 기미가 느껴지면, 어떻게든 그 사람을 만족시킬 방법을 찾으려고 애썼어요." 그러나 침묵을 서둘러 메우려 하면 자기 스스로 충분히 생각할 시간은 물론이고 상대방이 머릿속으로 상황을 정리할 시간도 없어진다. 침묵을 지켜보기 위해서는 많은 용기와 자신감이 필요하다. 특히 뭔가를 판매하는 사업가의 경우 더 그렇다. 그들은 속으로 이렇게 생각하기 일쑤다. '아, 내가 가격을 너무 비싸게 제시했나?' '이 거래, 벌써 망친 거 아니야?'

앞서 고객의 요구에 무조건 승낙하기만 했던 제임스는 "때로는 침착하게 상황을 관망할 필요가 있습니다"라며 말을 이었다. "당장은 해결책이 없는 경우도 있거든요. 어떤 때는 상대방에게 상황을 이해하고 생각을 정리할 시간이 필요해요. 당장 문제를 해결하려고 달려든다고 해서 항상 문제가 해결되는 건 아닙니다." 이는 제임스 자신에게도 쉬운 일은 아니었다. 그는 이유를 찾기 위해 자기 자신을 진지하게 관찰했다. "나는 뭔가 미해결 상태이거나 대답을 못 들은 상태가 지속되는 걸 견디기 힘들어하는 편입니다. 그럼 다음 단계로 넘어가지를 못해요. 만일 고객이 나한테 화가 나거나 실망할 거라는 예감이 들면 당장 해결하고 싶어지죠."

제임스는 '침묵을 편안하게 받아들이기'를 목표로 정하고 열심히 연습 중이다. 당장 뛰어들어 해결하고 싶은 충동을 참는 연습도 하고 있다. "어떤 상황에서든 즉각 반응하지 않는 것이 더 나은 결과를 가져다줍니다. 이를테면 비싸다고 불만을 표현하는 고객한테 곧장 가격을 깎아주는 대신 제품을 더 낮은 비용으로 생산할 방법을 궁리하는 식으로요. 그러고 나면 고객에게 더 만족스러운 가격을 제시할 수 있습니다. 이런 접근법은 대단히 유용합니다."

침묵을 편안하게 받아들이는 일의 중요함을 아는 것과 '실제로' 편안하게 받아들이는 것은 완전히 다른 문제다. 따라서 제임스처럼 연습하는 것도 중요하지만 자신의 제안이나 요청에 자신감을 갖는 것 역시 중요하다. 자신이 내놓는 제안이 충분히 타당한 근거로 뒷받침된다는 확신이 있으면 상대방의 반응을 기다리는 일이 훨씬 더 수월하다. 괜히 불안한 마음에 서둘러 침묵을 깨고 뭔가 더 양보하려 들지 않고 말이다.

나는 상대방과 얼굴을 마주하고 있을 때는 침묵이 불편하지 않다. 말이 없는 동안에도 꽤 많은 정보를 모을 수 있다. 그의 자세, 고개를 기울인 모습, 얼굴의 미묘한 표정까지. 그런데 물리적 거리가 멀어질수록 더 불편함을 느끼는 경향이 있어서 통화 중의 침묵을 참는 것은 조금 어렵다. 하지만 그 텅 빈 시간에 집중하지 않으려고 애쓴다. 잠시 기다리는 동안 간단한 이메일을 보내거나 받은편지함을 눈으로 훑으면서 시간을 보낸다.

물론 물리적 거리가 가장 먼 이메일 침묵이 내게는 가장 힘들다. 예컨대 잠재고객에게 비용이 담긴 제안서를 보내고 나서 곧장 답장이 오지 않으면 안절부절못한다. 그때부터 온갖 추측과 독백이 머릿속을 점령한다. '비용이 너무 높아서 깜짝 놀란 건지도 몰라. 내가 사기꾼처럼 보이면 어떡하지? 아무래도 너무 비싸게 부른 것 같아.' 그렇게 초조해하면서 걱정한다. 하지만 그렇다고 이런 이메일을 곧장 보내지는 않는다. "아직 답장이 안 오기에 제 메일을 잘 받으셨는지 궁금해서요. 제가 제안한 내용은 얼마든지 협상할 수 있다는 점을 꼭 말씀드리고 싶습니다."

내게는 그럴 때면 찾아가는 친구가 한 명 있다. 답장이 오지 않는 동안 내 자신감이 한없이 추락한다는 것을 누구보다 잘 아는 친구다. 그는 내가 과잉반응하고 있음을 일깨워주고 내가 제안한 비용이 합당하다고 말해준다. 무엇보다도 그는 내가 지금껏 거둔 성공과 잠재고객에게 가져다줄 수 있는 가치를 상기하도록 해준다. 그렇게 내 자신감을 되찾도록 도와준다. 그의 말 덕분에 나는 인내심과 현실감각을 되찾을 수 있다. 성급하게 움직이지 않고 차분히 기다리면서 상황을 살핀다.

모든 사람이 이메일 침묵을 힘들어하진 않는 것처럼, 모든 사람에게 이런 역할을 해줄 친구가 있는 건 아니다. 이것은 다분히 개인적인 문제이기 때문에 단순한 처방이나 지침을 제시하기도 어렵다. 당신은 스스로 이메일, 대면 회의, 통화 중 어떤 상황에서의 침묵을 견디기 힘들어하는지 이해하고 해당 상황에서 내면의 불안감이 출렁대지 않도록 의식적으로 노력해야 한다.

모두를 만족시킬 수는 없다

지금 이렇게 성인이 되고 보니, 부모님이 이란에 있는 고향과 가족을 떠나 낯선 나라에 와서 모든 걸 처음부터 시작해 삶을 일구는 과정이 얼마나 힘들었을지 이해가 된다. 형언할 수 없을 만큼 두렵고 외로웠을 것이다. 그런데도 잘 살아내실 수 있었던 것은 많은 이민자가 그렇듯이, 자식에게 더 나은 미래를 안겨줄 수 있다는 희망 덕분이었다.

매사추세츠주와 뉴저지주에서 어린 시절을 보낸 나는 그런 부모님의 속내를 잘 몰랐다. 어쩌면 굳이 알고 싶지 않았는지도 모른다. 내가 아는 건 내가 '두 사람' 인생을 동시에 살고 있다는 사실뿐이었다. 집에서 나는 '모르바리드'라는 이름으로 불리는 착하고 말 잘 듣는 딸이었으며 페르시아어를 썼다. 스포츠를 무척 좋아했고 운동선수들의 에너지 넘치는 경쟁에 매료됐지만, 스포츠를 직접 한다는 것은 꿈도 꿀 수 없었다. 대신 부모님이 내게 기대하는 것, 즉 공부를 했다.

집 밖에서 나는 '모리'라는 이름으로 불렸고 영어를 썼으며 내가 좋아하는 옷차림을 하고 비교적 자유롭게 행동했다. 집에서는 맨얼굴로 나갔다가 학교에 가서야 화장을 하곤 했다. 왠지 집에서는 화장하는 게 옳지 않은 일처럼 느껴졌기 때문이다. 시간이 흐르면서 파티에도 가고 데이트도 하고 평범한 미국 10대들이 할 만한 것은 모두 해봤다. 한마디로 이중생활을 했다. 그렇다고 골치 아픈 반항아였다는 얘기는 아니다. 부모님 속을 썩일 만한 행동은 절대 하지 않았다. 내가 차츰 미국 문화에 동화되고 있다는 사실도 부모님이 눈치채지 못하도록 숨겼다. 괜히 실망하거나 속상하게 해드리고 싶지 않았다.

아버지는 내가 의과대학에 가길 바라셨고, 나는 아버지를 기쁘게 해드리고 싶어서 그렇게 했다. 대학 내내 의사가 될 준비를 하느라 한 번도 마음 편히 놀아본 적이 없다. 언제나 온 힘을 다해 물살을 거슬러 헤엄치는 기분이었고, 재미라고는 눈곱만큼도 없는 과목들에서 좋은 성적을 내려고 애썼다. 마음속으로는 역사, 경제학, 정치학 같은 과목들을 듣고 싶었지만, 실제론 전공 필수 과목인 생물학, 유기화학, 물리학을 공부했다. 나는 내 꿈이 아니라 아버지의 꿈을 위해 살고 있었다. 마침내 용기를 내서 사실은 의학 공부를 하기 싫고 마음속 갈등이 심하다고 아버지에게 말씀드렸다. 아버지는 이후 몇 달간 나와 말조차 섞으려 하지 않았다.

그동안 공부한 게 있으니 일단 의학전문대학원 입학시험은 치렀지만, 그 직후에 의대 공부와는 영원히 이별했다. 나는 부모님을 배신한 것 같은 기분이 들었다. 자식에게 더 좋은 기회와 더 나은 삶을 주려고 모든 위험을 무릅쓰고 고향을 떠나온 부모님에게 죄책감이 들었다. 심지어 지금도 부모님이 바랐던 것과는 다른 인생을 살고 있으니, 그분들에게 내가 얼마나 실망스러운 존재일까 하는 생각이 이따금 든다. 하지만 나는 타인의 만족을 위해 사는 것을 멈춰야 한다고 생각했다. 나 자신의 만족감은 영영 못 찾을지도 모른다는 생각이 더 두려웠다.

한편 어머니에게는 어머니 나름대로 걱정이 있었다. 내 진로보다는 개인적 삶과 관련된 것이었다. 어머니는 듬직한 이란 남자 한 명도 집에 데려오지 않은 채 나의 20대와 30대가 지나가자 걱정하기 시작했다. "어서 결혼해 애를 낳아야 할 텐데" 하며 이따금 나를 재촉했다. 사실 나는 어머니 모르게 데이트를 했고 한두 명하고는 꽤 깊게 사귀기도 했다. 하지만 결국엔 관계를 오래 이어가지 못했다. 이란 남자가 아니라면 나와 부모님의 관계가 틀어질 위험을 감수해야 했기 때문이다. 그 위험을 감수할 만한 가치가 있으려면 다른 모든 면에서 완벽한 남자여야 했다. 영화 〈빅 식 The Big Sick〉을 본 독자라면 내가 하는 이야기가 뭔지 잘 알 것이다. 영화 속에서 스탠드업 코미디언인 주인공은 (적어도 겉으로는) 파키스탄인 부모님의 기대와 바람에 따라 살지만, 어느 날 백인 여성과 사랑에 빠진다. 그녀가 원인 모를 병으로 혼수상태에 빠지면서 그의 이중생활도 위기를 맞이한다.

나의 이중생활도 곪다 못해 터져버릴 지경에 이르렀다. 물론 영화처럼 대단히 극적인 상황은 아니었지만 말이다. 어느 날 부모님 집에 어머니 친구분이 찾아왔다. 방문 목적은 사실 누가 봐도 뻔했다. 그분은 자신의 또 다른 친구에게 혼기가 찬 아들이 있는데 좋은 신랑감이라면서 나더러 한번 만나보라고 했다. 당시 나는 서른세 살이었고, 이란 사람들 기준으로 보면 결혼할 시기가 많이 지난 상태였다. 하지만 '내' 기준으로 보면 연애생활에 부모님 간섭을 받을 만큼 어린 나이가 아니었다. 나는 그 남자를 만나고 싶은 생각이 눈꼽만큼도 없었다. 내 머릿속에서 이란 남자는 권위적인 마초, 보수적인 전통과 동의어였기 때문이다. 부모님이 나를 누군가와 엮어주려고 한다면 거기에는 그분들이 원하는 조건만 들어 있을 뿐, 내가 원하는 것은 하나도 반영되지 않으리란 걸 잘 알고 있었다.

나는 화가 치밀었다. 그 화를 눌러 담지 못하고, 부모님이 늘 보아왔던 착한 '지킬 박사'에서 흥분한 '하이드 씨'로 변했다. 부모님에게 그 정도로 크게 화난 모습을 보여준 건 처음이었다. 이것은 착한사람증후군이 있는 사람이 흔히 빠지는 함정이다. 나는 부모님을 기쁘게 해주려는 마음에 그동안 적절한 경계선을 긋지 않았고, 결국 자제력을 잃고 속에 쌓인 분노를 터뜨린 것이다.

나는 워싱턴 D.C.에 있는 집으로 돌아와 이틀쯤 기다렸다가 어머니에게 전화했다. 그리고 의학 공부를 중단할 때 아버지에게 했던 것처럼 경계선을 그었다. "어머니, 저는 우리 집안의 전통과 유산을 존중해요. 또 그동안 부모님이 원하는 대로 해드린 것도 많아요. 하지만 연애 문제는 달라요. 어머니가 저 대신 결정하게 두지 않을 거예요. 그건 부모님이 결정할 문제가 아니에요. 저만 결정할 수 있는 문제라고요." 어머니는 말이 없었다. 나는 말을 이었다. "절대 아닐 거라고는 할 수 없지만, 제가 앞으로 결혼을 한다면 상대는 이란 남자가 아닐 가능성이 커요. 이런 말 들으니까 속상하시죠. 알아요. 하지만 더는 이런 문제로 싸우고 싶지 않아요. 화난 모습으로 어머니를 속상하게 만들지 않게 해주세요. 전 괜찮으니까 그냥 내버려두세요. 저는 멋진 남자랑 결혼하겠지만 아마도 부모님이 기대하는 스타일은 아닐 거예요."

어머니는 전화를 끊고 분명히 속상해했을 것이다. 하지만 나는 막혔던 숨통이 탁 트이는 기분이었다. 나는 용기를 내서 진짜 속마음을, 내 진짜 모습을 어머니에게 보여줬다.

내가 의사의 길을 포기했다는 걸, 그분들이 정해주는 남자를 만나지 않으리란 걸 부모님이 받아들였다고 해서 갈등이 완전히 사라진 것은 아니었다. 하지만 매우 놀라운 일이 일어났다. 그 후로는 부모님에게 화가 나지 않았다. 부모님을 기쁘게 해드리기 위해 사는 것을 멈추자, 내 본래 모습과 가치를 우선순위에 둬도 괜찮다고 스스로 허락하자 진짜 내 삶을 되찾은 기분이었다. 좀 더 일찍 내 인생의 중요한 시기들에 그렇게 하지 못한 것이 아쉬웠다. 정치학 대신에 그 지겨운 화학 수업을 듣고 있었을 때, 미래를 함께할 수도 있을 멋진 남자와 데이트하고 있었을 때 말이다.

그러나 과거를 뒤돌아보며 아쉬워해봐야 아무 소용이 없다. 내게는 지금이 중요하다. 나는 지금 가르치는 일을 통해 사람들을 돕고 있다. 그들에게 진정한 자신을 되찾고 원하는 것을 당당히 요구해도 된다는 사실을 일깨워준다. 우리 모두의 욕구는 중요하며, 여전히 타인을 기쁘게 하려고 노력한다 할지라도(당연히 그 자체가 나쁜 일은 아니다!) 그보다 먼저 자신의 만족을 찾아야 하고 자신을 위해 협상해야 한다.

힘든 경험과 고통 없이 인생을 사는 사람은 없다.
그것을 제대로 직시하지 않으면, 내게 약점으로 작용한다.
상처가 당신의 존재와 가치를 규정하도록 끌려다니지 마라.

Lesson 3

상처에 끌려다니는 이유

　나는 아버지가 바랐던 의사가 되지는 못했지만, 공중보건 교육과 질병예방 분야에 큰 흥미를 느꼈기 때문에 HIV 관련 기관에서 일하기 시작했다. 의료보건 서비스가 꼭 필요한데도 제대로 제공받지 못하는 이들을 돕는 일이 무척 보람되고 즐거웠다. 나는 의료보건 관련 사업을 하기 위해 경영대학원에 진학하기로 마음먹었다. 그런데 공교롭게도 대학원 여러 곳에 지원서를 낸 직후에 내가 개발한 HIV 교육 프로그램에 대한 투자 제안을 받았다. 그렇게 갑자기 의료보건컨설팅회사를 공동 창업하게 됐다. 그리고 수많은 창업자들이 그렇듯 나 역시 (내 내면과 외부에서 들려오는) 회의적인 목소리들을 잠재우기 위해 고군분투해야 했다. 부모님은 나더러 정신이 나갔다고 했다. 의과대학에 가지 않겠다고 하더니 이제는 창업을 하겠다고? 정규직 일자리를 포기하고 대학원 진학을 미루면서까지? 도대체 무슨 생각을 하는 거지? 부모님은 내가 의과대학에 가거나 경영대학원에 가서 안정적인 직업을 갖길 바랐는데, 창업은 그와 완전히 반대되는 길이었다.

그럼에도 나는 사업을 시작했다. 내 멘토였던 사람과 공동 창업을 했고 처음엔 순조롭게 일이 풀렸다. 하지만 재계약을 할 것이라 철석같이 믿었던 최대 고객이 계약을 갱신하지 않으면서 사업이 어려움에 봉착했다. 우리는 그 계약 건에 크게 의존하고 있었기 때문에 재정적으로 몹시 어려워졌다. 회사 부채는 감당하기 힘든 수준으로 느껴졌고 설상가상으로 경기불황이 더 극심해졌다. 동업자는 파산을 피하려면 직원 대부분을 내보내야 한다고 말했다.

나는 생각이 달랐다. 직원들을 유지하고 싶었다. 경기불황 시기에 그들이 새 일자리를 제대로 구할 수 있을지도 걱정됐다. 심지어 협력업체들에 대한 비용 지급에도 차질이 생기면 안 된다는 무거운 책임감을 느꼈다. 우리 회사가 재정난을 겪는 것은 그들 탓이 아니기 때문이었다. 나는 사비를 털어서라도 부채를 해결할 의무가 있다고 느꼈다. 반면 나보다 훨씬 나이가 많고 사업 경험도 풍부한 동업자는 감정의 흔들림 없이 철저히 비즈니스적인 태도를 보였다. 그는 말했다. "그래서 애초에 소규모의 'S항 주식회사 ~S corporation~' 형태를 택한 거야. 만일 파산을 해도 주주의 개인 자산은 보호할 수 있으니까."

내 마음속에서 파산은 실패와 동의어였다. 나는 가족들에게, 그리고 창업하는 나를 걱정스럽게 쳐다봤던 사람들에게 실패했다고 말해야 하는 상황을 견딜 수 없을 것 같았다. 다행히 회사는 침체기를 극복해 살아남았고 새로운 고객과 대형 프로젝트도 확보했지만 몇 년에 걸쳐 부채를 해결해나가야 했다. 최악일 때에 비하면 재정 상태는 나아졌지만 나는 사업을 시작했을 때만큼 일에서 즐거움과 만족을 느낄 수 없었다. 그러면서도 계속 운영해나가야 한다는 의무감을 느꼈다.

넬슨 만델라~Nelson Mandela~는 "두려움이 아니라 희망에서 나온 선택을 하십시오"라고 말했다. 나는 내가 어린 시절의 경험이 남긴 상처에 지배당하고 있었다는 사실을 오랜 시간이 지나서야 깨달았다. 과거 경험 때문에 실패를 지나치게 두려워하고 있었던 것이다. 부모님은 자식을 미국에서 키워 성공시키려고 너무나 많은 희생을 하셨고, 나는 그분들을 실망시키고 싶지 않았다.

힘든 경험이나 정신적 외상 하나 없이 인생을 사는 사람은 없다. 그 상처가 때로는 자신의 존재와 가치를 규정하곤 한다. 인간관계에서 어려움을 겪고 난 후에는 자신이 관계를 맺는 데에 서툰 사람이라서 더 이상 누군가와 관계를 맺기 어려울 것이라고 단정한다. 직장을 잃으면 자신의 능력이 부족한 탓이라고 여기고, 어디든 다시 직장을 얻게 되면 그냥저냥 만족하며 살자고 마음먹는다. 또는 어릴 적부터 형성된 특정한 가치관에서 좀처럼 벗어나지 못하는 이들도 있다. 그 가치관이 자신에게 아무런 도움이 되지 않는데도 말이다.

누구에게나 힘들었던 경험과 상처는 있다. 그것을 제대로 직시하지 않으면 그것은 우리가 현명하게 판단하고 효과적으로 협상하지 못하게 막는 방해물이 될 수 있다.

협상은 싸움이 아니다

한국인인 송이는 어릴 적부터 협상을 아주 좁은 의미로만 이해하며 자랐다. 그녀의 집안에서 협상이란 승자와 패자가 명확히 갈리는, 즉 내가 이기면 상대방은 반드시 지는 행위였다. "우리 가족은 늘 '이쪽이 맞으면 저쪽은 틀리다'라는 흑백논리를 갖고 말했어요. 자기 생각이 맞으면 다른 사람 생각은 무조건 틀린 거죠. 나는 싸움을 피하려고 원하는 걸 꾹 참든지, 아니면 지나치게 방어적이 되거나 화를 내면서 정면으로 맞서든지 둘 중 하나였어요. 차분한 대화라는 게 별로 없고 늘 서로를 향해 고함을 지르기 일쑤였어요."

미국에 이민 온 송이와 가족들은 주변에서 늘 경쟁과 싸움을 목격했다. "제 주변의 이민자들 중에는 고국에서 빚더미에 앉았다든지 결혼생활이 파탄 났다든지, 아무튼 궁지에 몰려 쫓기듯

도망쳐 온 이들이 많았어요. 그리고 남을 밟고 올라가 이기려는 사람이 많았죠. 자존심을 지키고 싶어서, 또는 자신이 남들보다 낫다는 우월감을 느끼고 싶어서 그랬는지도 몰라요."

송이의 가족은 미국에 온 첫 몇 달간 벽장만큼 좁은 집에서 지냈다. 그녀의 아버지는 건물관리인으로 일하면서 목사가 되기 위한 공부도 병행했다. 그는 발 벗고 나서서 남을 도왔지만, 결국 못된 사람들한테 이용당해 엄청난 빚을 떠안게 됐다. 가족들은 더욱 힘들어졌고 자연히 싸우는 날이 많아졌다. "아버지의 성격 탓에 집안 형편은 더욱 어려워졌고, 이 문제로 부모님이 싸우는 걸 보면서 이런 생각이 들었어요. '착하게 살면 안 되는구나. 착하면 결국 짓밟히는 거야.' 그런 경험이 협상을 바라보는 제 관점에 영향을 미쳤어요. '한 사람이 이익을 보면 나머지 한 사람은 손해를 보거나 엄청난 빚을 떠안게 되는구나.' 저는 협상이 무서워졌어요. '협상' 하면 충돌과 싸움부터 연상됐어요."

송이는 펜실베이니아대학교 학부생일 때 내 협상 수업에 들어왔다. "저는 독종 소리 듣는 냉혹한 협상가가 되자, 뭐 그런 목표 같은 건 없었습니다. 이 수업을 듣기로 한 건 제게 협상이 불편한 무언가였기 때문이에요. 속으로 불만이 있어도 원하는 걸 제대로 요구할 줄 몰랐어요. 저의 그런 문제를 정면으로 마주하고 싶었습니다."

송이는 내 수업을 들으면서 자신의 성장 과정이 남겨놓은 상처를 씻어내기 시작했다. 20년 동안 삶의 일부였던 관점을 밀쳐내기 시작했다. 차츰 흑백논리 중심의 이분법적 시각을 버리고, 협상이라는 행위를 복잡하고 미묘한 요인들이 동반되는 문제해결 과정으로 바라보게 됐으며, 더 나아가 그 과정을 즐기게 됐다. 상대방에 대해 알아가면서 자신과 상대방의 이해관계가 겹치는 부분을 찾는 과정이 재밌다는 것이었다. 또 그녀는 자신이 협상에 꽤 소질이 있다는 것도 깨달았다. 그녀는 경청하는 능력이 뛰어나서 친구들에게 신뢰를 얻었다.

처음 송이는 자신의 욕구가 중요하다는 것을 알았지만, 막상 뭔가 '요구'해야 하는 상황이 되면 목소리를 내기 힘들어했다. 이런 성향은 수업 중에도 그대로 드러났다. 모의협상에서 자신의 요구를 주장해야 할 때면 매번 어려움을 느꼈다. 하지만 어느 날 부동산 중개인 역할을 맡은 모의협상에서 자신감 있는 태도로 고객 입장을 대변하면서 자신의 제안을 밀고 나갔다. "단호하게 뭔가를 요구할 줄 아는 저 자신을 보고 놀랐습니다. 왜 예전에는 그러지 못했을까요?" 자신도 할 수 있다는 것을 깨닫자 삶의 많은 것들이 바뀌기 시작했다. 그녀는 과거의 경험에서 얻을 것은 얻되 그것이 바람직하지 못한 방식으로 내면화되지 않도록 의식적인 노력을 멈추지 않았다.

그 수업이 있고 얼마 후 송이는 태국으로 여행을 갔다. 이때 실전에 부딪혀볼 기회를 얻었다. "공항 픽업 서비스를 예약하는데 업체 측에서 부르는 비용이 300바트였어요. 제가 웹사이트에서 확인한 건 250바트였거든요. 제 예전 습관대로라면 상대방과 충돌하거나 싸우는 게 싫어서 그냥 300바트를 내고 말았을 겁니다. 50바트는 1달러 50센트쯤 되는 푼돈이고, 껌 한 통 값을 태국 경제에 보탠다고 해서 제 재정이 타격을 입는 것도 아니니까요. 하지만 용기를 내서 비용이 250바트인 것을 분명히 확인했다고 말했어요. 그랬더니 업체 측으로부터 250바트로 해주겠다는 이메일이 도착했죠! 남들이 보기엔 정말 별일 아니겠지만, 저는 그렇게 요구하기까지 상당한 심리적 장애물을 통과해야 했어요."

협상과 관련된 송이의 과거 경험은 작은 습관과 사소한 결정들이 쌓여 만들어진 것이었다. 그녀 자신도 말했듯 그녀가 아는 비용과 업체 측이 말한 비용의 차이는 겨우 1달러 50센트였다. 아마 대다수 사람은 그 정도 차이는 무시할 것이고, 물론 그래도 큰일은 일어나지 않는다. 그러나 송이가 상대방 요구에 무작정 따라가는 자신의 습관을 인지한 것은 무척 잘한 일이다. 그 습관을 없애기 위해서는 자신의 무의식적인 행동을 멈춰야 했다. 그녀는 협상과 관련된 나쁜 경험을 좋은 경험으로 대체하기 시작할 필요가 있었다.

송이는 대학 졸업 후 온라인 신발소매업체 자포스_{Zappos}로부터 채용 제안을 받았다. 그녀에게는 사회에 첫발을 내딛는 설레는 순간이었다. 그런데 회사 측에서 제안한 보수가 실망스러웠다. "이런 생각이 들었죠. 이건 좀 아닌 거 같아. 라스베이거스는 다른 관광지에 비해 물가가 싸다던데, 자포스가 그 도시에 있어서 인건비도 싼 건가? 하지만 좀 겁이 났어요. 급여를 더 요구하면

'없어 보일' 거야. 까다롭게 요구하는 타입이라는 인상을 줄지도 몰라. 괜히 이미지만 망치느니 그냥 수락하는 게 낫지 않을까? 하지만 마음을 바꾸고 나 자신에게 도전해보기로 했어요." 그녀는 조심스럽게 미안해하는 마음으로 메일을 보냈다. "채용 제안을 받아서 너무나 기쁩니다. 그런데 기본급이 좀 적다고 생각됩니다." 며칠 후 자포스 측으로부터 기본급을 올려주겠다는 대답이 돌아왔다.

송이는 그다음 직장에서 채용 조건을 협상할 때는 미안해하는 태도를 취하지 않았다. 그리고 그다음 직장(현재 다니는 곳)에서는 협상에 훨씬 더 능숙해졌다. 그녀 말에 따르면 "기본 연봉은 만족스러운 편"이었다. 하지만 그녀가 얻는 보상은 기본 연봉, 입사 보너스, 주식, 이렇게 세 가지로 구성돼 있었다. 그녀는 이 세 가지에 대해 미리 상세히 알아본 뒤 채용담당자에게 세금공제에 대해 자세히 물어봤고 그에 따라 자신이 내놓을 제안도 준비했다. "이런 점을 생각해봤습니다. 내게 제일 중요한 건 기본 연봉일까? 내가 채우고 싶은 욕구는 무엇일까? 바꿨으면 하는 부분은 무엇일까?" 곰곰이 생각해보니 그녀에게는 이전 회사와 고용 계약을 해지함으로써 자신이 감수해야 했던 부분을 보상받고 싶은 욕구가 있었다. 또한 그녀는 잠재고용주인 회사 측에서 원하는 것이 무엇인지, 그들이 어떤 방식을 편안하게 느낄지도 세심하게 고민했다. 그녀와 회사는 함께 노력해 양측 모두 만족할 수 있는 타협점을 찾아냈다.

어릴 적부터 익숙했던 '협상이란 싸워서 이겨야 하는 무엇'이라는 관점은 이제 그녀에게서 찾아볼 수 없었다. 하지만 협상에 대한 송이의 새로운 관점이 만난 가장 큰 시험대는 아버지와의 갈등이었다. 송이의 가족은 다시 한국으로 돌아가고 송이만 미국에 남았다. 그런데 툭하면 아버지가 사윗감으로 괜찮은 사람이 있다며 송이에게 이메일을 보내왔다. 송이는 "처음에는 너무 짜증이 났어요"라고 말했다. 나처럼 그녀 역시 부모님이 정해주는 남자랑 사귈 생각이 눈곱만큼도 없는 것이다. "하지만 관점을 바꿔 생각하기 시작했어요. 어떻게 하면 아버지한테 내 인생관을 이해시킬 수 있을까? 당신이 옳다고 믿는 것이 내가 옳다고 생각하는 것과 같을 수 없다는 점을 납득시키려면 어떻게 해야 할까?"

송이가 생각하기에 그녀와 아버지의 목표는 같았다. 그녀가 행복하고 만족스러운 삶을 사는 것이다. "제 인생이 어떤 모습이 돼야 하는지에 대해서는 아버지와 저의 관점이 다를지 모르지만, 둘 다 똑같이 원하는 것은 제 행복이에요." 이제 그녀는 발끈하거나 대화를 피하는 대신 아버지 의견을 충분히 고려하는 딸의 모습을 보여줄 생각이다. 또 결혼하지 않고도 충분히 행복하게 잘 살 수 있음을 보여주기 위해 자신이 어떻게 생활하고 있는지 더 자주 아버지에게 들려준다. 그녀는 자신의 세계로 아버지를 조금 더 들어오게 허락했고 그렇게 두 부녀는 점차 가까워지고 있다.

도와달라고 말할 줄 모르는 사람

린다 슐레진저-와그너Linda Schlesinger-Wagner는 누구에게나 강렬한 첫인상을 남기는 여성이다. 그녀는 친구에게 빌린 1,000달러로 미시간주에서 온라인 의류업체 스키니티즈Skinnytees를 시작했다. 창업 당시 그녀는 이혼한 직후였고 극심한 재정난에 시달리면서 여러 일을 동시에 하고 있었다. 현재 스키니티즈는 TV 쇼 〈굿모닝 아메리카Good Morning America〉와 여성 잡지 〈오프라 매거진O, The Oprah Magazine〉에 수시로 소개되며 연평균 매출 400만 달러를 올리는 기업으로 성장했다. 또 스키니티즈는 자선사업에도 활발히 참여한다. 린다는 세계 여러 곳을 돌아다니며 홀로코스트 생존자들을 인터뷰하는 등 인도주의 활동에도 열정적이다. 현재의 그녀를 보면 과거에 겪은 시련을, 지금의 빛나는 성공과는 정반대인 어두운 시기가 있었다는 것을 상상하기 어렵다.

부모님이 공구제작회사를 운영했기 때문에 린다는 사업의 부침을 가까이에서 목격할 수 있었다. 그러면서 공장 운영이나 비즈니스 관련해서 여러 가지를 배웠고 사업 계약을 이행하는 과정도 속속들이 익혔다. 부모님은 40대에 가진 모든 것을 잃었고, 린다는 그분들이 힘든 시기를 이겨내고 회복하는 것도 고스란히 지켜봤다. "부모님은 이를 악물고 다시 공장으로 돌아가 새로 시작했습니다." 린다의 이후 삶을 보면 여러모로 그런 강인한 사업가 부모님의 피를 물려받았음을 알 수 있다.

린다의 결혼생활은 불행했다. 하지만 많은 이들이 그렇듯 가정을 지키고 싶어서 참고 살았다. 그녀는 아동복사업을 시작했고, 얼마 후에는 니트의류사업에도 적극적으로 뛰어들었다. 앤티크 단추 컬렉션에서 영감을 받아 만든 그녀의 스웨터들은 전부 수작업으로 생산됐다. 그녀는 사업가인 동시에 가족을 책임져야 하는 가장이었고 병든 시아버지도 돌봐야 했다. 아이들이 성인이 되고 시아버지도 돌아가신 후에 그녀는 더는 같이 살 이유가 없다고 남편에게 말했다.

이혼은 일사천리로 진행됐다. 그러나 오랜 세월 같이 살아온 남편과의 관계를 단칼에 끊어내기란 쉬운 일이 아니었다. 자신이 먼저 이혼하자고 했음에도 자꾸 전남편을 찾아갔다. 하지만 그 사실이 왠지 창피해서 주변의 아무에게도 말하지 않았다. 이혼했다는 사실도, 전남편이 그녀를 대하는 태도도 그녀를 힘들게 했다. 자존감이 땅바닥으로 추락했지만 얼마나 힘들고 괴로운지 친구나 가족에게 알리고 싶지 않았다. 그녀는 예전부터 타인에게 도움을 청하기 힘들어하는 성격이었다. 살면서 어떤 일이 닥치든 스스로 알아서 해야 한다는 게 그녀의 인생관이었다. "전남편한테 정신적으로 감정적으로 학대를 당했어요. 나는 강한 스타일이었지만 모두 내가 자초한 상황이라고 느꼈죠. 그는 차마 입에도 담기 힘든 폭언을 퍼붓곤 했어요."

어느 날 린다는 전남편이 살고 있는 디트로이트 근교의 옛집을 찾아갔다. 그는 린다에게 돈을 주면서 자기는 데이트를 나가야 하니 그동안 화초를 사다가 정원에 심어놓으라고 시켰다. "나는 폭발해서 울며 소리쳤어요. 사람이 어쩌면 그렇게 잔인하냐고, 나는 당신 아이들의 엄마라고 소리쳤죠." 그녀는 지독한 슬픔과 괴로움을 느끼며 그 집을 나왔다. 하지만 아무에게도 부담을 주고 싶지 않았다. 그저 혼자 모든 상황을 감당하고 싶었다. '당연히 그래야만 한다고' 생각했다. "한때 인생을 함께했던 사람한테 이런 대우를 받으면서 살아서 뭐하나 싶었습니다."

린다는 수면제 한 병을 구했다. 그리고 오랫동안 출장을 가 있는 친구의 집으로 갔다. 친구의 빈집이 가까워지자 중간에 아무데나 차를 세워두곤 걸어갔다. 집 안에 들어가 1층 손님용 화장실 바닥에 담요를 깔았다. 거기서 손목을 그을 생각이었다. 그 전에 먼저 수면제를 먹어야 했다. 자신이 너무 못나고 초라하게 느껴졌다. 빈집이라 아무도 보는 사람이 없는데도 위층 벽장에 숨어 수면제 알약들을 삼켰다. 그리고 계획의 마지막 단계를 실행하기 위해 화장실로 가다가 의식을 잃었다. 48시간 후 깨어났을 때는 병원이었다.

린다가 살아난 것은 순전히 천운이었다. 그녀가 수면제를 구하러 돌아다니던 그 시간, 멀리 샌프란시스코에 있던 그녀의 스물다섯 살짜리 딸은 뭔가 잘못됐다는 직감을 받았다. 어머니가 계속 전화를 받지 않았기 때문이다. 평소엔 좀처럼 없는 일이었다. 그녀는 통신사와 경찰의 도움을 받아 어머니의 휴대폰 위치가 친구 집이라는 사실을 알아냈다. 경찰이 문을 부수고 집 안으로 들어가 린다를 발견한 후 구급차를 불렀다. 그렇다고 안전해진 것은 아니었다. 응급실 의사는 린다가 깨어나지 못할 가능성이 크다고 했다. 하지만 린다는 의식을 회복했다. 깨어났을 때 린다를 돌봐주던 응급실 간호사가 그녀에게 말했다. "나도 당신처럼 극단적 시도를 한 적이 있어요. 5년 전에요. 다시는 다른 누군가 때문에 당신 인생을 무너뜨리지 말아요."

자살 시도 이후에도 린다의 삶은 암울한 날의 연속이었다. 그녀는 한동안 정신과 병동에 있다가 일반 병실로 옮겨졌다. 그러다 딸의 도움으로 말리부에 있는 캐니언The Canyon에 들어갔다. 중독이나 정신건강 문제가 있는 사람들을 위한 재활센터였다. 비용은 언젠가 린다가 갚을 것임을 잘 아는 린다의 친구가 전부 댔다. "그 친구가 직접 차를 몰고 와서 거기까지 저를 데려다줬어요." 싫든 좋든 린다는 이제 타인의 도움을 받고 있었다.

"거긴 주변에 정말 아무것도 없어요. 온통 나무가 우거진 초록빛 숲뿐이었죠." 입소해서 생활하고 있는 이들은 21명뿐이었고 본인이 원하지 않으면 성姓을 밝히지 않아도 되었다. "그곳에 들어간 첫날이었어요. 재활센터의 치료사들이 여성 입소자들과 남성 입소자들을 분리한 다음 말했어요. '자, 여성분들 들으세요. 큰 손수건으로 여러분 눈을 가릴 거예요. 각자 바로 앞에 있는 사람의 어깨를 잡으세요. 우리가 맨 앞사람의 손을 잡고 인도할게요.'" 그렇게 앞사람의 어깨를 잡고 15분쯤 천천히 줄지어 걸었다. 다들 눈을 가리고 있어서 마치 위험한 길을 걷는 것처럼 조심스럽게 발을 내디뎠다. 잠시 후 치료사들이 가리개는 벗지 말고 옆에 있는 줄을 잡으라고 했다. 그러면서 지금 미로에 들어와 있으니 각자 출구를 찾으라면서 말했다. "여긴 안전해요. 절대 다칠 일은 없으니 안심하세요. 그리고 만일 도움이 필요한 분이 있으면 조용히 손을 드세요."

린다는 이렇게 회상했다. "30초쯤 지났을 때 치료사가 '아, 출구를 찾은 첫 번째 분이 나오셨네요'라고 했어요. 그 후 몇 분 동안 출구를 찾는 사람이 속속 나왔어요. 하지만 나는 여전히 줄만 붙잡고 있었죠. 다들 어떻게 미로의 출구를 찾는지 이해가 안 갔어요. 그때 치료사가 '이제 두 명 남았습니다. 도움이 필요하시면 손을 드세요'라고 말하더군요. 그때 갑자기 깨달았어요. '아, 이제야 알겠어! 내게 필요한 건 도움을 청하는 일이었구나'라는 걸요." 린다는 그제야 모든 상황이 이해가 됐다.

"나는 처음 만난 낯선 사람들과 함께 숲속에 있었어요. 애초에 미로도 출구도 없었던 거예요. 도움 청하는 연습을 하게 하려고 연출된 상황이었죠. 나는 살면서 남에게 도와달라는 말을 한 적이 한 번도 없었어요. 늘 '혼자 알아서 해결해야 해'라고 생각했으니까요. 머릿속에 전구가 번쩍 켜진 기분이었습니다. 나는 그동안 도움을 청할 줄 몰라 어떻게든 혼자 해보려고 버둥댔고 그러다 결국 자살까지 시도한 거예요." 린다는 그동안 그런 행동 패턴이 자신을 가로막는 방해물이었음을 깨달았다.

린다는 캐니언에서 한 달간 지내고 미시간주에 있는 집으로 돌아왔다. 그리고 자신의 인생을 다시 일으켜 세우기 시작했다. 이제 더는 두려움에서 비롯된 선택을 하지 않았다. "캐니언에서 나온 후 다짐했습니다. '집에 처박혀 신세 한탄이나 하는 바보로 살지 않을 거야'라고. 그리고 몇몇 남자를 만나서 데이트도 했어요." 예전 같으면 상상도 못 할 일이었다. 그녀는 전남편과의 관계를 완전히 끊고, 자신이 해야 하는 일이 아니라 '하고 싶은 일'이 뭔지 생각하기 시작했다. 얼마 후 친구에게 아내와 사별한 지 얼마 안 된 폴Paul이라는 남자를 소개받았다. 린다와 폴은 처음부터 마음이 잘 통했고 현재는 결혼해서 살고 있다.

무엇보다 중요한 것은 이제 친구나 가족에게 도와달라고 말하는 것을 미루지 않게 됐다는 점이다. 린다는 한동안 이것저것 몇 가지 일에 손을 댔다가 예전 사업 경험을 살려 스키니티즈를 창업하기로 했다. 창업자금을 빌려주겠다는 친구의 제안도 수락했다. 예전 같으면 스스로 그런 돈을 받을 자격이 없다고 느꼈겠지만 이젠 그렇지 않았다.

린다는 말했다. "개인적 삶에서 겪은 일은 자연스레 일에도 영향을 미칠 수밖에 없습니다. 제 성격은 이제 완전히 바뀌었어요. 더는 주춤하지 않습니다. 도와달라고 말해야 한다는 것을 깨달았어요. 이제는 늘 도움을 청합니다." 그녀는 골드만삭스 '1만 중소기업' 프로그램에 참여했고 거기서 나를 만났다. 졸업한 지 한참 지났음에도 린다는 그때 수업을 같이 들었던 몇몇 이들을 지금도 종종 만나 서로 도움을 주고받는다. "도움을 청할 줄 아는 사람이 됐으니까 이제는 남들한테 도움을 주면서 살고 싶습니다. 그 대상이 수업 동기들이든 자선단체든 말이에요. 사람은 서로 도우면서 사는 존재입니다. 그게 얼마나 멋진 일인데요."

협상에서도 마찬가지다. 많은 이들이 협상을 자기 혼자 씨름하고 해결해야 하는 일로 생각한다. 당신은 재무 관련 숫자를 빠삭하게 이해하는 회계 전문가가 되지 않아도 된다. 복잡한 계약을 안전하게 진행할 수 있는 법률 전문가가 될 필요도 없다. 그런 전문가를 찾아서 도움을 받으면 된다. 또 협상 테이블에 나가기 전에 친구나 멘토와 대화를 나누며 당신의 계획을 살펴보고 피드백을 얻을 수도 있다.

나는 나이가 들수록 내가 모른다는 사실을 받아들이고 도움을 청하는 일이 더 편해졌다. 내 목표는 가장 똑똑한 사람이 되는 것이 아니라 배움에 열려 있는 사람이 되는 것이다. 다른 사람과 대화를 나누고 나면 내 지혜가 더 깊어져 있도록 말이다. 다행히도 내 주변에는 똑똑한 학생과 유능한 사업가, 현명한 지인과 멘토가 많다. 자존심을 세우느라 도움을 청하지 않고 그들의 지혜를 활용하지 않는 것이야말로 어리석은 일이다. 학생들이 "저는 숫자에 너무 약해서 실력 있는 협상가가 될 수 없어요"라고 하면 나는 이렇게 대꾸한다. "하지만 얼마나 다행이에요. 세상에는 당신이 고용할 수 있는 회계사나 재무 전문가들이 널렸으니까요!"

생존 모드에서 벗어나지 못하다

팸Pam은 유달리 경쟁심이 강했다. 때로는 지나칠 정도였고, 본인도 자신의 그런 성격을 잘 알았다. 그녀는 자신이 그래야만 한다고 생각하며 평생을 살았다. 아프리카계 미국인 여성인 팸은 인종 갈등이 극심하기로 유명한 도시인 디트로이트의 (백인 남성이 거의 독점하는 분야인) 건설업계에서 일했다. 그녀는 꽃길을 걸으면서 지금의 위치에 이른 것이 아니었다. 늘 팔을 걷어붙이고 싸워야만 했다.

내가 수업에서 팸을 처음 만난 것은 2014년이었다. 그녀도 다른 학생들도 경기침체의 여파에서 여전히 회복 중일 때였다. 당시 내가 모의협상 시나리오를 제시하자, 팸은 자신이 과거에 해본 적이 있는 연습임을 알아차렸다. 린다가 했던 눈 가리고 미로 탈출하기 연습이 사람들에게 (도움을 요청해야 한다는) 깨달음을 주기 위해 고안됐듯이, 이 모의협상은 경쟁이 아니라 '협력'이 핵심 포인트임을 일깨워주기 위해 고안된 것이었다.

팸은 내게 자신을 이번 모의협상에서 빼달라고 말했다. 자신은 이미 해봤던 것이라 다른 학생들에게 공정하지 않다고, 그리고 다 아는 내용이므로 자신에게 큰 도움이 안 될 거라고 했다. 다른 때 같았으면 그렇게 했겠지만 팸의 경우에는 참여하는 것이 좋을 것 같았다. 그리고 결과적으로 그 모의협상을 통해 그녀는 겸손을 배울 수 있었다.

모의협상이 끝난 후 그녀는 말했다. "나는 이 모의협상의 핵심 포인트를 알고 있었습니다. 서로 협력하면 윈윈 결과를 얻을 수 있다는 점이요. 그런데도 나는 그걸 못 했어요. 완전히 망치고 말았죠." 그녀는 다른 학생들과 마찬가지로 경쟁심이 강하게 발동했고 결국 공격과 방어, 센 상대로 보이려는 허세로 인해 협력 가능성을 차단하고 말았다. 그녀는 "뻔히 답을 아는데도 좋은 결과를 만들어내지 못하는 나 자신을 보고 정말 느낀 게 많습니다"라고 덧붙였다.

오랜 세월 살아남으려고 애쓰다 보니 경쟁심이 강해질 수밖에 없었던 팸은 협력적인 사람으로 보이는 것을 싫어했다. 상대에게 나약하고 만만한 사람으로 보여지는 것을 두려워했다. 그런 두려움은 제대로 된 커뮤니케이션을 방해했고, 결국 팸은 윈윈 결과가 가능하다는 것을 알면서도 만들어내지 못했다.

이 모의협상을 통해 팸은 자신의 과거가 남긴 상처를 분명하게 자각할 수 있는 '자기인식self-awareness'이라는 선물을 얻었다. 이제 그녀는 지나친 경쟁 심리가 일어날 때마다 자기인식을 통해 더욱 신중하고 능동적으로 행동할 수 있을 것이다. 경쟁심을 발동시키는 트리거trigger가 무엇인지 파악해 미리 적절한 계획을 세울 수도 있을 것이다. 가령 협상 초반에 속도를 늦춰 여유 있게 진행하면서 상대방에 대해 더 알려는 노력을 기울이면, 경쟁 성향을 누그러트리는 데 도움이 된다. 또 상대방의 말에 즉각 반응하지 않고 잠시 기다려보는 것도 방법이다. '협상 중의 어떤 대화도 감정적으로 받아들이지 말자'라고 다짐하는 메모를 적어보는 것도 괜찮다. 물론 스스로 바람직하지 못한 성향을 바꾸는 것은 결코 쉬운 일이 아니며, 감정적으로 지치는 일이기도 하다. 그러나 성공만 한다면 당신에게 크나큰 힘을 가져다줄 것이다.

경제적 위기가 남기는 흉터

우리의 정신은 현재 살고 있는 지리적 현실로부터 깊은 영향을 받는다. 그 지리적 현실이 자신의 정신에 어떻게 뿌리내리고 있는지 아는 것은 매우 중요하다.

나는 루이지애나주 뉴올리언스에서 강의를 한 적이 있다. 뉴올리언스에서는 허리케인 시즌만 되면 주민 모두가 일기예보에 바짝 귀를 기울인다. 이 도시에 살면 목표를 세우고 아무리 노력해도 운명을 바꿀 수 없다는 무력감에 휩싸이기 쉽다. 거대한 자연 앞에서 인간이 아무것도 아닌 존재임을 번번이 깨닫기 때문이다. 뉴올리언스의 강의실에서 만난 학생들은 허리케인이 휩쓸고 지나갈 때마다 다시 일어서야 했고, 또다시 언제라도 집의 출입문과 창문을 판자로 막아야 하는 상황이 닥칠 수 있음을 잘 알고 있었다. 이런 자연재해의 트라우마는 그들이 협상에서 무언가를 요구하는 태도에도 영향을 미쳤다.

골드만삭스 '1만 중소기업' 프로그램의 학생이자 콘텐츠마케팅회사 운영자인 메리 엘런 슬레이터Mary Ellen Slayter는 이렇게 말했다. "나는 루이지애나 토박이예요. 이곳 사람들이 흔히 그렇듯 나역시 운명론자 성향이 강합니다. 외지 사람들은 우리가 늘 파티나 즐기는 줄 알지만 사실은 그렇지 않아요. 날마다 오늘이 인생의 마지막 날이 될 수도 있다고 생각하며 살죠. 언제라도 허리케인에 휩쓸려 흔적도 없이 사라질 수 있으니까요." 다행히 그녀에게는 20대와 30대 중반에 워싱턴 D.C.에 살았던 경험이 뉴올리언스가 새겨 넣은 운명론적 세계관에서 벗어나는 데 도움이 됐다. 지금은 다시 뉴올리언스에 살고 있는 그녀는 그곳 주민들에게 이렇게 말해주고 싶다고 한다. "자존감과 자신감을 가지세요. 여러분은 얼마든지 해낼 수 있어요. 원하는 걸 요구해도 된다고요."

최근 나는 아이오와주에서 강의를 시작했는데 그곳의 많은 학생들에게서 공통된 정서를 발견하곤 적잖이 놀랐다. 그들은 '신의 땅God's country'인 미국에서 태어나 살고 있다는 자부심을 갖고 있으면서도, 마음 한편에는 지우기 힘든 불안감과 불만족이 자리잡고 있었다. 가만히 생각해보니 그럴 만도 했다. 요즘은 사회, 경제 모든 측면에서 최신 기술이 핵심 역할을 하는데, 기술산업이 미국 동부와 서부 해안 지역에 주로 집중되고 중부 지역은 상대적으로 소외되면서 자연히 그곳 사람들에게 불안감과 불만이 형성된 것이었다.

2014년 디트로이트에서는 그런 불안 심리가 더욱 뚜렷했다. 자동차산업의 쇠퇴와 함께 경제가 위축되고 인구가 줄기 시작하면서 수십 년간 쇠락의 길을 걸어온 디트로이트의 주민들은, 한마디로 잊힌 사람들이었다. 미국은 디트로이트를 방치했고 이는 그곳 주민들의 삶의 방식과 세계관에 타격을 입혔다. 현재 디트로이트에 살면서 일하는 이들은 나름의 자부심을 갖고 있지만, 그 자부심은 지역사회의 경제 상황에 대한 불안감이나 자격지심과 미묘하게 뒤얽혀 있다. 앞서 언급했던 팸은 이렇게 말했다. "디트로이트의 많은 주민들 마음에는 상처가 나 있습니다. 뭘 해도 조롱의 대상이 되곤 했으니까요. 사실 오랜 세월 동안 디트로이트는 전 국민에게 조롱거리였습니다. 개념 없는 사람들에게는 지금도 마찬가지고요."

너무 오랫동안 그런 현실을 견디다 보면 자기의심이 마음속을 점령하게 된다. 디트로이트 주민들은 살기 위해 싸우는 투사지만 한편으론 '덜 기대하는' 것에 익숙해졌다. 내가 강의실에서 만난 디트로이트 학생들은 투자 제안을 할 때 최초 제안 금액을 비교적 낮게 설정했다. 그들의 관점에는 희망의 결핍과 피로감이 여실히 묻어났다.

그 이유는 분명하다. 디트로이트에서 자동차 대기업에 부품을 납품하는 중소기업의 상황을 상상해보자. 이 기업의 경영자는 제너럴모터스General Motors나 포드Ford로부터 이메일을 받는다. '경제 상황이 안 좋으니 부품 납품가를 내려달라, 우리와 계속 거래하려면 납품가를 25퍼센트 낮춰달라'는 내용이다. 상대하는 고객이 많지 않은 중소기업체 입장에서는 25퍼센트를 하향 조정하면 타격이 크다. 하지만 거절하기도 힘들다. '울며 겨자 먹기'로 요청을 수락해야 할 것처럼 느껴진다.

대기업 측에서 거래를 끊겠다고 할까봐 납품가 협상을 할 엄두가 안 난다. 양측 모두 받아들일 수 있는 합의점을 찾을 시도조차 안 한다. '어떻게 우리가 협상에서 대기업이랑 맞붙어서 이길 수 있겠어?'라고 생각한다. 물론 다른 도시에서도 지역경제를 특정 소수 기업에 의존하고 있고, 대기업이 하청업체를 상대로 횡포를 부리는 것은 종종 목격되는 행태지만, 디트로이트의 경우는 얘기가 좀 다르다. 시카고와 피츠버그도 나름의 쇠퇴기를 겪었고, 시애틀의 경우 1970년대에 이 지역 최대 기업인 보잉_{Boeing}의 대규모 감원 조치 이후에 누군가가 "시애틀을 떠나는 마지막 사람은 전등을 꺼주세요"라고 적힌 옥외광고판을 세우기도 했다. 지역경제가 무너져 주민들이 일자리를 찾아 다른 도시로 떠나는 우울한 상황을 과장되게 표현한 문구였다.

그러나 시카고와 피츠버그, 시애틀은 다양한 산업 인프라를 갖고 있었다. 즉 지역경제가 해당 도시를 유명하게 만든 특정 산업에만 전적으로 의존하는 상황은 아니었다. 또 이 도시들은 디트로이트만큼 뿌리 깊고 극심한 인종 갈등도 겪지 않았다. 수십 년간 몰락과 황폐화가 진행되지도 않았고 지속적인 리더십 부재를 겪지도 않았다. 이 도시들도 부상을 입었지만, 디트로이트만큼 깊은 상처가 남지는 않았다. 인간이 너무 오랜 기간 피로와 스트레스에 시달리는 경우 우울증에 빠질 수 있다면, 오랜 기간 항상 나쁜 뉴스만 있었던 도시도 마찬가지로 우울증에 빠질 수 있다.

이런 경제적 상처가 지닌 영향력을 이해하는 데에는 역설적으로 그런 상처가 '없는' 디트로이트 주민을 살펴보는 것이 도움이 된다. 디트로이트 교외에서 자란 앤드루 쉬밀루스키Andrew Chm-iclewski는 지역경제가 최악이던 시기에 아직 학생이었다. 하지만 사업에 유달리 관심이 많았던 그는 은퇴한 소방관인 아버지 데이브가 집에서 취미 삼아 만들던 토피toffee(설탕, 버터, 밀가루 등을 섞어서 만든 캔디의 일종-옮긴이)가 사람들에게 점점 인기를 끌자 거기에 큰 기회가 숨어 있음을 알아차렸다. 데이브는 평소 요리하는 걸 좋아해서 옛 소방관 동료들에게 토피를 만들어주곤 했는데, 시간이 갈수록 그의 토피를 원하는 사람들이 감당하기 힘든 수준까지 늘어났다. 앤드루는 곧 학교를 그만두고 회사를 차렸다. 그로부터 10년 후인 현재 데이브스스위트투스토피Dave's Sweet Tooth Toffee는 5,000여 곳의 상점에서 판매되고 있다.

앤드루는 말한다. "나는 지금 서른 살입니다. 10년 전에는 의미 있는 경제 활동을 하지 않았고, 운영 중인 회사도 없었지요." 경기침체기에 10대를 보내며 경제적 어려움은 인식했으나, 그 때문에 상처는 입지 않은 채 성인이 된 것이다. 그에게는 사업자금 확보를 위해 사람들을 설득하는 일이 심리적으로 그다지 힘들지 않았다. 또 자신이 디트로이트 출신이라는 사실을 부담이 아니라 장점으로 여겼다. 데이브스스위트투스토피만의 개성과 장점으로 밀고 나가면 되지, 브루클린이나 샌프란시스코의 세련된 캔디 브랜드들과 경쟁할 필요가 없다고 생각했다. 그는 누구에게도 지시받지 않으면서 자기 집 주방에서 마음껏 창의적인 레시피를 실험하고 시행착오를 거듭하면서 토피를 개발할 수 있었다.

제품과 시장에 대한 앤드루의 자신감은 시간이 갈수록 더 견고해졌다. 서른 살의 젊은 사업가인 그는 합리적 협상이 어렵겠다 싶으면 대기업 고객일지라도 얼마든지 사양한다. 그는 "가진 게 없으면 잃을 것도 없잖아요?"라고 말한다. 물론 그도 그런 고객과 거래를 하면 잠재매출이 엄청나리란 걸 잘 안다. 그러나 바로 그게 포인트다. 앤드루가 보기에 '잠재 고객'은 도처에 있기 때문이다.

물론 인생을 살면서 힘든 경험이나 시련을 거치지 않는 사람은 거의 없다. 아마 앤드루도 미래 언젠가 모종의 시련을 겪게 될지 모른다. 그러나 명심하라. 중요한 것은 시련 자체가 아니라 그 경험이 당신의 가치관과 선택에 어떤 영향을 미치는지 스스로 인식하는 일이다. 경험에서 뭔가 배워야지, 그 경험 때문에 주저앉아서는 안 된다.

삶의 경험이 내게 남긴 상처는 실패에 대한 두려움이었고, 이는 내게 약점으로 작용하기도 했다. 나는 회사를 접는 것이 두려워서 결국 잘못된 재정적 결정을 내렸고 즐겁지도 않은 일을 마지못해 계속했다. 실패에 대한 두려움에 끌려다닌 것이다. 그러나 내 상처가 가져온 또 다른 결과도 있었다. 나는 비록 사업은 잘 안 풀렸지만 와튼스쿨에 진학했다. 공부가 너무 재미있었고 그만큼 성과도 좋아서 친구들과 교수님들한테 인정도 받았다. 그런데

2학기 때 교통사고로 발목뼈와 갈비뼈가 골절되는 부상을 입었다. 응급실에서 일반 병실로 옮긴 후에도 밤을 새워가며 공부를 했다. 넉 달 동안 깁스를 하고 지내며 회복하는 도중에도 성적을 무사히 지켜냈다. 수업에 빠지는 것은 아예 생각조차 안 했다. 실패한 학생이 되고 싶지 않았다. 나는 실패에 대한 두려움이 성취를 만들어내는 원동력이 될 수도 있음을 깨달았다.

나는 와튼스쿨 졸업식에서 졸업생 대표 연설을 했다. 연단에 서서 청중석에 앉아 있는 가족과 동기들, 교수님들을 바라보던 그날이 지금도 생생하다. 내가 스스로 노력해서 해냈다는 뿌듯함이 차올랐다. 나는 회사가 어려웠을 때의 우울한 기억이 나를 지배하게 놔둘 수도, 아니면 졸업식을 하던 날의 뿌듯한 기억이 나를 지배하게 놔둘 수도 있다. 나는 후자를 택했고, 과거는 절대 뒤돌아보지 않았다.

나는 내 상처를 이전보다 훨씬 더 잘 자각한다. 뭔가 결정해야 하는 상황에서 실패에 대한 두려움이 고개를 들면 곧바로 알아차릴 수 있다. 가면증후군 때문에 판단이 흐려지려고 하거나 머릿속에서 내 목소리가 아닌 부모님의 목소리가 들려올 때도 재빨리 알아차린다. 내게 그것은 힘겨운 싸움의 순간이며 아마 앞으로도 그럴 것이다. 그리고 그런 나 자신을 알아챌 수 있음을 참 다행으로 여긴다. 정말 위험한 일은 자신에게 상처가 있다는 사실조차 모르는 것이니 말이다.

당신은 어떻게 말하는 사람에게 호감을 가지는가?
커뮤니케이션의 문제는 성급히 진행하려는 조바심과
그 '방식'에 대해 충분히 고려하지 않은 소홀함에서 발생한다.
'무엇을' 제안할 것인가에 앞서 '어떻게' 제안할 것인가를 생각하라.

Lesson 4

제안하는 '방식'도 중요하다

넬슨 만델라는 20세기 최고의 협상가였다 해도 과언이 아니다. 그는 흑인의 인권 보장과 아파르트헤이트_{apartheid}(남아프리카공화국의 인종차별 정책-옮긴이) 철폐라는 역사적이고도 원대한 목표를 이루고자 했다. 종신형을 선고받고 수감생활을 하는 동안 그에게는 격앙된 목소리로 아파르트헤이트 폐지를 요구할 자격과 명분이 차고 넘쳤다. 그러나 그가 누구보다 똑똑하고 뛰어난 지도자일 수 있었던 이유는 자신의 감정은 접어둔 채 자신을 옥에 가둔 이들과 아파르트헤이트의 존속을 원하는 이들의 입장을 헤아리려고 노력했기 때문이다.

그는 실용주의자였다. 그는 어떤 접근법을 취해야 남아공 정부와 아프리카민족회의Africa National Congress 양측 모두에 반향을 불러일으킬 수 있을지 차분하고 끈기 있게 생각했다. 그리고 뒤에서 부드럽게 이끄는 리더십으로 양측의 화합을 이뤄냈다. 그는 양측이 듣고자 하는 말이 무엇인지, 대화를 위해 어떤 식으로 접근해야 하는지 이해하고 여기에 초점을 맞췄다. 만델라는 어릴 적에 부족장인 아버지가 부족회의에서 합의를 이끌어내는 과정을 옆에서 지켜보며 자랐다. 그는 언젠가 이렇게 말했다. "리더는 무리의 뒤에 서 있는 존재다. 가장 민첩한 자를 맨 앞에 세우면 나머지 군중은 자연스럽게 그 뒤를 따른다."[7]

에이브러햄 링컨Abraham Lincoln도 이와 비슷하게 공감에 기초한 인내심 있는 접근법을 사용했다. 그는 말했다. "나는 타인과 대화할 준비를 할 때, 상대방이 무슨 말을 듣고 싶어 할지 생각하는 데 주어진 시간의 3분의 2를 쓰고 내가 하고 싶은 말을 생각하는 데 나머지 3분의 1을 쓴다."

비록 만델라나 링컨처럼 노련한 커뮤니케이터가 아닐지라도, 우리는 특정한 대상에게 자신의 의견을 어떻게 표현할지 항상 고민한다. 심지어 어린아이도 엄마나 아빠가 기분이 좋아질 때까지 기다렸다가 디저트를 먹어도 되느냐고 묻는다. 하지만 우리는 대화를 '협상'이라는 프레임으로 바라보는 순간 중요한 소프트 스킬을, 즉 '사람'을 상대하고 있다는 사실을 잊어버린다.

나쁜 행동습관을 고치려고 할 때든, 복잡한 사업 계약을 진행할 때든, 누가 쓰레기를 내다 놓을지 결정할 때든, 당신이 협상에서 반드시 알아야 할 것은 두 가지다. 즉 '무엇을' 제안할 것인가와 '어떻게' 제안할 것인가이다. 대부분 사람이 제안하거나 요구할 내용을 생각하는 데 상당한 시간과 에너지를 쏟는다. 자신의 요청이 타당한지, 너무 지나치거나 적은 것을 요구하는 것은 아닌지 고민한다. 그런데 그 제안을 내놓는 방식에 대해서는 그다지 깊이 생각해보지 않는다. '만일 내가 이런 식으로 제안하면 상대측에서 어떻게 받아들일까? 만일 다른 방식으로 제안한다면 어떨까?'를 고민하지 않는다.

내 친구 클레이Clay는 오랫동안 외교 의전 분야에서 일했다. 그가 한 일은 국제적 행사에 앞서 정치인이나 정부 지도자가 미리 숙지해야 할 사항을 알려주고 준비시키는 것이었다. 국기를 거는 위치나 상대방과 악수하는 방법(또는 악수를 해야 할지 여부), 심지어 옷차림 색깔이 중요한 이유에 대해서도 조언을 제공했다. 나는 해마다 클레이를 협상 수업에 초청 강사로 부른다. 학생들에게 사업상 미팅에서 중요한 고객에게 선물을 줄 때 신경 써야 할 점을 알려주기 위해서가 아니라, 작은 디테일이 얼마나 많은 중요한 신호를 전달할 수 있는지 일깨워주기 위해서다.

이번 장에서는 커뮤니케이션에 관해 설명한다. 커뮤니케이션을 성급히 진행하거나 그 '방식'에 대해 충분히 생각해보지 않으면 여러 불필요한 문제가 발생하고 만족스럽지 못한 결과를 얻게 된다. 원하는 것을 잘못된 방식으로 제안하는 사례들과 그런 실수가 발생하는 이유를 살펴보자.

때로는 시간이 필요하다

사람들이 흔히 '자명한 진리'라고 믿는 것이 있다. 너무 당연해서 설명할 필요조차 없는 규칙 말이다. 예컨대 사람들은 유제품을 먹으면 가래가 더 많아진다고 생각해서 감기에 걸렸을 때 유제품을 멀리한다(잘못된 상식이다). 또 음식을 바닥에 떨어뜨린 후 재빨리 주워 먹으면 괜찮다는 '5초의 법칙'을 믿는다.[8] 그러나 사실 음식에 세균이 묻는 것과 시간은 아무 상관이 없다. 그리고 누구나 비효율적인 것보다 효율적인 것이 더 낫다고 생각한다. 이 역시 잘못된 생각이다.

이제 본론으로 들어가자. 미국인들은 '효율성'을 최고의 가치로 여긴다. 운전과 음식 섭취와 업무상 통화를 동시에 할 수 있는데 왜 운전만 하면서 간단 말인가? 장보기 앱으로 배달시키면 되지 뭐하러 슈퍼마켓에서 긴 줄을 기다린단 말인가? 더 많은 일을 더 짧은 시간에 해치울 수 있는 세상이고, 해야 할 일들의 목록이 늘어나면서 대인관계의 자잘한 측면에 신경 쓰는 것은 귀중한 시간을 낭비하는 일로 여겨진다. 미국인 사업가들은 흔히 '하루이틀 안에 계약을 마무리하고 집에 돌아가야 해'라고 생각한다. 그들은 비행기를 타고 도쿄로 날아가 얼굴을 처음 마주한 고객과 계약서에 사인하고 다음 날 집에 돌아오는 상상을 한다. 어쩌면 돌아오는 비행기 안에서 앱으로 장을 보고 밀린 이메일을 처리할 생각까지 할지도 모른다.

비즈니스란 원래 그래야 하는 건지 모르겠지만, 나는 단시간에 끝내버리는 거래는 가장 이상적인 결과를 얻는 데 별 도움이 되지 않는다고 믿는다. 인간관계를 중시하는 문화권(예컨대 동아시아나 중남미, 중동)에서는 대개 비즈니스를 할 때 상대방에 대해 알아가며 친분을 쌓는 과정이 포함된다. 그들은 사업 얘기를 하기 전에 함께 저녁식사를 하고 술을 마시며 대화를 나눈다. 거래 자체 못지않게 관계에 큰 의미를 두는 것이다. 그것은 일종의 구애 과정이기도 하다. 독일이나 미국처럼 업무지향적인 문화권에서도 관계는 중요하다. 디즈니 CEO였던 로버트 아이거Robert Iger 는 〈스타워즈Star Wars〉를 탄생시킨 루카스필름Lucasfilm을 인수하기 위해 무려 2년이나 조지 루카스George Lucas를 직접 만나 협상했다.[9] 아이거는 〈뉴욕 타임스New York Times〉 인터뷰에서 루카스와 협상한 과정을 언급하면서 "우리 둘 사이에는 깊은 신뢰가 형성됐다"라고 말했다. 요컨대 협상에는 인내하는 시간이 필요하다. 협상은 사람 간의 일이고, 사람은 상대방의 눈빛을 직접 보며 대화하기를 원하기 마련이다.

글렌 커트로나Glen Cutrona 는 수십 년째 뉴욕의 부동산개발업계에서 일하고 있다. 그는 건축 허가 문제 때문에 만나야 하는 대부분 공무원이 "타성에 젖어 일하면서 왠지 늘 화가 나 있는 것처럼 뚱한 표정을 지었습니다"라고 언급하면서 이렇게 말했다. "그들이 방어적인 자세를 풀 만큼 편하게 느끼도록 하는 게 중요합니다. '어떻게든 빨리 허가를 받아내야 해'라는 마음가짐으로 접근해서는 안 돼요. 내가 하는 모든 행동, 모든 말이 협상 과정의 일부입니다. 요즘은 뭐든 '빨리빨리'를 좋아하는 세상이죠. 하지만 제대로 된 결과를 얻으려면 시간이 필요합니다. 나는 사람들과 관계 맺는 법을 터득했어요. 그 담당 직원들을 앞으로도 몇 년은 더 봐야 한다는 사실을 잊지 말아야 합니다."

'효율성' 하면 금융 거래 분야를 빼놓을 수 없다. 앤서니 키아리토Anthony Chiarito는 바로 이 분야에서 사회생활을 시작했다. 그는 고등학교 졸업 후 시카고상업거래소CME에 취직했다. 그는 거기서 10년을 일한 후 보험업계로 옮겼고 현재는 자신이 세운 보험회사를 운영하고 있다. 시카고상업거래소 시절에 배운 어떤 것은 그에게 도움이 됐지만(예컨대 리스크를 감수해야 하는 부분을 판단하는 방법 등) 어떤 것은 오히려 장애물이 되었다. "나는 너무 빨리 본론으로 돌진하는 습관이 있었어요. 그리고 좀처럼 원래 성격을 겉으로 드러내지 않았죠." 그는 본래 친근하고 사교적인 성격이지만 협상을 해야 할 때는 그런 모습을 숨겨야 한다고 생각했다. "상대방과 서로 신뢰 관계를 쌓는 시간을 제게 허락하지 않았어요. 뭔가 목표하는 바가 있으면 속마음을 숨겼습니다. 비즈니스란 당연히 그래야 한다고 생각했죠."

앤서니는 그런 접근법이 도움이 되지 않는다는 것을 깨닫고 태도를 바꾸기 시작했다. 최근에 그는 보험회사의 두 번째 지점을 열면서 사무실을 구해야 했다. "사무실 하나를 찾았는데 가격은 적당했지만 면적이 좀 아쉬웠습니다. 예전 같으면 서둘러 얘기를 끝내버리고 다른 곳을 찾아봤을 거예요." 하지만 그는 서두르지 않기로 했다. 그래서 건물주를 만나 이야기를 나누며 신뢰 관계를 쌓고 아내에게도 사무실을 보여주며 천천히 생각했다. "건물주는 저랑 얘기를 나누면서 제가 책임감 있는 사람이라는 인상을 받았습니다. 그래서 월별 임대 계약을 맺도록 해줬어요. 그것도 더 좁은 면적의 임대료에 해당하는 가격으로요."

유대감 형성에 시간을 투자하지 '않고' 곧장 본론으로 직진할 경우, 자칫 숫자와 관련해 협상이 교착 상태에 빠지면 더는 나눌 이야기가 없어진다. 양측이 공유하는 맥락도 쌓아온 관계도 없는 탓이다. 정부 사업 참여를 위해 보조금을 신청하는 단체들은 가장 어려운 경우가 오직 신청 금액만 기준으로 판단할 때라고 입을 모아 말한다. 참작할 만한 다른 데이터도 없고 교환할 정보도 없는 상태에서 무조건 진행 비용을 더 낮게 쓴 단체에 보조금이 돌아간다는 것이다. 반면에 공급보다 수요가 많은 주택시장에서 일어날 수 있는 상황을 생각해보자. 집을 사려는 사람이 팔려는 사람에게 종종 자신이나 가족의 사진까지 첨부해 개인적인 편지를 써서 보낸다. 경매 법칙에 따른다면 가장 높은 가격을 부른 사람이 매물을 차지할 것이다. 그렇게 매매가 성사되는 경우도 물론 있다. 하지만 여러 후보 구매자의 제안 가격이 비슷하다면 서류상의 숫자에 더해 인간적인 관계까지 추가한 구매자가 더 유리해지기 마련이다.

대화하며 서로를 알아가고 신뢰 관계를 구축하는 데 시간을 쓰면 전체 과정이 더 길어진다. 대신 상대방은 결정을 내리거나 둘의 관계를 발전시키는 데 사용할 수 있는 정보를 더 많이 갖게 된다. 양측의 대화는 단순한 거래 이상의 무언가가 된다.

맞지 않는 옷을 억지로 입지 마라

변호사 제임스 프로인트James C. Freund는 1975년 저서 《합병의 해부학Anatomy of a Merger》에서 이렇게 말했다. "누구에게나 자신만의 협상 스타일이 있다. 최악의 실수는 스스로 편하게 느껴지지 않는 협상 기술을 사용하는 것이다. 상대에게 분명히 전달되는 진실함이 만들어내는 신뢰성은 훌륭한 협상가의 가장 중요한 자산이다." 요즘 사람들은 이 50여 년 전의 조언을 잊어버리는 경우가 허다하다.

1장에서 소개한 그래픽 디자이너 제니퍼도 그중 한 명이다. 제니퍼는 수년간 동업자들과 동고동락했지만 결국 회사를 떠나기로 마음먹었다. 그런데 회사 지분을 넘기는 절차 때문에 신경이 곤두섰다. 그녀가 가진 착한사람증후군 때문만은 아니었다. 돈 얘기를 꺼내면 욕심 많은 인간으로 비치곤 하는 회사 분위기 탓이 컸다. 결국 제니퍼는 남편에게 도움을 청했다. 제니퍼가 돈 얘기를 하는 게 꺼려진다고 하자 변호사인 남편은 굉장히 의아해했다. 그가 일하는 분야의 문화는 정반대였기 때문이다. 그쪽 업계에서는 협상이 필요한 사안에 감정을 개입시키거나 도덕적 잣대를 들이대는 태도가 비웃음의 대상이었다. 비즈니스는 비즈니스일 뿐 개인적 감정이 끼어들어서는 안 됐다.

제니퍼의 남편은 그녀가 회사 지분을 넘기는 절차와 관련해 동업자들에게 보낼 이메일의 초안을 써주었다. 그는 외부의 감정평가사로부터 적정 금액을 조언받은 후, 동업자들이 해당 금액에 동의해야 하는 이유들을 조목조목 적어 제니퍼 대신 이메일을 써주었다. 동업자들의 신속한 동의를 얻어내기 위한, 난해한 법률 용어로 가득한 딱딱한 편지였다. 그리고 이메일 끝부분에 제니퍼가 동업자들에게 무한한 애정을 느낀다는 말도 덧붙였다.

이메일을 받은 동업자들은 제니퍼가 제시한 금액에 동의하면서도 기분이 몹시 상했다. 그녀가 취한 의사소통 방식이나 이메일 내용이 지나치게 사무적이었고 뭔가 대립 구도를 형성하는 듯한 인상을 받았기 때문이다. 그들은 친구이자 사업 파트너로 10년간 동고동락한 관계가 전혀 존중받지 못한다는 기분을 느꼈다. 제니퍼는 한참 후에 동업자 중 한 명이었던 캐리Carrie와 허심탄회하게 이야기를 나누고 나서야 그 사실을 알게 됐다.

캐리는 제니퍼에게 말했다. "그런 이메일을 받으면 기분이 어떨지 생각 안 해봤어요? 당신도 잘 알겠지만 그때 우린 재정난을 이겨내려고 다 함께 힘든 시간을 보내는 중이었어요. 그런데 자기 의견을 관철시키겠다는 의지로 가득한 일방적인 이메일을 받은 거예요. 그래 놓고 마지막에는 무한한 애정 운운하다니…. '이런 이메일을 보내면 자기가 어떻게 보일지 진짜 모르는 걸까?'라는 생각이 들었어요." 특히 아이러니한 점은 제니퍼가 감성지능이 높은 사람이었다는 사실이다. 타인에게 공감하는 능력은 그녀의 장점 중 하나였다. 그런데도 그녀는 협상에 너무 겁을 집어먹은 나머지, 그리고 감성적 접근이 도움이 안 될 거라고 확신한 나머지 자신의 가장 큰 장점이 힘을 발휘하지 못하도록 눌러버렸다. 그녀는 이런 모든 속내를 캐리에게 털어놓았고, 캐리도 자신 역시 그 당시에 실수한 점들이 있었다며 인정했다. 두 사람은 맺힌 응어리를 풀고 관계를 회복했다. 하지만 그것은 제니퍼가 실수하지 않았다면 애초에 하지 않아도 됐을 힘거운 화해였고, 그녀는 아직도 동업자 한 명과는 껄끄러운 사이로 남아 있다.

제니퍼가 나에게 이 이야기를 털어놓은 것은 자신이 실수한 부분을 알고 싶어서가 아니었다. 그녀는 이미 자신의 실수를 인지하고 있었고, 다만 어떤 더 좋은 접근법이 있었는지 알고 싶어 했다. 그 답은 커뮤니케이션, 즉 소통하는 방식에 있었다. 나는 그녀에게 말했다. "동업자들이 그 이메일을 어떻게 받아들일지 충분히 생각해봤어야 해요. 돈 얘기를 하면 욕심 많은 사람으로 비친다는 걸 당신도 잘 알았잖아요. 예전에 그들이 그랬다면서요, 당신이 자꾸 돈 얘기를 꺼내서 믿음이 안 간다고." 제니퍼는 얼굴을 붉히며 말했다. "그건 잘못된 거잖아요. 그러면 안 되죠. 이건 어디까지나 비즈니스니까요." 그녀는 변호사 남편의 논리를 되풀이하고 있었다.

"하지만 그 사람들은 그런 타입인 거예요." 나는 이론적으로야 그녀의 말이 맞지만 '실제 현실'에 맞춘 접근법이 중요하다고 설명했다. 제니퍼는 동업자들에게 공감을 살 수 있는 방식으로 자신의 요구를 표현했더라면 좋았을 것이다. 그들은 서로의 '관계'를 중요하게 여겼으므로 제니퍼는 그것을 출발점으로 삼았어야 했다. 형식 갖추기와 숫자는 일단 접어두고 먼저 다가가 그들이 공감할 수 있는 언어로 자신의 입장을 이해시켰어야 했다.

성별은 중요하지 않다, 그러나 공감 능력은 중요하다

여기서 언급할 종류의 편견이 남성에게 해당이 안 되는 건 아니지만 상대적으로 여성을 더 힘들게 하는 건 부인할 수 없는 사실이다. 힐러리 클린턴Hillary Clinton이 미국 대선에 출마했을 때 사람들이 보여준 반응은 우리 사회에서 이뤄지고 있는 성차별의 현주소를 적나라하게 보여줬다. 사람들은 힐러리가 하는 모든 말과 행동, 심지어 옷차림까지도 색안경을 끼고 바라봤다. 성별에 따른 고정관념과 편견은 우리 삶에 실재하는 현실이다. 여러 연구결과에서 같은 수준의 성취라도 남성의 성공보다 여성의 성공을 더 비판적인 시각으로 바라보는 경향이 있음을 보여준다.[10]

여성은 어떤 요청을 하고 나서 남성이라면 겪지 않을 결과를 경험하는 경우가 많다. 협상을 주도적으로 시작하는 것을 겁내지 않거나 더 높은 요구치를 제안하는 여성은 까다롭고 공격적이라고 여겨지기도 한다. 그런 여성은 드세고 비호감이라는 소리를 듣는다. 반면 똑같이 행동해도 남성은 목표지향적이고 능력 있는 협상가라는 소리를 듣는다. 여성 사업가들, 특히 남성 중심의 업계에서 일하는 이들은 이런 딜레마와 이중잣대를 누구보다 잘 안다. 사업가는 상대방에게 호감을 주는 것이 중요하기 때문에 드세거나 욕심 많거나 공격적인 사람으로 비쳐서는 안 된다(실제로 그런 성격이 아니라도 협상 상황에서는 사람들의 편견이 작동하기 일쑤다). 그렇다면 어떻게 해야 할까?

우선 여성이라고 해서 먼저 굽히고 들어갈 필요가 없다는 점을 명심하라. 적게 요구할 생각부터 할 게 아니라 자신의 제안이 매력적으로 느껴지도록 만드는 데 집중해야 한다. 협상에서 자신의 목표치를 설정하고 그 목표치를 뒷받침하는 근거를 준비하는 것도 중요하지만, 상대방의 목표치와 관점을 정확히 아는 것도 중요하다. 이때 필요한 것이 감성지능이다. 상대방의 감정과 반응, 제안에 대한 수용성을 제대로 파악하면 대화를 정확한 방향으로 끌고 갈 수 있다. 이것은 단순히 여성에게만 해당하는 얘기가 아니다. 모든 협상에 똑같이 해당하는 얘기다.

또한 상대방에게 뭔가 요구해야 하는 상황을 싸움이나 투쟁이 아닌 자신의 능력을 발휘할 기회로 바라볼 필요가 있다. 내 옛 제자이자 뛰어난 사업가인 에스터_{Eszter} 는 이런 경험을 했다. 그녀는 손님이 꽉 찬 식당에서 지배인과 성공적으로 협상을 벌여 테이블을 얻었는데, 함께 간 일행 남성들이 그녀가 젊고 예쁜 여자라는 점을 이용해 원하는 걸 용케 얻어냈다며 농담조로 말했다. 에스터는 짜증이 확 났다. 그녀 자신은 조리 있는 말솜씨와 적절한 협상 기술을 이용해 지배인을 설득한 것이었기 때문에 그들에게 부당한 평가를 받은 기분이 들었다. 그녀는 테이블을 얻어내려고 눈웃음을 치며 애교를 떨지 않았다. 대신 짧은 시간이었지만 지배인과 유대감을 형성하면서 함께 해결책을 궁리하는 파트너 역할을 자처했다. 그녀가 내 견해를 물었을 때 나는 이렇게 말해줬다. 그녀의 뛰어난 감성지능에 여성적 특성도 포함돼 있으니 결과적으로 여성성을 이용한 것이 맞으며 그게 효과를 발휘했다고 말이다. 그녀는 내 말을 모욕이 아니라 칭찬으로 받아들였다. 그녀는 다정한 성격과 공감 능력을 강점으로 활용할 줄 알았다.

아카데미상 후보작이었던 〈셀마_{Selma}〉와 판타지물 〈시간의 주름 A Wrinkle in Time〉을 연출한 영화감독 에바 두버네이_{Ava DuVernay}에게서도 비슷한 모습을 엿볼 수 있다. 그녀는 〈뉴욕 타임스〉 인터뷰에서 "흔히들 '여성성'을 특정한 모습의 부드러움이라고 생각하지만, 나는 그와는 다른 종류의 강인함이라고 생각한다"라고 말했다. 에스터가 보여준 것이 바로 그런 종류의 강인함이었다.

스포츠업계에서 일할 때 내가 여성이라는 점은 늘 그림자처럼 따라다닌다. 나 외에 다른 여성이 없는 회의에 참석할 때, 나는 '다들 제인을 상상하고 있겠지? 음, 저들에겐 안됐지만 나는 타잔이라고!' 하는 마인드로 들어갈 수도 있다. 많은 여성들이 무시당하거나 만만하게 보이지 않으려고 그런 전략을 쓴다. 하지만 그것은 진짜 내 모습이 아니다. 나는 상대방이 어떤 사람이냐에 따라 내 성격 중 어떤 측면을 더 부각하거나 더 자제하기는 하지만, 항상 내 진짜 모습에 충실하기 위해 노력한다. 때로는 상대방에게 주목하며 칭찬의 말을 건네면 우호적인 분위기 조성에 도움이 된다. 입에 발린 칭찬이나 아부를 한다는 얘기가 아니다. 감성지능을 발휘해야 한다는 얘기다. 나는 마음에 없는 칭찬은 절대하지 않는다. 속으로는 별로 알고 싶지 않은데 괜히 질문을 던지지도 않는다.

내 수업에 들어온 학생들 중에는 "내가 일하는 업계는 남성이 대부분이라 고민입니다. 내가 어떤 행동을 하면 '끼 부리는' 것처럼 보이지 않을지, 혹은 너무 물러터진 사람으로 비치지 않을지 걱정이에요"라고 말한다. 나는 그들에게 여성이라는 이유만으로 저자세를 취할 필요가 없다고 말한다. 그리고 조언한다. "당신이 가진 모든 강점을 무기로 사용하세요."

많은 여성이 지닌 공감 능력도 그중 하나다. 진심이기만 하다면 타인을 칭찬하는 것은 공정한 게임이다. 그런데 이것은 꼭 기억해야 한다. 감성지능을 발휘한다는 것은 상대방에게 무조건 맞춰준다는 의미가 아니다. 나는 상대방이 나를 존중하지 않는다고 느껴지면 곧장 그 사실을 말한다. 내 마음속에는 분명한 경계선이 있고, 타인에게 대우받는 방식에 대해 높은 기준을 갖고 있다. 여성으로서가 아니라 한 명의 인간으로서 말이다.

나는 원하는 것을 요청하고 내 목소리를 내는 것을 불편하게 생각하지 않으며 다른 이들에게도 늘 그러라고 말한다. 남성에게 존중받지 못했던 경험들 때문에 피해의식에 사로잡혀 분노하며 살고 싶지 않다. 그것은 내게 전혀 도움이 되지 않으니 말이다.

비즈니스도 사람이 하는 일이다

디트로이트에서 건설회사를 운영하는 팸은 쓰디쓴 경험을 통해 중요한 교훈 하나를 얻었다. 그녀는 "인간관계의 중요성을 예전엔 몰랐어요"라고 하면서 이렇게 말했다. "내가 잘되기를 바라는 사람들, 혈연관계가 아님에도 오랫동안 관계를 유지하고 싶어하는 사람들, 사회적 신뢰 관계를 기꺼이 맺으려는 사람들이 필요해요. 나는 '일적인 것'과 '개인적인 것'을 구분해야 한다고만 믿었죠." 2012년에 그녀는 인생을 바꿔놓을 수도 있었을 계약 건을 놓쳤다. 그리고 2년이 지나서야 그 이유를 깨달았다. 당시 고객 측에서는 그녀가 제시한 공사 견적가가 가장 낮고 기술적인 제안 내용도 뛰어났다고 말했다. "그런데도 결국엔 고객과 돈독한 관계를 맺고 있던 다른 회사에서 그 계약을 따냈어요. 사람들이 친분이 있는 상대와 거래하길 좋아한다는 걸 나도 머리로는 알았죠. 하지만 열심히 노력해서 뛰어난 성과를 보여주면 얼마든지 성공할 수 있다고 굳게 믿었어요."

팸이 그 일을 극복하는 데에는 시간이 좀 걸렸다. "그 계약을 놓치고 나서 얼마나 좌절했는지 모릅니다. 화도 났고요. 하지만 이제 알았습니다. 나는 비즈니스에서 동지애나 우정, 돈독한 관계의 중요성을 과소평가했던 겁니다. 예전 같으면 인종차별이나 성차별 때문에 그 계약을 놓쳤다고 생각했을 거예요. 하지만 알고 보니 그런 고의적 차별 때문이 아니었어요. 이 업계에서는 백인 남성들이 여전히 계약을 주도합니다. 그들은 주로 다른 백인 남성들하고 어울리니까 자연히 백인 남성이 운영하는 회사들만 거래업체 후보가 돼요. 굳이 일부러 다른 사람을 만날 필요가 없는 거죠. 아프리카계 미국인 여성이나 히스패닉 여성을 굳이 알 필요가 없는 거예요. 그들이 우리를 모르기 때문에 우리는 거래 후보에서 제외되고 관계를 맺을 수도 계약을 따낼 수도 없어요. 나는 그걸 바꿔야 했습니다."

그런 깨달음이 있고 나서 팸은 접근법을 바꿨다. 그녀의 새로운 사업 전략은 이른바 '나를 모르면 간첩' 전략이다. 그녀는 지난 4년 동안 전에는 생각지도 않았던 다양한 새로운 시도를 해왔다. 현재 그녀는 건설업계의 전문가위원회 위원으로 활동하고, 업계 행사에서 기조연설을 하고, 기회가 있을 때마다 최대한 자신의 이름을 알린다. 자신을 드러내고 적극적으로 관계를 맺는 것이 그녀에게는 사업에 꼭 필요한 마지막 퍼즐 조각이었다. 현재 건설업계에서 팸과 그녀의 회사를 모르는 사람은 없다. 그녀는 이렇게 말했다. "사업에 대한 접근법을 바꾼 것은 탁월한 선택이었습니다. 하지만 이제껏 가장 힘들게 얻은 가장 중요한 교훈이기도 합니다."

지나친 자신감이 초래하는 문제

지나친 자신감은 협상을 망칠 수 있다. '지나친'이라는 표현을 보고서 '나는 겸손한 편이니까 해당이 안 되네'라고 성급히 단정해선 안 된다. 누구나 지나친 자신감의 함정에 빠질 수 있다. 많은 사람이 자신감을 키우려 노력하고, 그것은 마땅히 그래야 할 일이다. 자신감은 협상에서 대단히 중요하기 때문이다. 나는 누구보다 자신감을 강조하는 사람이다. 하지만 자칫 방심하면 과도한 자신감으로 흐르기 쉽고, 과도한 자신감은 평소 겸손하던 사람도 곤란에 빠트릴 수 있다. 자신감이 지나치면 협상에 필요한 준비를 충분히 하지 않기 때문이다.

앞서 언급했던 앤서니 키아리토는 시카고상업거래소에서 근무하고 이후 보험회사를 운영하면서 협상 능력에 큰 자신감을 갖게 됐다. 골드만삭스 '1만 중소기업' 프로그램의 협상 수업에 들어왔을 때, 그는 협상을 조금도 두려워하지 않았다. "처음 수업에 들어갔을 때 나는 오만하지는 않았지만, 확실히 자신감은 있었습니다." 하지만 나중에 그것은 과도한 자신감이었음이 밝혀졌다.

모의협상에서 앤서니는 희귀 보석 판매자 역할을 맡았다. 시나리오에서 가정된 상황은 이랬다. 최근 몇 년간 그는 이 보석을 점점 더 높은 가격에 판매하고 있었다. 그동안 딱 한 번의 특별한 거래 건이 있었는데, 일반 고객이 아니라 친한 친구에게 판매한 것이었다. 당시 두 사람이 합의한 가격은 그가 일반 고객한테 판매한 경우보다 훨씬 낮았다.

앤서니는 협상에 들어가기 전에 전략을 구상하면서 친구에게 팔았던 가격을 기준점으로 잡았다. 이는 그동안의 가격 상승 곡선을 끌어내리는 행위였고, 결과적으로 목표 가격을 충분히 높게 설정하지 못하게 만들었다. 그는 협상 준비 단계에서 첫 번째 실수를 저지른 것이다. 사실 친구에게 판매한 가격은 예외적인 경우이므로 고려할 필요가 없었다. 그의 두 번째 실수는 친구와의 거래에 대한 정보를 협상 상대에게 알려준 점이었다. 이는 시장에서 해당 보석의 가치가 상승 중이라는 사실을 구매자에게 이해시키기 어렵게 만들었다.

대개 경우 나는 정보의 공유를 권장한다. 사람들은 정보를 혼자만 알고 공개하지 않으려는 경향이 있는데, 이는 창의적 사고와 양측 모두 이익을 얻을 수 있는 접점을 찾는 데 방해가 되기 때문이다(이에 대해서는 8장에서 살펴본다). 그러나 현재 가진 정보를 공개할 경우 자신에게 유리할지 아니면 불리하게 작용할지를 협상에 들어가기 전에 잘 생각해봐야 한다. 앤서니는 지금까지 일반 고객에게 받은 가격과 그동안 해당 보석의 가치가 꾸준히 높아졌다는 사실을 잠재구매자에게 알려야 한다. 그런 객관적인 정보를 공개하면서 자신이 제안하는 판매가가 타당한 이유를 설명할 수 있다. 반면 친구와의 거래에 대한 정보를 밝히는 것은 앤서니에게 도움이 되지 않는다. 굳이 그것을 공개해 흥정에서 불리한 입장이 될 필요가 없었다. 그는 그것을 공개했을 때 협상에 미칠 영향에 대해 충분히 생각해보지 않았다.

만일 앤서니가 지나치게 자신 있어 하지 않았더라면 더 면밀하고 신중하게 협상 준비를 했을 것이다. 그랬다면 친구와의 거래 정보를 무턱대고 공개할 것이 아니라, 만일 알려달라는 요청을 받더라도 싼 가격에 판매한 이유까지 함께 설명해야 한다고 판단했을 것이다. 해당 정보가 협상에 미칠 영향을 줄이기 위해서 말이다. 앤서니는 다른 대다수 학생보다 일찍 협상을 끝낸 걸 알고는 놀라는 눈치였다. "제가 너무 서둘렀나봐요. 아직 협상이 안 끝난 팀이 훨씬 많더라고요."

앤서니는 학생들의 협상 결과를 보면서 훨씬 더 놀랐다(다시 말하지만, 내 수업에서는 모든 팀의 협상 결과를 스크린에 띄워놓고 함께 얘기를 나눈다). 그는 대부분 학생보다 먼저 거래를 끝냈을 뿐만 아니라 보석을 판매한 가격도 가장 낮은 축에 속했던 것이다. "이

건 모의협상이니까 다 끝난 후에 상대방이 갖고 있던 생각에 대해 이런저런 얘기를 나눠볼 수 있지만, 실제 현실에서는 저쪽에서 어느 정도 금액까지 낼 용의가 있었는지 알 방법이 없습니다. 일단 판매만 성사되면 잘한 거라고 믿겠죠. 내가 잘못된 자신감을 갖고 있었다는 걸 깨달았습니다. 협상을 준비하면서 나름대로 종이에 적어가며 계획을 세웠는데, 바로 그 계획 자체에 실패의 원인이 있었어요. 어떤 전략을 세워야 하는지 잘 안다고 생각했는데 실은 몰랐던 겁니다. 더 신중하게 생각했어야 해요. 나는 협상을 시작도 하기 전에 이미 진 상태였던 셈이군요. 이번 모의협상을 통해 더 나은 방법이 있다는 사실을 깨달았습니다. 나 자신만 믿고 성급히 돌진할 게 아니라 좀 더 천천히 신중하게 해야 한다는 걸 알았어요."

우리는 자신감을 갖되 타당성을 잃지 말아야 한다. 자신감이 지나치면 자기 능력만 믿고 준비를 소홀히 하기 쉽다. 당신의 협상 상대는 자신이 준비를 철저하게 하지 못할까 걱정하며 모든 측면을 꼼꼼하고 철저하게 체크할지 모르며, 그 결과 자신만만하던 당신보다 훨씬 더 치밀하게 준비를 마칠지도 모른다. 당신이 아무리 유능해도 이런 경우 협상은 상대방에게 유리한 결과로 끝나버리기 십상이다.

과도한 자신감의 부작용은 또 있다. 자신감이 넘치는 협상가는 무언가를 팔 때 타당한 수준 이상의 가격을 얻어내려고 하기 쉽다. 1장에서 자신의 가치를 충분히 인식하고 자신 있게 제안하되 그 제안이 객관적 데이터에 근거해야 한다고 말했던 것을 떠올리기 바란다. 나는 인수 대상 기업이 비현실적으로 높은 인수 가격을 기대하는 경우를 수없이 목격했다. 그들은 결국 원하는 가격으로 거래를 성사시키지 못할 뿐만 아니라 그 과정에서 자신의 신뢰성도 떨어뜨린다.

나는 이와 유사한 상황을 수업에서도 자주 목격한다. 최근 진행한 모의협상에서 제인_{Jane}이라는 학생은 토닉을 판매하는 입장이었다. 주어진 자료에 따르면 타당하게 여겨질 수 있는 상한선은 1온스당 2달러였음에도 그녀는 4달러를 목표가로 정했다. 내가 왜 그랬느냐고 묻자 그녀는 대답했다. "상대 구매자 측이 제약 회사니까요." 나는 그녀의 대답이 곧장 이해가 안 돼서 다시 설명을 요청했다. "제가 제약업계에서 일하고 있어서 잘 알아요. 그 사람들은 돈이 엄청 많거든요."

성별이나 연령대와 상관없이 이런 식의 위험한 가정을 한 채 협상에 임하는 학생들이 의외로 매우 많다. 당연히 제인의 전략은 통하지 않았다. 그녀가 구매자가 낼 수 있는 수준보다 훨씬 높은 가격을 부르자 협상 자체가 결렬될 뻔했다. 결국 그녀는 1온스당 1.5달러로 판매하고 거래를 완료했지만, 처음에 터무니없는 가격을 부른 바람에 신용에 타격을 입고 말았다.

제인의 문제는 제안하는 '방식'을 신중하게 생각해보지 않은 점이다. 원하는 목표치만 생각했지, 그 가격이어야 하는 이유를 설득력 있게 제시하지 않은 것이다. 만일 구매자가 "어째서 4달

제안하는 '방식'도 중요하다

149

러로 책정했나요?"라고 묻는다면 제인은 "그쪽에서 그 정도는 내
실 수 있을 것 같아서요"라는 대답 말고는 할 말이 없을 테고, 이
는 탐탁지 않은 반응을 초래했을 것이다. 이성적이고 타당한 근
거가 있으면 요구치가 높더라도 상대방이 불쾌하게 받아들이지
않지만, 터무니없는 근거를 대면 어떤 요구든 상대방을 불쾌하게
만든다.

나는 학생들에게 거의 매번 비슷한 대답을 듣는다. 모의협상의
구체적인 시나리오나 경험은 제각기 다를지 몰라도, 내가 "왜 그
가격을 제안했나요?"라고 물으면 거의 언제나 "당연히 그 정도는
받을 수 있을 것 같아서요" 하는 식의 대답이 돌아온다. 그들은
제안하는 '방식'을 완전히 무시한 것이다.

예스를 넘어 더 나아가라

여기까지 다룬 내용은 전체 그림의 절반에 불과하다. 지금까지
는 협상에 임하는 우리를 방해하는 허들에 대해 살펴봤다. 하지
만 아직 갈 길이 멀다. 당신은 협상 상대에 대해 얼마나 아는가?
상대방에 대해 더 알려면 어떻게 해야 할까? 양측의 입장 차이
가 발생할 때 어떻게 하면 그것을 싸워서 이겨야 하는 전투가 아
니라 함께 문제를 해결해야 하는 상황으로 볼 수 있을까? 당신의
협상력을 어떻게 유지해야 할까? 협상 테이블에 앉으면 먼저 자

기 자신을 제대로 이해해야 한다. 그러고 나서 맞은편을 건너다 보며 이런 질문들을 던져야 한다.

상대와 합의점에 도달하는 것은 물론 중요하지만, 그것이 협상의 전부는 아니다. 양측 모두에게 이로운 해결책에 이르기 위해 함께 일을 하고 나면, 앞으로 양측의 또 다른 해결책에 도달할 수 있는 통로를 갖게 된다. 둘 사이에는 관계가 형성되고, 공동의 이해관계와 비전을 갖게 된다. 그 이후에는 모든 대화가 한층 쉬워진다. 신뢰가 형성돼 있기 때문이다. 그런 상태에서 "잠시 한 걸음 물러나 생각해봅시다. 이 거래에서 끝낼 게 아니라 더 나은 성과를 함께 만들어볼까요?"라고 말할 수 있다. 그러면 '예스'를 넘어 더 나아갈 수 있다.

PART 2

어떻게 마음을 움직일 것인가

내가 살면서 깨달은 한 가지는
절실한 마음만 있다면 우리가 원하는
거의 모든 것을 이룰 방법이 존재한다는 사실이다.
— 랭스턴 휴즈 *Langston Hughes*, 시인

상대를 설득하기에 앞서 당신은 그에 대해 얼마나 알고 있는가?
당신과 의견을 달리하는 상대가 '왜' 그렇게 말하고 있는지
찬찬히 생각해본 적이 있는가?
상대를 알고 싶어 하는 태도가 없다면 협상은 결렬될 수밖에 없다.

Lesson 5

열린 태도의 힘

우리는 열린 마음을 유지하는 것과 더불어 어떤 문제의 양면을 모두 이해해야 한다는 것에 당연하다는 듯 고개를 끄덕인다. 우리는 《앵무새 죽이기To Kill a Mockingbird》의 변호사 애티커스 핀치Atticus Finch가 했던 "상대방 관점에서 생각해보기 전에는 절대 그 사람을 이해할 수 없다"라는 말을 어릴 적부터 가슴에 새기며 자란다. 그렇지만 실제 상황에서는 그렇게 잘 하지 못한다.

최근 한 연구에서 미국인 202명에게 동성결혼에 대한 견해를 물은 후 다음 둘 중 하나를 선택하라고 했다. 자신의 견해를 뒷받침하는 글을 읽고 그와 관련된 질문에 대답한 후 7달러를 받거나, 자신과 반대되는 견해를 뒷받침하는 글을 읽고 관련 질문에 대답한 후 10달러를 받거나. 둘 중 어느 경우에도 기존 견해를 바꾸라는 요청을 하지 않았고 주어진 시간 제한도 동일했다. 그런데도 동성결혼 찬성자들 가운데 64퍼센트가 반대 견해를 읽지 않기 위해 7달러를 받는 쪽을 택했고, 동성결혼 반대자들 가운데 61퍼센트도 마찬가지 선택을 했다.[11] 아무래도 사람들은 자신과 반대편의 이야기는 듣고 싶어 하지 않는 것 같다.

열린 마음은 곧 더 알고 싶어 하는 태도를 의미한다. 그렇기에 진정성 있는 자세로 '왜'라는 질문을 던지되 인내심을 갖고 답을 알아내야 한다. 상황에 따라 그 질문은 "어째서 부모님은 나를 자꾸 통제하려 들까?"가 될 수도, "왜 그녀는 꼭 이 자동차를 사고 싶어 하는 걸까?"가 될 수도 있다. 질문을 던질 때 자신이 가진 편견이나 선입관을 인지하는 것이 중요하다.

당신 자신의 욕구를 점검하라

열린 마음을 유지한다는 것에는 '성찰'이 포함된다. 협상을 시작하기 전에 먼저 자신의 내면을 들여다보고 성찰해야 한다. 내가 '진정으로' 원하는 것이 무엇인지, 내 내면의 '욕구'가 무엇인지 질문을 던져야 한다. 스스로 이미 잘 알고 있다고 섣불리 가정해선 안 된다.

어떤 협상에서든 상대에게 제시하는 '요구'와 자기가 원하는 '욕구'의 차이를 아는 것이 중요하다. 이는 상당히 미묘한 주제인데, 이해를 돕기 위해 비유를 살펴보자. 구글맵스Google Maps 같은 길찾기 앱에서 우리는 목적지와 출발지를 입력한다. 그러면 해당 앱은 자동차를 몰고 가는 경우, 대중교통을 이용하는 경우, 걸어가는 경우 등 다양한 경로를 보여준다. 목적지까지 가기 위해 그중 어느 것을 이용해도 된다. 협상에서 당신의 '욕구'는 목적지(즉 원하는 결과)에 해당하고, 당신의 '요구'는 목적지에 도착하기 위해 택할 수 있는 다양한 경로에 해당한다.

다시 말해 욕구는 당신이 애초에 협상을 하는 이유이자 협상 테이블로 이끄는 동기다. 그 욕구는 내면에 있는 모종의 필요, 소망, 두려움 등이 만들어내며, 협상 상대방의 욕구와 항상 상호배타적인 것만은 아니다. 당신은 욕구를 충족시키기 위해 여러 다양한 방식으로 요구를 할 수 있다. 겉으로 드러나는 요구가 이해하거나 표현하기 더 쉽기 때문에, 흔히 사람들은 그 요구가 곧 욕구라고 착각한다.

예를 들어 당신이 오랫동안 거래 관계를 맺어온 중요한 고객과 새로운 계약 건을 협상하는 상황이라고 가정하자. 최근 몇 년간 사업비 지출이 높아졌기 때문에 가급적 큰 규모의 계약을 성사시키고 싶다. 이때 새로운 계약 건으로 더 많은 자금을 확보하는 것이 당신의 욕구라고 생각할지 모른다. 하지만 다시 곰곰이 생각해보라. 오로지 돈만을 위해 협상 테이블에 나오는 건 당신에게 매우 드문 경우다. 물론 큰 계약을 성사시키는 것도 당신에게 좋은 일이지만, 정말로 원하고 꼭 필요로 하는 것은 그 고객과의 관계를 유지하는 일이다. 꾸준히 일감을 주고 비용을 제때 지불해주는 그 고객은 안정적인 소득 발생이 예상되는 정말 중요한 거래처이기 때문이다. 따라서 당신에게 가장 중요한 것은 더 많은 자금이 아니라 '관계 유지'다. 충분히 시간을 들여 협상 준비를 하다 보면 이 점을 분명히 깨달을 수 있다.

이처럼 당신의 욕구를 이해하고 나면, 그 욕구(즉 중요한 고객과 장기적이고 안정적인 관계를 유지하는 것)를 충족시킬 여러 방법이 존재한다는 것을 알게 된다. 그리고 협상 준비 단계에서 여러 시나리오를 생각해볼 수 있다. 고객에게 다년 계약을 체결하자고 제안할 수도 있고(더 안정적인 관계기 보장된다), 기존 거래 때보다 고객에게 좀 더 편리한 방식의 지불 조건을 제안할 수도 있다(더 안정적인 현금유동성이 확보된다). 당신의 욕구를 충족시키면서 계약 체결로 자금도 확보하고, 고객 쪽에서도 만족을 얻을 수 있다.

한편 당신의 욕구를 성찰해보지 않고 대충 피상적으로 생각한 후 큰 계약을 성사시키는 것에만 집중한다고 가정해보자. 협상 테이블에 앉은 당신은 자신이 원하는 높은 금액을 제안한다. 고객은 그 금액을 받아들이지 않는다. 이제 어떻게 할 것인가? 당신은 고객이 동의하지 않을 경우에 제시할 다른 대안을 생각해 놓지 않았다. 고객은 자신에게 그만한 예산이 마련돼 있지 않다고 말한다. 양측이 수용할 수 있는 다른 해결책을 내놓지 못하므로 고객은 거절의 입장을 고수한다. 협상은 교착 상태에 빠진다.

3장에서 소개한 송이는 입사 전 채용 조건을 협상할 때 자신의 욕구를 점검했다. 처음에 그녀는 더 높은 연봉을 요구할 생각만 했었다. 하지만 시간을 갖고 자신이 진짜 원하는 것이 무엇인지 여러 방면으로 생각해보았다. 그녀가 얻는 보상은 기본 연봉, 입사 보너스, 주식, 이렇게 세 가지로 구성돼 있었다. 그녀는 자신에게 질문을 던졌다. '나에게 가장 중요한 것은 무엇일까? 그리고 그 이유는 무엇일까?' 송이는 자신의 내면을 깊이 들여다보고 나서야 진짜 욕구를 깨달았다. 그녀는 이전 회사를 고용 계약 만료 전에 그만두는 바람에 감수해야 했던 손실 부분을 보상받고 싶었다. 이 점을 깨닫자 담당자와 채용 조건을 논의할 때 협상의 여지가 있는 부분들이 눈에 보였고, 그녀의 욕구를 충족시키는 방향으로 합의점에 도달할 수 있었다.

이번에는 자녀를 둔 부모라면 한 번쯤 겪어봤을 만한 사례를 살펴보자. 부부가 캠프에 간 딸아이를 러시아워에 데리러 가는 일을 놓고 협상을 벌이는 상황이다. 아내는 생각한다. '정말 짜증나. 이번엔 내가 아니라 자기 차례잖아. 난 시간이 없어. 집안일이 얼마나 많은데. 꽉 막힌 도로 한가운데서 허비할 시간이 없다고.' 그리고 남편도 이와 비슷하게 생각하고 있다. 만일 두 사람이 자기 내면의 욕구를 충분히 돌아보지 않은 채 협상에 들어간다면 십중팔구 싸우게 될 것이다.

아내의 '요구'는 그날 남편에게 아이를 데리러 가라는 것이다.

하지만 그녀의 내면에는 더 미묘하고 복잡한 '욕구'가 자리 잡고 있다. 그녀는 집안일의 피로와 중압감에서 벗어나고 싶고 남편의 도움을 받는다는 기분을 느끼고 싶다. 한편 남편은 그날 오후까지 끝내야 하는 중요한 프로젝트가 있는데 일찍 퇴근하면 그 일을 끝내기 힘든 상황이다. 남편의 '요구'는 그날 아내더러 아이를 데리러 가라는 것이다. 하지만 그의 '욕구'는 프로젝트를 마무리할 충분한 시간을 확보하고 싶은 것이다. 두 사람이 자신의 욕구를 성찰해본다면 선택할 수 있는 여러 가지 요구 방식이 있다는 점을 깨달을 수 있다.

예컨대 아내는 남편이 바쁘므로 자신이 딸아이를 데리러 가는 데 동의하되, 집안일의 중압감을 덜어내기 위해 남편에게 그녀가 하는 일 중 다른 부분을 도와달라거나 앞으로는 둘이서 하루씩 번갈아 딸아이를 데려오자고 요구할 수 있다. 남편은 같은 캠프에 다니는 자녀를 둔 친구에게 연락해 자기 딸아이도 함께 픽업해달라고 부탁하는 방법을 고려할 수 있다. 관건은 자기 내면의 진짜 욕구를 알아차리지 못하면 이런 해결책에 도달하기 어렵다는 데 있다.

당신 자신이 원하는 것, 당신 내면의 욕구를 명확히 인식했다면, 이제 협상 테이블 맞은편에 있는 상대방에게 주목해야 한다. 그들은 어떤 욕구를 가졌는가? 당신은 나름대로 신중하게 이런저런 추측을 해볼 것이다. 그 추측이 맞는지 상대방과 대화를 나누면서 판단할 수 있겠지만, 그렇더라도 막연한 어림짐작이 아닌

모종의 근거를 토대로 추측해야 한다.

우선 탐정이 됐다는 기분으로 정보를 모아라. 상대방에 대해 최대한 파악하는 것이 중요하다. 내 수업을 들은 메리 엘런 슬레이터가 들려준 이야기다. 그녀가 운영하는 콘텐츠마케팅회사는 최근 몇 년간 매출이 40퍼센트 증가했는데, 그 이유 중 하나는 고객의 욕구를 파악하기 위한 정보를 모으는 데 예전보다 훨씬 많은 시간을 할애한 덕분이었다. "고객과의 미팅 전에 그들의 링크드인LinkedIn 프로필을 읽어보거나, 내가 사전에 확인했으면 하는 설명 자료가 있는지 물어보거나, 지금까지 어떤 프로젝트를 했는지 검색해봐요. 이건 무슨 비밀스러운 기술도 아니고, 그저 시간을 투자하면 되는 일이죠."

그녀의 말처럼 협상할 상대의 욕구를 파악하기 위해 어떤 특별한 기술을 가져야 하는 건 아니다. 그들이 원하는 것을 얼마만큼 알 것인가는 우리 스스로 통제하고 선택할 수 있는 문제다.

당신의 편견을 직시하라

흔히 우리는 대화를 나누거나 친분을 쌓거나 일을 함께하거나 거래를 하는 상대방이 자신과 비슷한 생각을 할 것이라 여긴다. 협상 준비 과정에서 자신이 중요하다고 느끼는 정보를 상대방도 중요하게 여길 것이라 가정한다. 그러나 성공적인 협상을 하려면 자신에게 있을지 모르는 편견을 점검해야 한다. 머릿속에 자리 잡은 출발점을 당연히 옳은 것으로 믿어서는 안 된다는 얘기다.

'공정하다'라는 말을 떠올려보자. 협상 수업을 듣는 학생들은 공정해지고 싶었다거나 아무개가 공정하지 않게 행동했다는 식의 표현을 자주 사용한다. 하지만 공정함이 뜻하는 바에 대해서는 사람마다 생각이 다르다. 각자의 가치관은 대단히 개인적인 것이고 매우 다양한 요인(연령, 인종, 성별, 교육수준, 사회경제적 지위 등)에 영향을 받아 형성된다. 그리고 각자의 가치관이나 경험에 따라 사고방식과 기준이 다르므로 나와 타인이 '공정함'의 의미를 똑같은 내용으로 이해할 가능성은 매우 낮을 수 있다.

가령 미국인들은 식당에서 수돗물을 무료로 제공하는 것이 공정하다고 생각할지 모르지만, 유럽 여러 나라에서는 비합리적이라고 여긴다. 어떤 이들은 파티를 주최한 집주인이 파티 후 모든 설거지와 정리를 하는 것을 당연하게 여기지만, 어떤 이들은 이상하게 생각한다. 그런 점에서 '공정함'도 얼마든지 다양하게 해석될 수 있는 말이다. 누구에게 공정하다는 의미인가? 어떤 기준에서 공정하다는 뜻인가? 만일 협상 테이블에서 '공정함'에 기대 자신의 요구를 어필하고 싶다면, 당신이 아니라 상대방 입장에서 '공정함'이 어떤 것일지 이해해야 한다. 모두 '관점'의 문제다.

내 수업에서는 종종 이런 모의협상을 한다. 제한된 수량의 혈액투석기가 주어졌을 때 어떤 환자에게 먼저 그것을 제공할지 결정하는 것이다. 대가족의 생계를 책임지고 있는 엄마에게 줘야 할까? 아니면 사람 목숨을 살리는 것이 직업인 의사? 지역사회 일자리 창출에 중요한 역할을 하는 사업가? 아직 살날이 많이 남아 있는 어린아이? 이 모의협상을 할 때면 늘 열띤 토론이 벌어지는데 최근에는 특히 그랬다. 무엇이 공정하고 공정하지 않은가를 따지느라 분위기가 너무 과열된 나머지 두 번에 걸친 수업 시간의 대부분을 할애해야 했다. 문제는 학생 수가 48명이므로 공정함의 의미에 대한 48가지 관점이 존재한다는 점이었다. 가장 성공적으로 합의점을 찾아낸 쪽은 기준을 먼저 만들어 평가하면서 협상을 진행한 팀들이었다.

해당 후보 환자의 사회공헌도, 부양가족 및 가정형편, 연령대 등의 기준을 정한 것이다. 그들은 이런 기준을 세워 각 후보 환자들에게 적용했다. 모두가 동의할 수 있는 기준을 세우기는 여전히 힘들었지만, 그나마 해결책에 가장 근접할 수 있는 방법이었다. 이렇게 골치가 아프니 '공정하다'라는 말을 쓰지 말자고 하려는 게 아니다. 그 말을 좀 더 현명하게 사용하자는 것이다. 협상에서 어떤 단어나 표현을 사용하는가는 매우 중요하다. 따라서 분별력과 체계적인 접근법을 갖춰야 한다. '공정하다'라는 말 자체는 분별력이 있지도 체계적이지도 않다.

사람들은 누구나 잘못된 선입관을 갖고 있다. 대표적인 것 중의 하나는 인종에 대한 고정관념이다. 인종과 관련된 편견은 영화 〈블랙클랜스맨BlacKkKlansman〉과 〈쏘리 투 보더 유Sorry to Bother You〉에도 잘 나타난다. 이 두 영화에는 아프리카계 미국인 주인공이 전화상으로 '백인' 목소리를 연기하는 상황이 등장한다. 말하는 내용이 같아도 인종에 따라 수화기 건너편의 사람을 받아들이는 방식이 크게 달라진다. 흔한 편견은 또 있다. 우리는 조종사라고 하면 으레 '남자'를 떠올리고 간호사라고 하면 당연히 '여자'일 거라 생각한다. 우리는 학습되거나 세상이 만든 근거를 토대로 사고하면서도 자신의 가정이 틀렸다는 걸 알게 되면 새삼 놀라곤 한다. 심지어 이런 주제를 갖고 강의하고 있는 나조차 여전히 편견에서 자유롭지 못하다!

얼마 전 나는 투자 목적의 건물 하나를 둘러보기 위해 그곳 주인과 만날 약속을 잡았다. 약속 장소에서 기다리는데, 씻지도 않은 듯 꾀죄죄한 모습에 허름하기 짝이 없는 옷을 입고 머리는 꼭 아인슈타인처럼 부스스한 남자가 나타났다. 나는 혹여 그가 구걸이라도 하면 몇 푼 주려고 생각했다. 그런데 그 남자가 내게 다가오더니 손을 내밀어 악수를 청하며 "안녕하세요, 잭입니다"라고 하는 게 아닌가. 자기가 건물 주인이라면서 말이다. 나는 속으로 생각했다. '정말 당신이 건물주라고요?' 나는 마음속 혼란을 재빨리 수습하고 대화를 이어가며, 앞으로는 내 편견이 작동하는 것을 더 철저히 점검해야겠다고 다짐했다.

제니퍼 에버하르트Jennifer Eberhardt는 오랫동안 편견을 연구해왔다. 그녀는 연구의 독창성과 열정을 인정받아 맥아더지니어스그랜트MacArthur Genius Grant(미국에서 10번째로 큰 비영리 단체 맥아더재단에서 주관하는 프로그램으로, 분야와 장르를 구분하지 않고 창의적이고 잠재력이 우수한 사람에게 매년 수여하는 상)를 수상했으며, 편견을 주제로 뛰어난 저작도 출간했다. 그녀는 생후 몇 년간 아프리카계 미국인 거주 지역에서 살다가 백인 동네로 이사를 했다. 그런데 그곳에서 새로 사귄 백인 친구들 얼굴이 모두 비슷해 보였다. 너무 비슷해 얼굴을 분간하는 데 애를 먹었을 정도다. 훗날 편견이 인간에게 미치는 영향을 연구하게 된 씨앗은 그때부터 자라났다. 그녀 자신도 성인이 돼 깨달았듯, 어릴 적 그녀가 백인 친구들의 얼굴을 잘 분간하지 못한 것은 매우 자연스러운 반응이었다. 그녀는 이렇게 썼다. "내가 어릴 적 백인 친구들을 두고 '그들은 모두 비슷해 보인다'라고 했던 건 내가 유색인종이어서가 아니다. 그것은 생물학과 노출 경험이 만들어내는 결과다. 인간의 두뇌는 자주 노출돼 친숙하게 느껴지는 얼굴을 더 잘 인식하고 분간한다."[12]

에버하르트는 경찰관들을 지켜보면서 스트레스가 편견을 더 쉽게 작동시키는 양상을 연구했다.[13] 그녀는 자신의 편견을 인지하고 있는 경찰관이라도 스트레스를 받거나, 어떤 위협을 느끼거나, 촉박한 시간에 결정을 내려야 하는 상황이 되면 곧잘 편견이 작동할 수 있다고 설명한다. "인간은 끊임없이 쏟아져 들어오는 외부 자극을 전부 소화해 처리할 수가 없다. 따라서 자신의 목표와 기대치에 따라 주의를 기울일 것과 아닌 것을 (종종 무의식적으로) 선택한다." 그렇다면 편견의 작동을 방지하는 방법 중 하나는 특정 상황에서 최대한 천천히 생각하고 움직이는 것이다.

에버하르트는 NPR에 출연해 캘리포니아주 오클랜드경찰서와 협력해 연구를 진행한 경험을 들려주며 말했다. "그들은 용의자 추격 방식을 바꾸기로 했습니다. 즉 막다른 골목이 나올 때까지 무조건 용의자를 쫓아가는 대신, 잠시 멈춰 추적 한계 구역을 설정한 후 지원 병력을 요청하는 것이 권장됐죠."[14]

그렇다면 비즈니스 협상에서는 어떨까? 전문가들은 인간의 뇌가 두 종류의 사고를 한다고 말한다. '시스템 1'은 직관에 의존하는 빠른 사고고, '시스템 2'는 느리지만 정확하게 인지하는 사고다(이에 대해 더 자세히 알고 싶은 독자에게는 대니얼 카너먼Daniel Kahneman의 《생각에 관한 생각Thinking, Fast and Slow》을 추천한다). 협상에 임하는 당신의 머릿속에서 편견을 제거하려면 반드시 '시스템 2'로 사고해야 한다. 적어도 쿠키를 더 먹겠다는 아이와의 실랑이보다 더 중요한 협상이라면 말이다.

협상을 제대로 하고 싶다면 먼저 속도를 늦추고 천천히 움직이면서 머릿속을 점검해보자. 세일즈맨들이 빨리 계약하지 않으면 안 될 것 같은 분위기를 조성하는 데에는 다 이유가 있다. 그렇게 압박하면 고객의 뇌에서 '시스템 1'이 작동한다는 것을 알기 때문이다. 마지막으로, 에버하르트는 편견이 개인의 성격 특성이 아니라 하나의 심리 상태라는 사실을 기억하라고 조언한다. 당신이 어떤 심리 상태에 있는지 늘 세심하게 살펴야 한다는 말이다.

까다로운 협상 상대의 욕구를 미리 파악해야 하는 경우, 당신이 미처 생각하지 못할 수도 있는 반응을 예상하기 위해 제3자에게 조언을 요청하거나 대화를 나눠볼 수 있다. 그런데 이때 만일 당신과 생각이 같은 사람들만 만난다면 '확증 편향confirmation bias'에 빠질 가능성이 크다. 이 경우 원래 갖고 있던 생각이나 편견만 더 확고해지므로, 협상 도중 당신이 전혀 생각해보지 않은 관점이 불쑥 등장하면 어찌할 바를 모르게 된다. 그렇기에 의도적으로 당신과 의견이 다른 사람들의 이야기를 들어보고 다른 관점을 접해야 한다. 당신과 다른 의견에 귀를 닫고 싶은 충동과 싸워야 한다.

경제 라디오 프로그램 〈마켓플레이스Marketplace〉의 진행자 카이 리스달Kai Ryssda은 진보 성향 사람들에게 러시 림보Rush Limbaugh가 진행하는 정치토크쇼 프로그램이나 폭스뉴스Fox News처럼 보수 성향의 프로그램을 보거나 듣는지 물었다. 아무도 손을 들지 않자 그는 자신과 성향이 비슷한 이들의 말만 들어서는 안 되며 반대 진영의 말에 귀를 기울이고, 그들을 이해해야 한다면서 사람들을 꾸짖었다. 자신과 반대되는 생각에 귀를 기울이는 것은 당연히 내키지 않겠지만, 이는 모든 협상에서 꼭 필요한 일이다.

나는 다양성과 포용력을 갖춘 조직을 만드는 방법에 대한 컨설팅 프로젝트를 종종 진행한다. 조직이 최고 인재를 보유하고, 구성원의 업무 참여도를 높이고, 혁신을 추동하고, 전반적인 사업 성과를 개선하기 위해서는 다양성과 포용력이 매우 중요하다. 얼핏 보기엔 다양성 및 포용 문제와 협상 사이에 별 연관성이 없는 것 같지만 그렇지 않다. 나는 조직 컨설팅을 할 때도 협상 수업에서 강조하는 핵심 조언과 기술을 똑같이 설명한다. 그중에서도 가장 중요한 것이 바로 확증 편향에 맞서는 일이다. 한 가지 유형의 사람들이 의사결정을 내리는 조직은 혁신적이고 효과적인 조직이 될 수 없다.

이타적인 태도나 정치적 올바름 때문에 다양성을 존중해야 한다는 얘기가 아니다. 물론 그런 동기도 조직에 이로움을 가져다주지만, 내가 말하는 건 똑똑한 전략으로서의 다양성 존중이다. 기업이 경쟁력을 유지하려면 사고의 다양성이 반드시 필요하다. 한 연구결과에 따르면, 개인 단위보다 팀 단위로 의사결정을 할 때 더 좋은 성과가 나올 확률이 66퍼센트였다. 그리고 팀 구성원의 다양성을 높이면, 즉 연령·성별·거주지가 다양한 사람들로 팀을 꾸리면 그 수치는 87퍼센트로 높아졌다.[15] 경영컨설팅회사 맥킨지앤컴퍼니McKinsey&Company의 '2015년 보고서'에 따르면, 경영진 구성에서 인종이나 민족 다양성 정도가 높은 기업일수록 높은 재정 성과를 낼 가능성이 35퍼센트나 더 높았다. 현재 딜로이트Deloitte와 NFL을 비롯한 많은 조직에서 '다양성 및 포용'을 중요한 가치로 삼고 있다.

여론의 뭇매를 맞았던 펩시 광고의 운명을 살펴보면 조직 내 의사결정에서 다양한 목소리를 듣는 것이 얼마나 중요한지 실감할 수 있다. 이 광고에서는 모델 켄달 제너Kendall Jenner가 인종차별 항의 행진을 연상시키는 거리 시위에 우연히 동참한다. 그녀는 음료수 보관대에서 펩시 한 캔을 집어 들고는 무언가에 저항한다기보다는 유쾌한 파티를 즐기는 듯한 시위대에 합류한다. 그리고 잠시 후 시위대와 대치하고 있는 경찰에게 펩시 캔을 건넨다. 이 광고가 공개된 직후 대중의 격렬한 항의와 비난이 쏟아졌다. 한 마디로 무지한 광고였기 때문이다. 광고 속의 시위대는 미국 사회의 심각하고 무거운 이슈인 인종차별을 다루는 실제 시위대의 모습과는 너무나 동떨어져 있었다. 펩시 측은 즉시 광고를 내리고 사과문을 공개했다. "펩시는 화합과 평화, 이해라는 메시지를 전달하고 싶었습니다. 우리가 애초 의도를 전달하는 데 실패했음을 인정하며 소비자 여러분께 깊은 사과를 전합니다."

최근에는 의류브랜드 구찌Gucci와 H&M도 인종차별 논란을 촉발하는 실수를 저질렀다. 구찌는 얼굴의 절반까지 올라오는 디자인으로 흑인 얼굴을 연상시키는 검정 스웨터를 내놓았고, H&M은 '정글에서 가장 멋진 원숭이'라고 적힌 후드티를 입은 흑인 아이가 등장하는 광고 사진을 제작했다. 왜 이런 일이 계속 발생하는 걸까? 여전히 많은 조직에서 다양하지 않은 소수의 구성원들이 모여 특정 편견이 힘을 발휘하는 상황에서 중요한 결정을 내리고 있기 때문이다. 구찌나 H&M의 경우에도 그런 디자인이 얼마나 불쾌감을 야기하는지 지적할 수 있는 사람들이 회의실에 없었던 것이다.[16]

이번 장 도입부에서 소개한 연구를 떠올려보자. 자신과 다른 관점을 읽는 것보다 차라리 돈을 적게 받는 쪽을 선택한 사람들 말이다. 참가자들은 반대쪽 의견을 듣고 싶지 않아 했고 그렇게 할 경우 "상반되는 두 가지 신념을 동시에 가질 때 겪게 되는 심리적 불편함인 '인지 부조화'가 발생할 것"이라고 느꼈다.[17] 그러나 명심하라. 자신의 편견을 직시하고 타인을 더 이해하기 위해 노력하지 않으면 훌륭한 협상가가 될 수 없다.

확신 대신 호기심을 택하라

협상 전 준비 단계를 마치고 나면 상대방과 직접 마주해야 한다. 상대방과 대화를 나누며 정보를 교환해야 한다. 그런데 본론으로 거침없이 직진해서는 안 된다. 설령 대면 만남이 아니라 전화통화라 할지라도 말이다. 천천히 서로에 대해 알아가는 과정이 필요하다. 이야기를 나누며 그 사람에 대해 알게 된 정보는 당신의 협상 방법에 영향을 미칠 수 있다. 그 정보가 무엇이냐에 따라 당신이 이미 구상해놓은 계획을 재고해야 할 수도 있다.

과학 실험은 가설을 세우고, 검증하고, 수정하는 과정을 거쳐야 한다. 협상도 마찬가지다. 만일 당신이 했던 가정이나 추측이 틀렸음을 알았다고 해서 목표를 완전히 포기할 필요는 없다. 대신 그 목표를 달성할 다른 방법을 찾아보거나, 또는 새로운 정보를 반영해 목표를 약간 수정하면 된다.

당신이 아이에게 사주려고 마음먹은 장난감이 있는데 막상 가게에 가서 보니 인기 제품이라 예상했던 것보다 훨씬 더 가격이 높다고 치자. 당신의 욕구는 여전히 동일하다. 즉 그 장난감을 사고 싶다. 이 경우 가계의 지출 예상 항목들을 재조정해 장난감 비용을 확보하거나, 아니면 목표를 약간 수정해 중고시장으로 눈을 돌려야 한다. 이는 고속도로를 달리다가 빠져나가야 하는 출구가 폐쇄돼 있음을 발견할 때와 비슷하다. 원하는 목적지에 가려는 당신의 욕구에 변함이 없다면, 융통성을 발휘해 그곳에 가기 위한 다른 길을 찾아야 한다. 어쩌면 원래 알던 길보다 더 나은 길을 발견하고 놀랄 수도 있다.

톨스토이Tolstoy는《신의 나라는 네 안에 있다The Kingdom of God Is Within You》에서 이렇게 썼다. "아무리 어려운 주제라도 그것에 대해 선입관이 없다면 머리 나쁜 사람에게도 이해시킬 수 있지만, 아무리 쉬운 주제라도 이미 알고 있다고 확신하는 똑똑한 사람에게는 이해시킬 수 없다." 이미 세운 계획에만 묶여 있지 말고 항상 새로운 정보 탐색의 레이더를 작동시켜라. 확신 대신에 호기심을 택하라는 얘기다.

사실 첫 제안을 내놓기 전에 이뤄지는 대화는 일종의 '순수한' 대화다. 이때 호기심을 갖고 상대에 대해, 거래에 영향을 미칠 수 있는 요인에 대해 알고 싶은 마음으로 이야기를 나누는 것이 중요하다. 이 대화에 충분한 시간을 사용해도 좋다. 실제 협상 프로세스를 시작하기 전에 많은 정보를 파악할수록 본론으로 들어갔을 때 합의 도출 가능성이 커지고 (상호 이해관계를 충분히 이해한 상태이므로) 뜻밖의 돌발 상황으로 협상이 실패할 가능성이 작아진다. 또한 첫 제안을 내놓았다고 해서 정보 교환 프로세스가 단칼에 끝나는 것이 아님을 기억하자. 상대방을 더 알려는 노력은 계속돼야 한다. 물론 첫 제안 이후에 나누는 대화는 그 이전만큼 순수하지는 않다. 제안 내용이 배경 역할을 하며 이를 염두에 둔 상태로 대화를 이어가니 말이다.

당신이 이런 대화에 시간을 할애할 가치가 있다는 데 공감한다면 아직 할 일이 더 남았다. 어떻게 효과적인 기술로 대화를 이끌어갈 것인가? 부적절한 화법은 상대로 하여금 심문을 당하고 있다거나 면접관 앞에 앉은 구직자가 된 기분을 느끼게 만들 수 있다. 오히려 특정 답변을 요구하지 않는 개방형 질문을 적극적으로 던지는 것이 대화가 끊어지지 않으면서 진솔한 유대감 형성에 도움이 된다. 단순히 '몇 분쯤 하찮은 잡담이나 나누다가 일 얘기로 들어가야지, 뭐' 하는 식으로 생각해서는 안 된다. 대화에 능숙해질수록 그런 잡담이 결코 하찮은 것이 아님을 느끼게 될 것이다.

뛰어난 인터뷰어로 오랜 경력을 쌓았으며 라디오 토크쇼 〈프레시 에어Fresh Air〉의 진행자인 테리 그로스Terry Gross 는 "당신의 이야기가 듣고 싶어요"가 대화의 문을 여는 가장 효과적인 말이라고 꼽았다.[18] 이것은 타인에 대해 섣부른 추정을 하지 않는 말이며("무슨 일을 하세요?"라는 흔한 질문도 사실은 일방적인 가정이 담긴 질문이다), 그 사람이 원하는 주제로 대화를 시작할 수 있게 한다. 게다가 대부분의 사람은 자기 얘기를 하는 걸 좋아한다!

상대방에게 당신이 자신을 조종하기 위해 질문을 던지고 있다는 느낌을 줘서도 안 된다. 당신은 진심에서 우러난 호기심을 보여야 한다. "여름휴가 어디로 다녀왔어요?"처럼 흔한 질문을 하더라도 성의를 다해 대답에 귀를 기울여라. 별로 관심이 없는 주제는 애초에 질문하지 않는 것이 좋다. 데일 카네기Dale Carnegie는 말했다. "칭찬과 아첨의 차이는 간단하다. 전자는 진실하고 후자는 가식적이다. 전자는 마음에서 나오지만 후자는 입에서 나온다. 전자는 사심이 없고 후자는 이기적이다. 전자는 일반적으로 높이 평가받는 행동이지만 후자는 비난받는 행동이다."[19]

혹시 친하지 않은 사람과 잡담하는 것을 싫어하는 성격이라서 이런 조언들이 불편하게 느껴지는가? 그 마음 충분히 이해한다. 나도 내성적인 성격인지라 낯선 사람과 그런 대화를 해야 하는 상황을 몹시 불편해한다. 억지로 외향적인 사람이 되지 않아도 괜찮다. 내성적인 사람이 갑자기 낯선 사람들 가운데서 주목받으려고 애쓰는 것 역시 솔직하지 못한 행동이다. 대신 자신이 어떤 때에 타인에 대한 진심 어린 호기심을 갖게 되는지 그 지점을 찾아보자. 휴대폰 화면으로 숨기 전에 아주 잠시만이라도 마음속 호기심을 발동시키면 놀라운 일이 일어날 것이다. 예컨대 나와 공통점이 별로 없어 보이는 어떤 여성을 만난다고 치자. 그런데 그녀가 무지하게 예쁜 구두를 신고 있다. 나도 구두를 좋아하므로 그녀의 구두에 대해 말을 건넨다면 그건 내 진심이다. 내가 정말로 관심 있는 화제와 타인에 대해 알고 싶은 욕구가 결합

하면, 그때부터 대화는 물 흐르듯 순조롭게 이어지고 나는 그 사람에 대해 더 많은 걸 알 수 있다.

로체스터대학교에서 진행한 연구를 보면 이런 종류의 호기심이 사적인 인간관계에서도 중요함을 알 수 있다.[20] 연구팀은 피험자들을 둘씩 짝지은 후 그들이 서로에게 가진 호기심 수준을 측정한 다음 대화를 시작하게 했다. 피험자들은 일상적인 화제로 잡담을 나누거나 내밀한 주제의 대화를 나눴다. 이때 대화 전에 호기심 수준이 낮았던 사람들은 내밀한 대화를 나눈 후에 친밀도가 높아졌지만, 일상적인 잡담만 한 후에는 그렇지 않았다. 반면 호기심 수준이 높았던 사람들은 대화 주제와 상관없이 파트너와의 친밀도가 높아졌다. 즉 이들은 타인과 더 쉽게 유대감을 형성했다. 호기심이 강하면 대화 상대와 더 친해질 수 있고 자연히 그 사람에 대해 더 많은 것을 알게 되므로 더 효과적인 해법에 도달할 수 있다.

바이링궐버디스의 창업자 세라 파르잠은 한때 뭔가를 협상해야 하는 미팅을 두려워했다. 하지만 자신이 사람들을 만나 이야기 듣는 것을 좋아한다는 사실을 깨달았다. 거기에 초점을 맞추자 협상에 대한 두려움을 이겨낼 수 있었다. 유대인과 멕시코인과 이란인의 피가 섞인 그녀는 상대방의 출신 문화권에 따라 대화를 나누는 방식을 달리한다. 예를 들어 협상 상대가 중동 사람이면 친분을 쌓는 데 좀 더 정성을 쏟는다. "나는 그저 대화를 나누는 것이 아니라 그 시간을 기억에 남는 경험으로 만들려고 노력합니다. 예컨대 이란에서는 집에 온 손님을 극진히 대접하는 문화가 있습니다. 음식만 달랑 내놓는 경우는 없습니다. 손님을 위해 노래 불러줄 사람들까지 데려오기도 해요. 때로는 그들이 차를 즐기므로 '차를 마시면서 얘기 나누시죠'라고 제안하기도 해요. 그렇게 대화를 열면 그들은 자기 자신과 가족, 고향 이야기를 풀어놓기 시작합니다."

세라는 자신이 공감대를 잘 형성하는 사람임을 보여주려고 애쓴다. 그렇게 상대방을 알아가는 것이 중요하다고 믿기 때문이다. 그녀는 마치 소믈리에가 와인에 접근하듯 협상을 대한다. 소믈리에는 단 한 가지 감각만을 사용하지 않는다. "레드와인인가요, 화이트와인인가요?"라고 묻는 경우는 없지 않은가. 소믈리에는 천천히 시간을 들여 향을 음미하고 와인의 제조 과정, 궁합이 맞는 음식을 생각한다. 상대방의 이야기를 들을 때 당신은 자기 머릿속의 생각을 확인하기 위해서가 아니라 그를 이해하기 위해서 천천히 시간을 들여야 한다.

가족이니까 다 안다?

가족끼리는 정보 교환을 위한 대화의 중요성을 특히 간과하기 쉽다. 가족이니까 다 안다고 생각하기 때문이다. 하지만 반드시 그런 것은 아니며, 사실 그렇게 착각하고 있는 경우가 대부분이다.

내 친구 에마~Emma~는 정보 교환의 중요성을 깨달은 덕분에 남편과의 관계가 크게 좋아졌던 경험을 들려주었다. 에마와 남편은 자녀 양육 방식을 놓고 늘 다퉜다. 에마는 남편이 너무 관대하다고 느꼈고, 남편은 그녀가 너무 엄하다고 생각했다. 남편은 에마가 아이한테 언성을 높일 때마다 질겁했고 체벌을 해야겠다는 말만 꺼내도 몹시 흥분하며 절대 안 된다고 반대했다. 에마는 어릴 때 체벌이 용인되는 집안에서 자랐다. 그녀의 부모님은 아이들을 자주 때리진 않았지만, 심각한 잘못을 한 경우에는(예컨대 누군가에게 무례하게 굴었다든지) 다시는 그러지 않도록 따끔히 가르치는 데 체벌이 효과가 있다고 생각했고, 그녀도 마찬가지였다. 그녀와 남편은 이 문제를 놓고 충돌을 반복했다. 그녀는 남편의 생각이 '왜' 다른지 호기심을 갖고 접근해보기로 했다. 남편은 어떤 가치관을 갖고 자랐기에 체벌에 대해 그토록 강한 감정을 드러내는 걸까?

그녀는 남편에게 이런저런 질문을 던졌다. 그렇게 대화를 하고 나서야 그는 자신이 어릴 적에 신체적 학대를 당했다고 털어놓았다. 결혼한 지 10년이 넘었지만 에마가 전혀 모르던 사실이었다. 남편의 아픈 경험을 알고 나니 모든 게 바뀌었다. 두 사람은 오히려 더 가까워졌고, 자주 싸우던 주제들도 새로운 관점으로 바라볼 수 있게 됐다.

또 다른 친구 조앤~Joan~은 어느 날 잔뜩 열이 받아서 내게 전화를 했다. 아침 운동을 끝내고 집에 돌아오니 싱크대에 설거지거리가 잔뜩 쌓여 있는데 남편은 2층에서 컴퓨터만 들여다보고 있더라는 것이었다. 두 사람은 볼일 때문에 며칠 집을 비워야 해서 그사이 집에 머물 반려견 도우미를 고용한 상태였고, 시간이 얼마 없어 곧 출발해야 하는 상황이었다. 조앤은 내심 '자기가 안 하면 당연히 내가 할 줄 알았나?'라고 생각했다. 또 그녀가 운동하러 나간 것이 못마땅해서 속으로 꽁해서는 그런 식으로 소극적인 반항을 한 거라고 추측했다. 조앤은 통화를 하면서도 계속 씩씩대며 설거지를 했다. 당장이라도 남편한테 한바탕 퍼부을 기세였다. 협상이 필요한 상황이었고 자칫하면 잘못된 방향으로 흐를 가능성이 있었다. 나는 일로 만난 사람과 협상하는 경우처럼 생각해보라고 조언했다. 가장 먼저 남편을 더 알고자 하는 호기심을 가져야 했다. 즉 설거지를 왜 하지 않았는지 이유를 물어보고(단 비난조가 돼서는 안 된다), 남편의 생각이 무엇인지 진심으로 이해하려고 해야 했다.

조앤은 내 조언을 받아들였다. 그녀는 남편에게 비난을 쏟아내는 대신 "내가 운동 나간 동안 자기는 뭐 하고 있었어?" "주방에 내려왔었어?" 등 공격적이지 않은 질문들을 던지고 대답에 귀를 기울였다. 알고 보니 남편은 주택대출 신청 기간이 임박해서 인터넷으로 그 문제를 알아보는 중이었다. 그리고 싱크대에 설거지거리가 있는 걸 알았지만 반려견 도우미에게 맡겨도 된다고 생각했다. 사실 설거지할 양도 얼마 안 되고 며칠간 반려견 봐주는 보수치고는 상당히 후한 비용을 쳐주었으니까 말이다.

남편에 대한 오해는 풀렸지만 아직 합의에 이르지 못한 문제가
남아 있었다. 조앤은 출발하기 전에 설거지를 마쳐야 한다고 생각
했고, 남편은 아니었다. 하지만 서로의 속마음을 충분히 이해한
상태이므로 이제 "반려견 도우미에게 기대해도 되는 합리적인 노
동 범위는 어디까지인가?"라는 문제에만 집중하면 되었다.

또 다른 사례를 보자. 제임스_{James}와 그의 아내는 새로 구매할
집을 알아보는 중이었는데 도통 의견 일치에 이를 수가 없었다.
여러 집을 후보로 놓고 이야기하다 보면 언쟁으로 흐르기 일쑤
였다. 제임스는 말했다. "나는 출장을 자주 다니기 때문에 집 자
체보다는 적당한 가격이 더 중요했습니다." 한편 집에 있는 시간
이 많은 아내는 아이들과 지내기 좋은 환경을 원했다. "아내는
자꾸 예산을 초과하는 집만 원했어요. 내가 추천하는 집은 아내
마음에 안 들었죠. 우리는 서로의 의견을 무시하기만 했습니다."
그러다 제임스가 아내의 속마음에 더 귀를 기울여보기로 마음
먹자 대화가 한결 순조로워졌다. "아내가 마음에 들어 하는 집에
대해 얘기를 나누는 중이었습니다. 나는 아내 의견을 덮어놓고
반대하는 대신 그 집이 마음에 들지 않는 이유를 구체적으로 설
명했어요. 아내는 이런저런 이유로 주변 환경이 굉장히 중요하다
면서 동네만 괜찮다면 다른 부분은 기꺼이 포기하겠다고 하더군
요. 각자 원하는 집만 고집하는 대신 속마음을 솔직히 얘기하니,
서로 양보할 수 있는 부분이 보였습니다. 상대방이 왜 그런 생각
을 하는지 이해하게 됐어요." 그날 밤 잠자리에 들었을 때 제임스

의 아내는 이렇게 말했다. "간만에 대화다운 대화를 한 것 같네."

가족 간의 협상에도 열린 마음과 호기심이 필요함을 보여주는 마지막 사례이자 가장 인상적인 사례는 내 옛 제자인 마이클Michael의 이야기다. 마이클은 몹시 난감한 입장에 처했다. 아내 수전Susan이 그에게 한 부탁 때문이었다. 좀처럼 해결되지 않고 있는 복잡한 집안 문제와 관련해 장인어른과 얘기를 나눠보라고 부탁한 것이다. "난 협상 수업을 들은 적이 있긴 해도 그저 척추지압사에 불과해. 나라고 뭐 뾰족한 수가 있을까?" 하지만 그는 장인과 대화를 시도해보기로 했다.

이 가족은 꽤 골치 아픈 문제로 곤경에 빠져 있었다. 상황은 이랬다. 마이클과 수전은 샌프란시스코에 집을 한 채 사기로 했는데, 마이클의 장인인 잭Jack은 비용의 절반을 대겠다면서 대신 손자들을 위해 그 집에 명의신탁을 해두자는 조건을 달았다. 마이클과 수전은 동의했고, 집을 매입한 후 전문 변호사를 고용해 명의신탁을 마쳤다. 그런데 잭이 계약서를 보더니 '자신'이 유일한 신탁자가 아니라는 사실을 못마땅해했다. '나중에 마이클이 집을 팔아 돈을 챙겨 도망치지 않으리라고 어떻게 장담할 수 있겠는가?' 하는 생각을 했다. 여기서 잠깐 주목할 점이 있다. 잭은 마이클이 어렸을 때부터 그를 봐왔고 그동안 남달리 끈끈한 장인 사위 관계를 이어왔다. 마이클은 잭의 딸과 결혼한 지 15년이 됐으며, 두 사람은 아이 셋을 키우는 금실 좋은 부부였다. 이런 배경 때문에 마이클 부부는 잭의 욕구가 불합리하고 모욕적이라고 느꼈다. 만약 부부가 이혼하더라도 마이클이 주택담보대출금을 계속 갚아야 한다는 것이 잭의 요구였다. 대출금 액수가 꽤 컸으므로 그 경우 마이클은 다른 집을 구할 돈이 없을 텐데도 말이다. 잭과 수전은 이 문제로 자주 언성을 높이며 싸웠고, 결국 마이클이 개입하게 된 것이었다.

마이클은 말했다. "나는 '장인어른은 내가 잘되길 바라면서 조건 없이 베푸는 분이야' 하는 시각으로 접근해서는 안 된다고 생각했습니다. '이분은 나와 공동으로 부동산을 구입한 사람이야'라는 시각으로 접근했죠." 마침내 마이클과 잭이 마주 앉았을 때(수전과 마이클의 장모도 함께 있었다) 잭은 사위가 수전처럼 감정적으로 나오리라고 예상했다. "아마 장인어른은 내가 감정적으로 나오면 '난 자네를 아들처럼 여기네. 하지만 이건 비즈니스야'라고 말하려고 했을 겁니다." 그러나 마이클이 전혀 흥분하지 않았기 때문에 잭은 그런 말을 할 필요가 없었다. 마이클은 차분하게 잭의 마음속 생각을 이해하는 데 집중했다. 잭의 욕구는 무엇일까?

"찬찬히 생각해봤습니다. 장인어른이 그저 못된 심술을 부리는 걸까? 아니었습니다. 그분에게는 돈이 무엇보다 중요합니다. 그분의 욕구는 돈이었죠. 그래서 나는 '왜 그렇게 하길 원하시죠? 저에 관해 어떤 부분이 걱정되시는 건가요?'라고 여쭤봤어요." 그러자 잭은 "이혼 때문에 집을 팔게 되면 자네가 그 돈을 필요한 물건 사는 데 써버리지 않을까 염려된다네"라고 대답했다. 마이클은 '네 마음대로 돈을 써버리지 않을까'의 완곡한 표현임을 알아챘지만 차분하게 응수했다. "네, 그러셨군요. 그럼 이렇게 하면 어떨까요? 만약 이혼 때문에 집을 팔더라도 그 돈은 여전히 아이들에게 주는 걸로요."

이 말에 잭의 걱정은 웬만큼 사라졌다. 하지만 마이클이 돈을 들고 잠적할 가능성은 여전히 걱정된다고 했다. 마이클은 세상 모든 일에는 리스크가 존재하며 리스크가 '제로'인 상황은 어디에도 없다고 설명하면서 말했다. "제가 돈을 들고 도망갈 수 있을까요? 물론 그럴 가능성을 완전히 배제할 순 없겠죠. 하지만 그러면 당연히 신탁회사에서 저를 추적할 겁니다." 마이클은 잭에게 그가 지나친 걱정을 하고 있다는 것을 일깨워줬고, 두 사람은 결국 합의점에 이를 수 있었다.

어쨌든 상황은 해결됐지만, 그들이 서로의 욕구에 대해 더 잘 알았더라면 그동안 겪은 갈등과 긴장은 피할 수도 있는 것이었다. 가족에 대해 더 알아야 할 부분이 있다는 것을 당연하게 받아들여야 한다. 그들이 어떤 생각을 하는지, 왜 그렇게 생각하는지 이미 알고 있다고 너무 쉽게 가정해서는 안 된다. 그렇게 가정하는 순간 상대에 대한 정확한 정보를 얻고 자신이 추측한 것이 맞는지 확인할 기회를 잃어버린다.

나의 관점, 당신의 관점

케이블채널에서 방영된 〈디 어페어_{The Affair}〉는 내게 강렬한 인상을 남긴 드라마 중 하나다. 이 드라마는 불륜이라는 상황을 다양한 관점에서 들여다보면서, 같은 사건을 인물마다 다르게 인지하고 해석하는 모습을 시청자에게 보여준다. 그들 중 누구도 거짓말을 하지 않지만 '기억 편향_{memory bias}'에서 자유롭지도 못하다. 그들의 경험은 각자 자신만의 것이다. 예를 들어 아이가 넷인 유부남 노아_{Noah}는 젊은 앨리슨_{Alison}이 자신을 유혹해 둘의 불륜 관계가 시작된 것이라고 믿는다. 반면 앨리슨은 노아가 먼저 자신에게 추파를 던지며 접근했다고 생각한다. 시청자 입장에서는 등장인물들이 서로를 완전히 '잘못' 착각하게 되는 과정을 지켜보는 재미가 쏠쏠하다. 이 드라마에서 말하고 있는 것은 협상에서도 그대로 적용된다.

외관상 똑같은 정보를 보고 있더라도 당신의 관점과 상대방의 관점은 크게 다를 수 있다. 몇 년 전 이 '관점'이라는 이슈가 인터넷을 뜨겁게 달군 일이 있었다. 당시 한 결혼식 하객이 드레스를 입은 신부 어머니의 사진을 SNS에 올렸는데 이를 두고 의견이 크게 갈리며 논쟁이 퍼져나갔다. 어떤 이들은 이 드레스가 흰색-금색 조합이라고 주장했고,[21] 어떤 이들은 검은색-파란색 조합이 확실하다고 주장한 것이다. 과학자들은 이런 차이의 발생 원인을 저마다 다른 방식으로 설명했는데, 그 핵심에 시각 혹은 '관점'의 문제가 있다는 것은 분명했다. 로체스터대학교의 뇌인지과학 부교수인 두예 타딘Duje Tadin은 망막에 있는 빛수용체의 기능이 사람마다 다를 수 있다는 점을 지적하면서 〈뉴욕 타임스〉에서 이렇게 말했다. "드레스 색깔이 다르게 보이는 것은 세상을 지각하는 방식에 개인차가 있다는 점과 분명히 관련돼 있다. 이 사진을 둘러싼 논쟁은 그러한 차이를 놀라운 방식으로 포착해 보여준 사건이다."

TV 드라마와 소셜미디어에서 벌어진 두 논쟁은 각자 인상적인 방식으로 관점의 차이라는 문제를 다시금 생각해보도록 해준다. 19세기 미국 철학자 윌리엄 제임스William James는 말했다. "두 사람이 만나면 거기에는 항상 여섯 사람이 존재한다. 두 사람 각각에게 자신이 생각하는 자신, 상대방이 바라보는 자신, 진짜 자기 자신이 있기 때문이다."

만일 당신이 드레스를 검은색-파란색 조합으로만 보는 것이 아니라 흰색-금색 조합으로 볼 수 있는 능력도 가졌다면 어떨지 상상해보라. 당신은 한쪽 관점을 옹호하는 동시에 반대쪽 관점도 정확히 이해할 수 있다. 이 능력을 갖추면 협상가로서 한 단계 높은 수준으로 올라설 수 있다. 훨씬 수월하게 거래를 성사시키고 논쟁을 해결하고 화해 모드를 만들어낼 수 있다는 얘기다. 이 능력을 갖추면 새로운 해결책을 발견할 수 있고 너그러움을 발휘할 수 있다. 물론 말처럼 쉽지만은 않지만 말이다.

홀륭한 협상가들이 반드시 갖춰야 하는 자질은 무엇일까?
갈등을 완화하고 긴장을 풀어주며,
자칫 과열할 수 있는 대화의 '온도'를 낮춰주는 것은 무엇일까?

공감의 힘

상대방에 대해 최대한 많은 정보를 얻고 어떤 관점을 가졌는지 파악했다면 이제 거기서 한 걸음 더 나아가야 한다. 단순히 상대방을 파악하고 질문을 던지는 것만으로는 안 된다. 진정으로 그 사람의 관점에서 보는 것, 즉 '공감'이 필요하다. 자기가 맡은 배역에 몰입해 메소드 연기를 하는 배우처럼 당신도 상대방의 입장이 됐다고 가정하라. 그래야 그 사람의 생각과 욕구를 이해할 수 있고, 설령 그의 생각이 당신과 다르더라도 존중할 수 있다.

넬슨 만델라는 공감할 줄 아는 협상가의 대표적인 본보기였다. 그는 수감생활을 하는 동안 교도관들을 더 잘 이해하기 위해 그

들이 사용하는 언어인 아프리칸스어를 배웠다. 석방 후 대통령에
선출됐을 때는 전임 대통령이자 아프리카너Afrikaner(남아공에 정착
한 네덜란드계 백인 집단으로 이들이 쓰는 언어를 아프리칸스어라고 지칭
함-옮긴이)인 프레데리크 빌렘 데 클레르크F. W. de Klerk를 부통령으
로 지명했다. 그리고 만델라는 라디오 방송에서 자신을 조롱하
며 비아냥거린 한 적대적인 아프리카너에게 이렇게 말했다. "나
는 당신을 남아공의 소중한 국민이라고 생각합니다. 만일 우리가
마주 앉아 서로의 생각을 들어본다면 나는 당신에게, 그리고 당
신은 나에게 더 가까이 다가갈 수 있으리라고 확신합니다. 우리
같이 대화를 나눠봅시다."[22] 만델라는 '공감의 거인'이었고 그의
공감 능력은 외교에서 결정적인 힘을 발휘했다.

공감 능력은 훌륭한 협상가에게 '있으면 좋은 것'이 아니라 '반
드시 갖춰야 하는 자질'이다. 공감은 상대방을 대화 상대로서 더
잘 이해할 수 있도록 해주는 전략적인 방법이다. 상대방을 제대
로 이해하지도 못하고 어떻게 타협안에 도달하겠는가? 상대방에
게 정말로 중요한 부분인 동시에 당신이 양보할 수 있는 부분을
어떻게 찾을 수 있겠는가? 공감은 갈등을 완화하고 긴장을 풀어
주며 자칫 과열될 수 있는 '대화의 온도'를 낮춰준다.

유명한 인질협상 전문가 잭 캠브리아Jack Cambria도 공감을 필수적
인 협상 도구로 꼽는다.[23] 전직 뉴욕 경찰인 그는 수많은 협상가
를 교육해온 이 분야의 대부라고 할 수 있다. 그는 〈월스트리트
저널Wall Street Journal〉 인터뷰에서 인질협상가가 되려는 사람의 조건

에 대해 이렇게 말했다. "살면서 한 번쯤은 사랑이라는 감정을 경험해본 사람이어야 합니다. 사랑의 상처가 어떤 것인지도, 성공과 실패를 겪는다는 게 어떤 것인지도 알아야 합니다."

인질범은 무언가를 요구한다. 하지만 그 요구를 해결하는 것보다는 협상가가 그에게 공감을 보이는 것이 더 중요하다. 인질범의 감정 상태를 헤아리고 그것을 토대로 공감대를 만들어야 한다. 인질범이 말로 표현하는 요구와 달리 그의 욕구는 내면 깊은 곳의 감정과 연관돼 있다. FBI(미국연방수사국)에서 협상팀장으로 일한 게리 노스너_{Gary Noesner}도 이렇게 말했다. "나는 인질범을 면담하면서 어떤 말 때문에 마음을 바꿨느냐고 물어보곤 했습니다. 그러면 하나같이 '당신이 무슨 말을 했는지는 중요하지 않습니다. 당신이 그걸 말하는 태도가 나를 움직였습니다'라고 대답했죠. 가식 없이 마음에서 우러나오는 태도로 진실하게 말하는 것이야말로 가장 강력한 영향력을 발휘하는 겁니다."

노스너의 말에 따르면, FBI 직원들은 협상 상대에게 긍정적인 영향력을 미칠 방법을 궁리하면서 로버트 치알디니_{Robert Cialdini}의 연구와 저작, 특히 《설득의 심리학_{Influence: The Psychology of Persuasion}》을 참고한다고 했다. 이 책은 내게도 큰 도움이 됐던 자료다. 그들은 "설득을 가능하게 하는 영향력을 갖기 위해서는 상대의 신뢰를 얻고 그가 중요하게 여기는 것에 진심 어린 관심을 보이면서 관계를 구축하는 것이 핵심"임을 알게 됐다고 한다.[24] 공감하는 태도로 임하고자 하는 사람은 갈등 해결 지점에 조금이라도 더 가까이 갈 수 있다.

버락 오바마_{Barack Obama} 대통령은 중동 지역 순방 중에 팔레스타인 젊은이들을 만났다. 당시 보좌관이었던 벤 로즈_{Ben Rhodes}의 말에 따르면, 그 자리에서 젊은이들은 자유로운 이동이 제한당하고 있는 현실과 감옥에 갇힌 친구들의 이야기를 했다. 그들 중 한 명은 이렇게 말했다. "우리는 당신 나라에서 흑인이 받았던 것과 같은 대우를 받고 있습니다. 미국 정부의 지원을 받는 이스라엘에 의해서 말입니다."

그 직후 오바마 대통령은 예루살렘의 한 회의장에서 대중 연설을 했다. 준비된 연설문이 있었지만 그는 중간에 멈추고 이렇게 말했다. "잠시 연설 원고를 접고 여러분께 하고 싶은 말이 있습니다. 나는 이곳에 오기 전에 15세에서 22세 사이의 팔레스타인 젊은이들을 만났습니다. 그런데 대화를 나눠보니 그들은 내 딸들과 크게 다르지 않았습니다. 그들은 여러분의 딸이나 아들과도 크게 다르지 않습니다. 단언하건대, 만일 이스라엘의 부모들이 그 젊은이들과 마주 앉아 얘기한다면 분명히 그들이 잘됐으면 좋겠다고 말할 겁니다. 그들이 성공했으면 좋겠다, 그들에게도 내 아이들과 똑같은 기회가 주어지면 좋겠다고 말입니다. 나는 이스라엘의 부모들이 그 젊은이들과 대화를 나누고 그들에게 귀를 기울여보면 분명 그런 마음이 들 것이라고 확신합니다."²⁵

비록 오바마 대통령은 이스라엘과 팔레스타인의 뿌리 깊은 갈등을 해결하진 못했지만, 사람들에게 공감을 적극적으로 호소했다.

그 팔레스타인 청년이 오바마 대통령에게 그랬던 것처럼 말이다.

누구보다 공감이 향해야 할 대상

공감은 국가 정치와 국제 외교에서도 중요하지만, 가장 작은 규모의 집단인 가족 내에서도 반드시 필요하다. 예컨대 자녀와 전투를 벌이는 부모의 경우가 그렇다. 내 조카가 컴퓨터 게임에 한창 빠져 있던 적이 있었다. 주변 어른들은 그가 게임에 몰두하는 이유를 이해할 생각은 하지 않은 채 게임을 하지 못하게 막는 데에만 에너지를 쏟았다. 그 아이는 게임의 어떤 점 때문에 그렇게 빠져 있었던 것일까? 나를 포함한 어른들은 그 아이의 입장이 돼서 게임에 그토록 많은 시간과 에너지를 쏟을 가치가 있다고 느끼는 이유가 무엇인지 이해하려고 노력했어야 했다.

세상에서 친구가 제일 소중한 시기를 보내고 있는 그 아이로서는 친구들과 함께 시간을 보낼 수 있기 때문에 게임을 좋아했던 것인지도 모른다. 아니면 게임이 자신이 가장 잘할 수 있는 무언가라서 성취감을 느낀 것인지도 모른다. 우리는 그 아이의 마음속 욕구를 제대로 이해하지 못했다. 조카는 그저 걱정하고 잔소리만 하는 우리 어른들이 지나치게 노심초사한다고, 또는 어른 기준으로 자기를 판단하려 든다고 느꼈을 것이다.

이런 갈등이 우리 가족만의 문제는 아닐 것이다. 부모들은 흔히 자기 자식에 대해 모든 걸 알고 있다고 믿는다. 그래서 마음에 들지 않는 자녀의 행동을 무턱대고 막으려고만 든다. 하지만 이런 접근법은 좀처럼 효과가 없다. 거기에는 진심 어린 공감이 빠져 있기 때문이다. 정말로 자녀의 입장이 돼서 이해하려는 태도가 없는 것이다. 공감할 줄 모르는 부모는 자녀의 눈에 일방적으로 판단하는 사람, 벌을 주려는 사람, 공정하지 못한 사람으로 비칠 뿐이다. 부모와 자녀의 소통을 막는 장애물이 생기고 서로 오해의 골만 깊어진다.

자녀가 뭔가를 요구하며 뿌루퉁해 있다면 부모는 무조건 안 된다고 거절하기 전에 잠시 멈춰서 아이에게 어떤 상황이 있는지, 아이의 진짜 속마음이 뭔지 헤아려볼 필요가 있다. 아이가 오늘 어떤 하루를 보냈는가? 아이의 기분이 어떤가? 아이가 요구하는 것 그 자체가 중요한 상황인가, 아니면 말하지 않은 다른 속내가 있는 것인가? 이런 접근법은 부모에게만 필요한 것이 아니다. 나는 부모님의 딸로서 자식 입장에서도 그렇게 노력하는 것이 얼마나 중요한지 깨달았다.

앞서 나는 부모님의 기대와 내가 진짜로 원하는 것을 구분할 수 있게 되기까지 오랜 시간이 걸렸다는 얘기를 했다(아마 나와 비슷한 경험을 하는 이민자 자녀들이 많을 것이다). 나는 그분들한테 화가 났다. 특히 내가 의사라는 직업에 전혀 관심이 없다는 사실을 모른 채 의과대학에 가라고 강요하는 아버지한테 말이다. 당시 나는 아버지 관점에서 생각해봐야 한다는 점을 알지 못했다. 아주 나중에야 아버지 마음을 진심으로 이해할 수 있었다. 아버지가 내게 해명했기 때문이 아니라, 내가 아버지 입장에서 속마음을 헤아려보려고 노력했기 때문이다. 우리 가족은 이란을 떠나면서 익숙한 모든 것과 이별해야 했다. 아버지는 이란에서 안정적인 직업을 갖고 있었지만, 미국에 온 이후로는 주변의 도움도 받지 못한 채 불안감을 견디며 가족을 먹여 살려야 했다. 아버지는 처음엔 설탕정제소에서 엔지니어로 일하면서 직원들을 관리했고 나중에는 작은 편의점을 운영했다.

이민자들은 미국이라는 나라에 대해 수많은 생각을 품고 이 땅에 온다. 그들에게 미국은 자녀를 더 잘 키울 수 있고, 선택의 자유가 무궁무진하고, "네 꿈을 이뤄라! 얼마든지 네가 원하는 사람이 될 수 있다!"라고 외치는 나라다. 아버지는 이 모든 것이 혼란스럽고 두려웠지만 그러면서도 균형 감각을 유지해야 한다고 느꼈다. 하지만 어떻게 해야 할지는 잘 몰랐다. 언어, 문화, 사회적 가치 등 모든 것이 낯선 땅에서 자식이 엇나가지 않고 올바른 길로 가게 하려면 어떻게 해야 한단 말인가? 나를 보호하기 위해 아버지가 해야 하고 또 할 수 있다고 느낀 것은 내게 인생의 길을 정해주고 그것에 따르라고 하는 것뿐이었다.

아버지가 성공이 보장된다고 믿는 길을 가도록 나를 압박한 것은 자식에 대한 사랑을 표현하는 당신만의 방식이었다. 하지만 나는 아버지로부터 다른 형태의 사랑을 원했다. 더 다정하고 무조건적인 사랑, 편협하지 않은 사랑을 원했다. 내가 그런 방식의 사랑을 받지 못했다고 해서 아버지가 나를 사랑하지 않은 것은 아니다. 나는 한때 아버지의 방식이 못마땅했지만, 그분 입장에서 세상을 보려고 무던히 노력한 결과 아버지를 이해하고 용서할 수 있게 됐다.

공감의 중요성을 다룬 수업이 끝난 어느 날, 돔$_{Dom}$이라는 학생은 마침 그날이 배운 것을 실천해볼 기회라고 느꼈다. 협상 상대는 그의 아내였다. 돔은 그날 저녁 친구들이 모이는 자리에 가고 싶었다. 하지만 업무 약속으로 지난 이틀간 늦게 들어가는 바람에 아내가 혼자 아이들을 돌봐야 했다. 아침부터 저녁 모임에 관해 얘기했지만 대화가 잘 안 풀렸다. 돔은 친구들을 만나고 싶다는 말만 되풀이했고 아내는 안 된다는 대답만 반복했다.

돔은 한 걸음 뒤로 물러서서 아내 입장에서 생각해봤다. 아내는 독박 육아에 지친 상태였고, 돔도 그 사실을 잘 알았다. 또 아내는 남편이 애정과 관심을 더 보여주길 바라고 있었다. 돔은 세 개의 사업체를 동시에 운영하느라 늘 바빴다. 그 때문에 아내는 남편이 자신에게 소홀하다는 기분을 느꼈을 게 분명했다. 자신이 아내의 감정적 욕구를 채워준다면 아내가 자신의 요구(그날 밤 외출이든 다음 주의 외출이든)에 더 우호적으로 반응할 것 같았다.

돔은 아내에게 말했다. "당신 말이 맞아. 오늘 저녁은 우리 함께 시간을 보내자. 뭐 하고 싶어? 영화 볼까? 아니면 다른 거?" 그는 아내에게 사랑한다고 말하면서 오랜만에 같이 시간을 보내게 돼서 정말 좋다고 말했다. 그냥 하는 립서비스가 아니라 전부 진심이었다. 사실 그도 아내와의 오붓한 시간이 그리웠고, 아내가 그런 말을 듣고 싶어 한다는 것을 너무나 잘 알고 있었다. 아내의 감정적 욕구가 채워지고 마음이 풀리면 모임에 가도 좋다고 할지 모른다는 생각을 안 한 건 아니었다. 하지만 그럴 가능성은 적을 것이고 아내와 집에서 시간을 보내도 정말 괜찮다고 생각했다.

그런데 잠시 후에 아내가 말했다. "음, 있잖아. 오늘은 친구들 만나러 가. 난 괜찮아."

돔은 공감이 얼마나 큰 힘을 발휘하는지 절실하게 느꼈던 터라 이 전략을 일터의 협상에서도 활용했다. 그의 세 개 사업체 중 하나는 자동차정비소인데, 때때로 보험사의 손해사정사와 수리비 견적을 합의해야 한다. 손해사정사의 목표는 정비업체가 제시하는 견적에 굴복하지 않는 것이다. 다시 말해 공감 전략이 안 먹힐 확률이 높다는 뜻이다.

돔의 정비소에 종종 오는 손해사정사가 있는데 둘은 늘 충돌하기 일쑤였다. 어느 날 그 손해사정사가 찾아왔다. 잔뜩 찌푸린 얼굴로 들어온 그에게는 적대적인 기운이 가득했다. 돔은 속으로 '좋아, 시작해볼까' 하면서 다가갔다. 그리고 손해사정사의 어깨에 팔을 걸치며 말했다. "이봐요, 우리 이제 이런 분위기로 일하지 맙시다. 우리가 이렇게 만나는 이유는 다 고객을 위해서잖아요. 같이 협력해서 잘 좀 해보자고요."

손해사정사는 고개를 가로젓더니 "당신 때문이 아니에요. 내가 오늘 안 좋은 일이 있어서 그럽니다"라고 말했다. 손해사정사는 자기 아들 사진을 꺼내 보여주면서 아들이 끔찍한 사고를 당했다고 설명했다. 돔이 말했다. "그런데 왜 여기서 이러고 있어요? 어서 집에 가요. 가족들 옆에 있어줘야죠. 일 얘기는 내일 해도 되니 걱정 마요." 다음날 다시 찾아온 손해사정사는 이렇게 말했다. "어제는 정말 고마웠어요." 그의 진심 어린 말에 돔 또한 대답했다. "나도 어린 아들이 있습니다. 나라도 당연히 그렇게 했을 거예요." 두 사람은 몇 시간 동안 수리비 견적에 관해 얘기를 나눴다. 돔이 발휘한 공감 능력 덕분에 자연스럽게 협력하는 분위기가 조성됐고 둘 다 만족하는 합의점에 도달할 수 있었다.

존John 역시 돔과 비슷한 과정을 거쳤다. 존은 군인을 그만두고 나서 얼마 후 와튼스쿨 수업에 들어왔다. 그는 군에 있으면서 협상 스타일에 관한 윤리 규범을 체계적으로 배웠지만, 공감의 중요성에 대해선 별로 생각해본 적이 없었다. 그는 수업 중에 배우고 토론한 내용 일부를 아내와의 관계에서 활용해보기 시작했고, 졸업식 날 그의 아내는 내게 다가와 이 수업 덕분에 부부 관계가 훨씬 좋아졌다며 고맙다고 말했다. 존의 설명에 따르면, 두 사람은 대화할 때 '이유'를 이해하려고 예전보다 훨씬 더 노력한다. "설령 끝까지 의견 차이를 좁히지 못한다 할지라도 우리는 이렇게 말할 수 있죠. '당신 의견에 동의하지는 않지만 적어도 당신이 왜 그렇게 생각하는지는 알겠어.' 이런 접근법 덕분에 우리 둘 사이의 소통은 새로운 단계로 도약했습니다."

사모펀드운용사에서 부실채권을 담당하는 존은 이런 접근법을 업무에도 적용했다. "기업 대출의 채권자는 해당 기업의 재정 상황이 악화할 경우 담보물로 눈을 돌립니다." 예전에 존은 숫자에만 집중했을 뿐 그 뒤에 존재하는 사람에 대해서는 별로 생각하지 않았다. "이 분야에 오래 몸담은 다른 동료들도 대개 그런 마인드로 일했어요. '돈 갚아라, 안 그러면 우리가 담보물을 취득하겠다.' 이런 식이죠." 하지만 공감을 바탕으로 접근하자 훨씬 나은 결과를 얻을 수 있었다. "기업이라는 존재 뒤에 있는 사람들과 그 가족에게 주목하는 겁니다. 그들은 사업을 하며 먹고 살려고 애쓰다가 뜻대로 일이 안 풀려 대출금을 못 갚게 된 사람들일 뿐입니다."

존은 공감을 보여주며 협력하는 태도로 접근하면 그들의 대출금 상환 능력에 영향을 미친 변수들(예컨대 건강 문제)을 알게 된다고 말했다. "그러지 않으면 우리는 누군가가 심각한 병에 걸려 그의 사업체도 흔들리게 됐다는 걸 나중에야 알게 될 겁니다. 그런 건 재무제표나 다른 서류만으로는 알 수 없죠. 채무자가 대출금 상환이 어렵게 된 이유를 이해했을 때 상호 간에 더 나은 해결책을 찾을 수 있는 경우가 많았어요. 채권자와 채무자가 같은 배를 탄 운명공동체가 되어 협력할 수 있기 때문이죠. 어느 한쪽만 옳다고 보는 시각은 도움이 안 됩니다."

공감에도 수위 조절이 필요하다

협상에서 너무 많은 공감을 보이는 것은 강점이 아니라 약점이라고 여기는 이들이 많다. 그들은 효과적으로 협상하려면 감정이 없어야 한다고, 그러지 않으면 너무 많은 걸 양보하게 된다고 생각한다. 모의협상에서도 상대방에게 공감한 것이 무슨 잘못인 줄 여기는 학생들이 있다. 공감이 오히려 효과적인 협상을 방해한다고 믿는 것이다. 하지만 그런 생각은 완전히 틀렸다. 실제로 최고의 협상가들 중에는 공감 능력이 뛰어난 이들이 많다. 공감 능력이 뛰어난 사람은 상대방이 원하는 것을 효과적으로 파악한다. 결국 공감 능력은 정보 수집을 위한 최고의 무기다.

협상가의 공감 능력이 문제가 되는 건 상대방에게 감정을 지나치게 이입한 나머지 그 사람의 문제를 마치 자기 문제인 양 착각할 때뿐이다. 앞서 소개한 돔은 "공감은 최선을 다해 타인과 협력하기 위한 하나의 방법입니다. 그렇다고 무조건 퍼주기만 하는건 멍청한 짓이에요"라고 말한다. 공감을 하되 적절한 객관적 거리를 유지할 수 없으면 오히려 협상을 망칠 수 있다. 2장에서 소개한, 중고차를 사러 갔던 에밀리가 바로 그런 경우였다. 그녀는 '이 딱한 딜러가 여자친구와의 저녁 약속에 늦게 생겼네. 그러면 얼마나 속상할까' 하면서 어쩔 줄 몰라 했다. 이런 사람은 적절한 선을 긋지 못해서 결국 자신에게 손해가 되는 결정을 내린다. 이들은 타인에게 지나친 감정 이입을 하면서 정작 '자기 자신'에게는 공감하지 않는 셈이다. 이들은 상대방의 욕구와 자신의 욕구를 동시에 충족시킬 수 없다고, 상호배타적인 것이라고 착각한다. 그러나 자신의 욕구도 함께 살피지 않고서는 최선의 협상 결과에 이를 수 없다.

나는 회사를 운영하면서 그 교훈을 뼈아프게 배웠다. 회사 상황이 어려워져 직원들을 내보내야 할 때 정말 힘들었다. 그들이 얼마나 상심할지 걱정돼서 밤잠까지 설쳤다. 나는 공감 능력이 협력적인 사내 문화를 만드는 데 꼭 필요하다고 믿었지만, 직원들에 대한 내 공감은 적절한 선을 넘고 있었다. 이미 악화한 회사 재정 상태에 불필요한 부담을 주게 되더라도 감원을 미루고 다른 방식으로 상황을 해결해야 한다고 느꼈다. 나는 직원들이 겪을 괴로움을 마치 내 것인 양 생각했다.

많은 리더가 나와 비슷한 경험을 한다. 그들은 고민한다. '직원들에게 충분히 공감하고 신경 써주면서도 회사 운영에 부담을 주지 않으려면 어떻게 해야 할까?' 내 수업을 들은 사우디아 Saudia도 그런 리더 중 하나였다. 그녀는 청소서비스회사를 운영하고 있다. 이 회사의 직원 대다수는 그녀의 어머니, 할머니와 같은 상황에 처한 여성들이다. 즉 싱글맘이거나 이민자고, 교육수준이 낮고 경제적 취약 계층이다. 그래서 사우디아는 직원들에게 큰 책임감을 느끼고 있다. 첫 월급을 줬을 때 직원 한 명이 은행으로 달려가 어머니의 수술비를 송금하는 모습을 보고 책임감이 더 커졌다. 그녀는 회사의 성공이 직원들의 삶에 미치는 영향을 늘 절실하게 느낀다.

언젠가부터 사우디아는 일을 너무 못하는 직원 때문에 고민에 빠져 이 문제로 자기 자신과 협상에 협상을 거듭했다. 이 직원을 해고하면 전체적인 업무 성과가 올라갈 것은 분명했다. 하지만 권고사직을 순순히 받아들이기 어려울 테고, 그녀에게는 부양해야 하는 가족도 있었다. 사우디아는 이 직원을 해고했을 때의 상황에 대해 찬찬히 생각했다. 고용주인 자신이 어떤 말을 해도 이 직원은 화를 낼 것이 분명했다. 사우디아는 예상되는 모든 결과와 영향을 몇 번이고 생각해본 후에 결국 그 직원을 내보내기로 했다. 그래야 마땅했다. 그 직원을 해고하지 않으면 회사 재정에 부담이 된다는 점, 다른 수많은 직원이 리더인 그녀에게 의지하고 있다는 점, 개인적으로는 모두를 끌어안고 싶더라도 리더는 그래선 안 된다는 점에서 그녀는 자신과의 협상에서 적절한 타협점을 찾아낸 것이다.

사우디아는 "무엇보다도 나 자신과의 협상이 가장 힘든 부분입니다"라고 말한다. 그녀는 자신의 공감 능력을 활용하되 그것에 발목 잡히지는 말아야 한다고 믿는다. 그녀가 이런 깨달음을 얻게 된 것은 직원 해고 사건 이전에 보모와 관련해 내면의 갈등을 겪으면서였다. "보모를 고용했는데 일이 서툴렀습니다. 나는 그녀를 내보낼 경우 일어날 상황들에 대해 생각해봤죠. 일단 우리 아이가 그녀를 몹시 좋아한다는 게 마음에 걸렸습니다. 또 새 보모를 구할 때까지는 내가 꼼짝없이 집에 있어야 한다는 점도요. 내가 취해야 할 행동에 집중하는 대신 내 결정이 가져올 여파만 내내 생각한 거예요. 내 안의 또 다른 내가 이렇게 말했습니다. '이렇게 한번 생각해봐. 일을 훨씬 더 잘하는 새로운 사람을 구한다면 상황이 얼마나 더 좋아질까?' 그럴 경우 장점이 너무 많아서 보모 교체에 따르는 불편함을 충분히 감수할 만했습니다."

직원이든 보모든 해고할 때는 역시 마음이 편치 않았지만 사우디아는 자신의 판단이 옳았다고 믿는다. "나는 이걸 늘 잊지 않으려고 애씁니다. 지금까지 13년간 회사를 운영하면서 누군가를 해고한 일을 후회한 적은 없지만, 누군가를 더 빨리 해고하지 않은 것은 늘 후회했다는 점을요."

최후방 수비수로도 활약한 전직 풋볼 선수 존 린치John Lynch도 현재 자신의 일에서 공감하는 태도가 중요하다는 점을 잘 안다. 그는 팀에서 인정받고 싶다는 욕망으로 가득한 신인 선수의 마음을, 그리고 이제 은퇴를 생각할 시기라는 사실을 받아들여야 하는 노장 선수의 마음을 그 누구보다 잘 안다. 샌프란시스코 포티나이너스49ers의 단장을 맡은 그는 선수들의 옆이 아니라 맞은편 테이블에 앉아야 할 일이 많다. 선수와 그 가족에게 영향을 미치는 중요한 결정들을 날마다 내려야 한다. 본래 공감 능력이 뛰어난 그는 그런 자신의 장점을 이용해 구단에 보탬이 되고자 노력했다.

존은 내게 말했다. "몇 주 전에 드래프트로 데려온 선수들을 면담했습니다. 나는 그런 자리에서 오가는 대화가 그들이 꿈을 성취하는 과정에 영향을 미친다는 걸 잘 압니다. 나도 신인 시절을 겪어봤으니까요. 나는 그들에게 묻습니다. '나도 한때 선수로 뛰었다네. 그런데 자네, 프로 리그에 성공적으로 정착할 자신이 있나?' 그럴 때 신인들이 느끼는 기분을 저는 누구보다 잘 압니다." 그는 선수와의 계약 변동과 관련된 힘든 결정을 내려야 할 때면(그가 항상 겪는 일이다) 최대한 선수 입장을 헤아리며 그 내용을 당사자에게 알린다. 자신이 직접 혹은 팀 감독인 카일 섀너핸 Kyle Shanahan 이 방출될 선수를 직접 만나 얘기하는 걸 원칙으로 한다. "내가 선수생활을 했기 때문에 직접 눈을 보며 대화하는 게 중요하다는 걸 잘 압니다. 또 그들의 입장과 감정을 헤아리는 것과는 별도로 '이런이런 이유로 자네를 팀에서 방출하기로 한 거야'라고 진실을 있는 그대로 말하는 것이 중요합니다. 만일 그들이 '저 선수가 아니라 왜 하필 나죠?'라고 물으면 나는 '이 자리에서 저 선수 얘기는 할 필요가 없어. 대신 우리 구단의 입장을 설명하겠네'라고 대답합니다."

존은 자신이 은퇴를 고려할 시기인지 묻는 선수에게도 비슷한 접근법을 취한다. "나는 주저 없이 말합니다. 내가 모든 걸 다 아는 사람은 아니지만 일단 내 대답은 '그렇다네. 때가 된 것 같아' 입니다. 내가 그 선수 입장이라도 솔직한 대답을 원할 테니까요. 과거에 내가 선수였다는 사실이 그런 상황에서 꽤 도움이 됩니다."

구단을 대표해 협상 자리에 나갈 때도 선수 경험은 큰 도움이 된다. 그는 선수들이 원하는 것이나 힘들어하는 것, 두려워하는 것, 그리고 그들이 결정을 내리는 방식을 잘 알기 때문에 에이전트와 협상할 때 매우 유리한 위치에서 대화를 주도할 수 있다. 또한 그는 선수가 구단의 관점에서 상황을 바라봄으로써 전체 그림을 이해할 수 있게 이끈다. 그의 접근법은 공감 능력이 협상에서의 설득력도 높여준다는 점을 여실히 보여준다.

양보할 것은 양보하는 협상

이란 핵무기 프로그램을 둘러싼 협상이 오랫동안 교착 상태에 빠지자 이를 해결하기 위해 2015년 세계 주요국 대표들이 스위스에 모였다. 이 협상을 통해 이란이 핵 개발을 포기하는 대신 서방이 경제 제재를 푼다는 합의에 도달했다. 당시 많은 미국인은 미국이 충분히 세게 나가지 않았다고, 미국이 협상에서 얻을 수 있는 것을 다 얻지 못했다고 이 합의안을 비판했다. 몇 년 후, 핵 협정 타결의 주역이었던 이란 외무장관 모하마드 자바드 자리프Mohammad Javad Zarif는 당시 협상에서 어느 쪽도 완벽히 만족하지는 못했으며 그랬기 때문에 좋은 협상이었다고 강조했다. 그는 미국 뉴스채널 CNN의 파리드 자카리아Fareed Zakaria에게 이렇게 말했다. "나는 제로섬 게임이 바람직한 방식이라고 생각하지 않습니다. 우리의 합의는 양쪽 모두를 완벽하게 만족시키는 것이 아니었습니다. 그것이 문제가 될까요? 아닙니다. 그 어떤 훌륭한 협상도 완벽한 경우는 없으며 양측 모두에게 완벽한 거래 역시 없습니다. 완벽하지 않은 거래를 해야 양측이 합의와 이해에 도달할 수 있습니다. 합의안에는 우리 이란이 협상에서 원한 모든 것이 들어 있지 않습니다. 또 미국 측이 원한 모든 것이 들어 있지도 않습니다."

영국 BBC 다큐멘터리를 보면, 이란 핵 협상이 진행된 현장은 각국 대표가 모인 회의장이라기보다는 흡사 대학의 기숙사 같은 느낌을 풍겼다. 모두가 같은 호텔에 머물면서 계속되는 회의 때문에 밤낮을 가리지 않고 대화를 이어갔다. 미국 측 협상 책임자였던 웬디 셔먼Wendy Sherman은 때때로 이란 측 사람들과 같이 식사를 했다면서 관계를 구축하는 것이 중요하다고 강조했다. 공교롭게도 그녀와 이란 측 협상 책임자 두 사람은 협상 기간에 손자의 출생 소식을 들었고, 서로에게 자기 손자의 동영상을 보여주기도 했다. 둘은 서로를 똑같은 인간으로 바라봤다. 그렇다고 서로를 만만한 협상 상대로 봤다는 의미는 아니다. 웬디는 말했다. "그 사람에게는 자기 나라의 국익을 지켜야 할 책임이, 내게는 우리 나라의 국익을 지켜야 할 책임이 있었습니다."

공감의 힘을 이용한다는 것은 때로 양보할 부분은 양보하는 것을 의미한다. 상대방에게 중요한 것이 무엇인지 이해하면 그가 무엇을 내놓을 수 있고 무엇을 내놓기 싫어하는지 알 수 있다. 당신이 뭔가를 양보하는 것은 상대방에게 굴복하는 것이 아니라 문제를 해결하는 과정이다. 당신에게 덜 중요한 것을 포기하고 대신 더 중요한 것을 얻으면 된다. 지혜롭게 양보하기 위해서는 반드시 자신의 욕구와 상대방의 욕구를 정확히 이해해야 한다. 그래야 어떤 부분을 양보하겠다고 제안하는 것이 의미 있고 효과적인지 알 수 있다.

협상 테이블에 뭔가를 남겨두는 것, 즉 양보할 것은 양보하는 전략을 흔히 '윈윈$_{win-win}$' 협상이라고도 한다. 하지만 오해의 소지가 있기 때문에 이 표현은 최대한 신중하게 사용해야 한다. 윈윈이라는 말은 양측이 원하는 것을 모두 얻는다는 뉘앙스를 풍기지만 사실은 그렇지 않기 때문이다. 윈윈은 양측이 대화를 시작하기 전보다 더 만족스러운 '기분'을 느끼며 협상을 끝내는 것을 의미한다. 양측이 바라던 것을 전부 얻지 못할 수도 있지만, 각자에게 가장 중요한 욕구는 충족시키되 상대적으로 덜 중요한 부분은 양보하는 것이다.

이런 협상에서는 '모두'를 위한 방향으로 대화가 잘 진행됐다는 기분을 느낀다. 양측의 기대치가 충분히 다뤄지면 어느 쪽도 패자가 됐다고 느끼지 않는다. 여기서 '기분'이라는 말에 주목하라. 당신은 최대한의 금전적 이득을 얻었지만, 상대방은 화가 나거나 억울한 기분으로 협상 테이블에서 일어난다면 그것은 성공한 협상이 아니다. 앞으로 그 사람과의 업무상 관계는 어쩔 것인가? 당신이 얻게 될 평판은 어쩔 것인가? 당신이 치러야 할 대가는 한둘이 아니다. 당신만 협상 테이블에서 잘해냈다는 기분을 느낄 것이 아니라 상대방도 똑같은 기분을 느껴야 한다.

원원 협상에서는 감성지능이 매우 큰 역할을 한다. 상대방이 대화 흐름이나 특정한 지점을 어떻게 해석하고 거기에 어떻게 반응하는지, 얼핏 '순조로운' 협상처럼 보이는 것을 상대방이 어떻게 다른 식으로 해석할 수 있는지 당신이 알아챌 수 있어야 한다는 얘기다. 예컨대 첫 제안과 관련된 반응을 관찰한 연구에 따르면, 첫 제안이 곧바로 받아들여지는 경우 그 제안을 한 사람은 협상 결과에 대한 만족도가 줄어들었다.[26] 그 이유는 협상이 끝나자마자 이런 생각이 들기 때문이다. '더 많이 불렀어도 되는데 내가 가격을 너무 낮게 부른 것 아닐까?'

스포츠에이전트 밥 울프Bob Woolf 는 〈잉크Inc〉와의 인터뷰에서 "협상할 때 원하는 걸 다 얻으려고 하지 않고 양보할 건 양보합니다"라고 말했다. "선수와 연봉 협상을 할 때 지나치게 밀어붙여서 구단 측 감정을 상하게 하면, 10퍼센트 더 인상을 받아낸 것이 별 의미가 없어질 수도 있습니다. 저쪽에서 눈 뜨고 강도질 당한 것 같은 기분을 느끼면 어떤 식으로든 분풀이를 할 테니까요. 내 고객인 선수가 분풀이를 당할 수도 있는 거죠. 구단에서 선수 생활을 하는 동안 부당한 불이익을 준다든지 하는 식으로요. 협상이란 결코 돈이 전부가 아닙니다."[27] 다시 말해 상대의 감정을 헤아리는 공감 능력이 없으면 양측 모두 만족하는 협상 결과를 만들 수 없다. 공감 능력이 없으면 상대방이 협상 결과에 진심으로 만족하는지 아닌지 어떻게 알겠는가?

프린트프레시스튜디오Printfresh Studio의 공동창립자이며 자신의 이름을 내건 의류사업도 하는 에이미 볼로신Amy Voloshin은 의류원단업계의 떠오르는 스타다. 그녀는 사업을 운영하면서 "최고의 시나리오는 당사자 모두 만족스러운 기분으로 협상을 마무리하는 것"임을 깨달았다고 말한다. 그녀는 연봉 협상을 하는 경우에 대해 이렇게 말한다. "상대에게 이메일 한 통 보내는 것으로 끝내서는 안 됩니다. 그 사람의 입장과 감정을 제대로 알아야 협상 과정이 순조로워집니다. 물론 우리가 줄 수 있는 연봉의 상한선도 고려해야겠지만 겨우 1,000달러 차이라도 직원 입장에서는 만족도가 크게 다릅니다." 그들은 곧 그녀의 팀원이 될 사람들이다. 따라서 그녀는 그들이 협상을 마무리하며 자신의 욕구가 충족됐다는, 가치를 인정받았다는 기분을 느끼길 바란다.

공감을 토대로 한 양보는 장기적 관계에만 이로운 것이 아니라 즉각적인 효과도 낸다. 그리스의 아테네대학교 카랄람보스 블라쿠치코스Charalambos Vlachoutsicos 교수는 공감의 태도로 접근한 전략 덕분에 회사의 위기를 넘긴 경험을 〈하버드 비즈니스 리뷰Harvard Business Review〉에 소개했다. 과거에 그는 전기설비 재판매사업을 하면서 해당 제품을 인도에 있는 회사로부터 납품받았다. 그의 회사는 인도 회사의 견적을 받은 뒤 그 견적을 토대로 고객에게 판매할 가격을 책정하고 계약도 맺었다. 그런데 몹시 난감한 문제가 생겼다. 인도 회사 측에서 최초 견적가로 진행할 수가 없으며 그보다 40퍼센트나 '높은' 가격을 받아야 한다고 연락이 온 것이다.

그렇게 되면 회사가 큰 손해를 입는 것은 물론이고, 신용도 바닥으로 떨어질 게 분명했다. 고객에게 이미 책정한 금액보다 더 많은 돈을 내야 한다고 말하면 어떤 반응을 보일지 충분히 예상할 수 있었다.

이 문제를 어떻게 해결해야 할까? 인도 회사에 언성을 높이며 항의하는 방법도 있었다(실제로 그런 상황은 벌어졌고, 아무 소득도 없었다). 법적 조치를 고려할 수도 있었다. 하지만 국제 소송까지 벌이는 것은 결코 바람직한 방법이 아니었다. 고심 끝에 블라쿠치코스는 이해와 공감이라는 접근법을 택하기로 했다. 그래야 양측 모두 공생할 수 있는 해결책을 찾는 데 도움이 될 것 같았다. 그는 비행기를 타고 직접 인도로 날아가 그쪽 담당자들을 만나 최대한 열린 마음으로 대화를 시도했다. 어째서 견적가를 올렸는지 물으니, 회계 부서에서 자재 원가를 잘못 계산하는 실수를 했다고 해명했다.

블라쿠치코스는 뭔가 타당한 이유를 제시하지 않는 한 저쪽에서 입장을 바꾸지 않겠다는 생각이 들었다. 또 인도 회사 측에서는 잘못된 견적 때문에 그의 회사가 얼마나 큰 손실을 감수해야 하는 상황인지 실감하지 못하고 있었다. 양측은 납품가 인상이 가져올 결과들에 대해 충분히 대화를 나누면서 거래를 파기하지 않고 상황을 해결할 방법이 있을지 숙고했다. 블라쿠치코스는 인도 회사 측에 "귀사가 융통성을 발휘해 가격을 적정선으로 조정해준다면 그리스 시장을 계속 유지할 수 있을 뿐 아니라(만일 계약이 결렬되면 그러기 힘들어진다) 유럽의 다른 지역에도 진출할 수 있는 발판이 되지 않겠습니까? 이 거래를 일회성 거래가 아니라 하나의 투자로 생각해보십시오"라고 설명했다. 결국 양측은 최초 견적가보다 10퍼센트 높은 가격에 거래하기로 합의했다.

블라쿠치코스 회사로선 고객에게 판매하는 금액에 납품을 받는 것이기 때문에 딱 본전을 챙길 수 있는 금액이었다. 블라쿠치코스는 이렇게 말했다. "무사히 합의에 도달할 수 있었던 것은 우리가 진지하게 인도 회사의 입장을 고려하며 계약이 파기될 경우 그들이 겪을 잠재적 손실을 따져봤기 때문입니다. 우리의 입장과 이해관계만 내세우지 않고 그들이 겪을 리스크와 잃게 될 기회들에 대한 객관적인 분석을 제시했습니다." 다시 말해 블라쿠치코스는 협상 상대인 '인도 회사'의 입장을 충분히 고려하면서 대화를 이끌어갔다. "게다가 우리가 이익이 남지 않는 납품가를 수용함으로써 양측 모두 양보를 하게 됐다는 사실이 협상 결렬을 막는 데 중요한 역할을 했습니다."[28]

공감 능력은 모든 협상가에게 없어서는 안 될 무기다. 인질협상 전문가든, 오바마 같은 정치인이든, 어떤 협상가든 마찬가지다. 공감이 협상에 방해가 된다는 오해는 당장 머릿속에서 떨쳐내라. "나는 남한테 감정 이입을 너무 잘해서 협상을 잘하기 어려워요"라고 말하는 학생이 더는 나타나지 않았으면 좋겠다. 그건 완전히 착각이다. 타인에게 공감하는 능력을 키우되, 자기 자신의 욕구와 감정도 공감을 통해 잘 돌봐야 한다는 사실만 잊지 마라.

상대의 눈빛이나 미소, 몸짓을 읽는 능력은 협상에
매우 큰 도움이 된다. 어떻게 그 모든 정보들을 읽을 수 있을까?
어렵지 않다. 우선 그 순간에, 지금 여기에 집중하라.

Lesson 7

지금, 여기에 집중하는 힘

나는 강단에 처음 섰을 때 학생들에게 설명할 내용만 생각하느라 내가 말하는 방식에는 신경 쓸 겨를이 없었다. 더욱이 나는 강의실에 들어갈 때마다 나름대로 세워놓은 수업 계획에서 벗어나지 않으려고 애썼다. 이제 가르치는 일을 한 지 15년쯤 됐다. 지금은 나 스스로 정해놓은 엄격한 규칙을 전부 없앴고, 대신 학생들과 함께 있는 그 순간에 집중한다. 이 방식은 꽤 놀라운 결과를 가져온다.

나는 36~48명쯤 앉아 있는 강의실에서 학생들의 모든 것을 알아차릴 수 있다. 평소 밝았던 학생의 얼굴이 어두워진 것도 알아채고, 휴대폰을 만지작거리거나 뭔가 불안해 보이는 학생도 알아챈다. 매 순간 눈앞의 현재에 최대한 충실하면서 호기심을 갖고 학생들에게 집중한다. 나는 수업을 시작하기 전에 강의실 안 분위기와 에너지를 살피고 학생들의 마음과 정신 상태가 어떤지 감지한다. 수업을 하는 세 시간 동안 나는 오로지 그곳에만, 학생들이 있는 그 강의실에만 존재한다. 어떤 마음속 짐이나 걱정이 있더라도 일단 강의실에 들어가면 다른 어떤 것도 생각하지 않는다. 그런 짐은 전부 강의실 문밖에 놔둔다. 이렇게 집중하는 태도 덕분에 내 수업이 강하게 기억에 남는다는 얘기를 자주 듣는다.

나는 명상가도 요가 수행자도 아니다. 요가 매트에 앉아 있는 것보다는 헬스클럽에서 실내 자전거를 타며 땀을 흘리거나 번잡한 공항의 인파를 뚫고 달리기하는 모습이 목격될 가능성이 더 크다. 그러나 나는 '현존presence', 즉 '지금 여기에 존재하는 것'이 매일의 삶에서 만족을 경험하고, 인간관계를 개선하고, 협상에서 성공하기 위한 최고의 방법임을 굳게 믿는다. 지금 여기에 존재하는 법을 알지 못하면 열린 마음을 가질 수도, 상대에게 공감할 수도 없다. 이 세 가지는 떼려야 뗄 수 없는 관계다. 지금 여기에 존재해야만 상대의 감정과 반응, 주변 환경을 제대로 읽어낼 수 있다. 지금 여기에 존재해야만 필터를 통해 거르지 않고 모든 정보를 있는 그대로 받아들일 수 있다. 협상에서는 '모든 것'을 읽어내는 기술이 핵심이며, 바로 '현존'이 그것을 가능하게 해준다.

더욱이 지금 여기에 집중하지 않으면 감성지능도 작동하지 않기 때문에 타인의 마음 상태를 제대로 이해할 수 없다. 협상에서 감성지능이 슈퍼파워라면, 지금 여기를 떠나 있는 마음은 크립토나이트_{kryptonite}(만화 캐릭터 슈퍼맨의 능력을 약화시키는 물질-옮긴이)와 같다. 때때로 가장 중요한 정보는 말로 표현되지 않는다. 미소, 찌푸린 이맛살, 불편한 듯 자세를 고쳐 앉는 모습, '노'라고 말하면서 고개를 끄덕이는 행동 등등 상대와 마주하고 있는 지금 여기에 온전히 집중해야 큰 그림의 맥락에서 이런 미묘한 신호들을 포착할 수 있다.

지금 여기에 집중하지 않으면 당신 자신이 긴장하거나 불안해하거나 마음속에 화가 일어나는 것 역시 알아차리기 힘들다. 협상을 망칠 수도 있는 발언을 해서 후회하지 않도록 잠깐 쉬면서 마음을 진정시킬 필요가 있다는 사실을 깨닫기도 어렵다. 대화중에 당신의 몸이 보내는 신호도 자각하지 못할 수 있다. 예컨대 초조하게 펜으로 책상을 톡톡 두드린다든지, 목소리가 날카로워졌다든지, 얼굴이 붉어졌다든지 하는 것들 말이다.

미국을 대표해 고위급 협상 자리에 나갔던 웬디 셔먼은 상대편인 이란 외무장관 자바드 자리프에 관한 모든 것을 읽어냈다고 말한다.[29] 그녀는 저서에 이렇게 썼다. "시간이 지나자 나는 자리프가 어떤 극적인 제스처를 취할 때 그것이 특정한 효과를 노린 것인지 아니면 정말로 흥분한 것인지 구분할 수 있었다. 그를 '자바드'라고 부르면서 부드럽게 달래는 톤으로 나가야 할지, '장관님'이라는 호칭을 사용함으로써 내가 감정이 상한 상태이고 그의 과장된 제스처에 넘어갈 생각이 없다는 것을 알려줘야 할지 판단할 수 있었다."

상대의 눈빛이나 미소, 불편한 몸짓을 알아차리는 능력은 협상에 매우 큰 도움이 된다. 협상 분야의 석학인 맥스 베이저먼Max Bazerman은 "보이는 것이 전부가 아니다"라고 말했다. 그런 점에서 우리는 '제대로 보는' 방법을 터득해야 한다. 모의협상에서도 그 순간에 집중하지 못하고 딴 데 정신이 팔린 학생들은 꼭 알아야 할 정보를 놓침으로써 협상력에서 밀려난다. 지금 여기에 집중하기 위해서는 의식적인 노력과 지구력이 필요하다. 현대인의 주의력 지속 시간이 금붕어보다 못한 약 8초라는 연구결과가 있다.[30] 그런데도 현재에 집중하는 일이 '어렵다'는 사실을 받아들이는 사람은 그리 많지 않은 것 같다.

멀티태스킹이 일상화된 초연결 시대에는 지금 여기에 온전히 집중하기가 더욱 어렵다. 밥을 먹으면서 문자를 보내는 등 두 가지 일을 동시에 하는 습관이 몸에 밴 사람은 타인과 의미 있는 방식으로 연결되는 것에 어려움을 느낀다. 타인과 대화를 나눌 때 그들의 마음 상태를 알려주는 신호를 잡아내지 못하고 놓쳐버리기 때문이다.

대부분 회사가 그렇듯 메리 엘런 슬레이터의 콘텐츠마케팅회사에서도 많은 업무를 이메일로 처리한다. "업무 특성상 통화를 하며 상대방 생각을 읽거나, 이메일의 내용만으로 상대방 의도를 읽어내야 하는 경우가 많습니다. 누군가를 직접 만날 기회가 생기면 무조건 나갑니다. 특히 중요한 계약인 경우에는요. 만나서 최대한 많은 정보를 얻어야 하니까요. 마주 앉은 다음에는 휴대폰도 보지 않고 다른 짓은 절대 안 합니다. 내 고객들이 내리는 결정은, 설령 그 고객이 대기업이라 할지라도, 결국엔 사람이 하는 결정입니다. 따라서 그들의 감정 상태를 최대한 정확하게 읽어내야 해요."

지금 여기에 온전히 존재하면서 집중하는 능력에 대해 가르치면서 나 역시 그런 능력이 더욱 향상됐다. 나는 수업할 때 학생들에게 '세상에서 지금 내가 있는 여기보다 더 중요한 곳은 없고 지금 나누고 있는 대화보다 더 중요한 대화는 없다'라는 보이지 않는 메시지를 끊임없이 보낸다. 그런 마음가짐으로 수업을 하면 그들의 눈높이에서 이해할 수 있고, 그들에게 제대로 반응할 수 있다. 또 그들이 기꺼이 경청하고 싶은 마음이 드는 내용으로 수업할 수 있게 된다. 지금 여기에 집중한다는 것은 결국 상대방을 존중한다는 신호이며, 그만큼 충실하게 집중하면 나도 상대방에게 똑같은 집중을 기대할 자격이 생긴다.

지금 여기에 존재하고 집중하려는 노력이 강의실에서만 필요한 것은 아니다. 나는 강의하러 가거나 돌아오는 길에도 그 시간을 온전히 느끼고 집중하려고 노력한다. 보통 우버Uber나 택시를 이용하는데, 차에 타면 휴대폰을 가방에서 꺼내지 않고 목적지까지 가는 동안 몸과 마음을 온전히 현재에 집중하려고 노력한다. 솔직히 처음에는 우버 기사의 승객 평가에서 높은 별점을 받고 싶은 경쟁심 때문에 그렇게 했다. 쉼 없이 떠들거나 휴대폰만 보는 승객을 기사들이 싫어한다는 것을 알았기 때문이다.

그렇게 혼자만의 게임으로 시작했지만, 시간이 갈수록 차 안에서 꽤 멋진 시간을 보낼 수 있음을 알게 됐다. 요즘에는 우버 기사에게 고향이 어딘지, 어떤 삶을 사는지 물으며 가볍게 대화를 나눈다. 창밖 풍경을 보다가 처음 보는 건물을 발견하기도 한다. 한번은 우리 동네에 못 보던 건물이 있기에 요즘 새로 지은 것이냐고 기사에게 물어보니 예전부터 그 자리에 있었는데 내가 못 본 모양이라고 했다. 때로는 기차역으로 가면서 이왕이면 풍광이 좋은 길로 가달라고 부탁한다. 정신없이 집에서 나와 또다시 정신없이 기차역으로 들어가기 전까지, 그사이의 시간만이라도 창밖 풍경을 천천히 음미하고 싶어서다. 혹여 누군가에게 전화가 오면 받지 않거나, 빨리 기차를 타러 가야 해서 길게 통화할 수 없다고 말하고 끊는다. 그건 어쨌든 거짓말이 아니다. 나는 '정말로' 기차역으로 가는 중이니까. 언제 어디서든 지금 여기에 온전히 집중하는 그 시간이 내게는 꽤 소중하다.

비행기에서도 비슷하다. 자리에 앉자마자 노트북을 켜거나 책을 펼치는 대신에 창밖으로 눈을 돌려 일출이나 일몰을 감상한다. 일 때문에 수시로 비행기를 타야 하는 것이 내게는 짜증 나는 일이 아니라 선물이다. 창밖 풍경을 눈에 담으며 마음속으로 평온함과 감사함을 느낀다. 아마 주변 사람들은 창밖 풍경에 넋이 나간 나를 보며 '비행기를 처음 탔나봐'라고 생각할 것이다. 하지만 나는 항공사 세 곳과 전미여객철도공사에서 각종 혜택을 받는 엘리트등급 회원이다. 나는 다만 지금 여기에 충실하게 존재하는 법을 배웠기에, 미친 듯이 바쁜 삶 속에서 느끼는 고요함이 얼마나 감사한 것인지 알기에 그 순간에 매혹될 수 있는 것이다.

이번 장에서는 지금 여기에 집중하는 일이 왜 어려운지, 그리고 그것이 왜 중요한지 살펴볼 것이다. 물론 휴대폰과 같은 전자기기도 큰 방해 요인 중 하나이지만 그것이 다는 아니다. 상대방의 말을 경청하기 어려운 이유 중 하나는 마음속으로 자신이 할 말을 생각하고 있기 때문이다. 하지만 현재에 집중하기 위해서는 '마음챙김 경청mindful listening', 즉 생각과 판단을 중지하고 오직 지금 존재하는 자신과 상대에게 마음을 집중시키며 경청하는 것이 필요하다. 마지막으로는 협상 테이블에서 감정을 다스리는 방법에 대해 볼 것이다. 가족과 의견 충돌이 있을 때든 비즈니스 거래에서든 감정을 제대로 관리해야 만족스러운 협상을 할 수 있다.

휴대폰에서 벗어나지 못하는 사람들

운 좋게도 나는 오바마 대통령이 퇴임 전 주최하는 백악관 파티에 초대받아서 조카를 데리고 참석했다. 들어가기 전 보안 검색을 했는데 휴대폰은 갖고 들어갈 수 없었다. 조카는 당황스러워했다. "후유, 최악이네요. 내가 여기 왔다는 걸 아무도 안 믿을 걸요." 나는 어쩔 수 없지 않느냐며 조카를 달랬다. 우리는 바깥에 서서 인증샷을 찍고 휴대폰을 맡긴 뒤 안으로 들어갔다.

유명 인사들이 대거 참석한 화려한 파티였다. 파티의 문을 연 것은 어셔Usher, 더 루츠the Roots, 데 라 소울De La Soul, 질 스콧Jill Scott의 멋진 공연이었다. 우리는 마치 딴 세상에 와 있는 기분이었다. 휴대폰과 파파라치에서 벗어난 데이브 샤펠Dave Chappelle, 브래들리 쿠퍼Bradley Cooper 같은 스타들도 사람들과 편안하게 어울렸다. 조카는 처음엔 평소답지 않게 수줍어하며 그 자리를 어색해했지만, 내가 데이브 샤펠을 소개하자 농구팀 골든스테이트워리어스Golden State Warriors의 팬이라는 공통점을 발견하고는 신나게 대화를 이어갔다. 행사장에는 연신 음악이 흘렀고 맛있는 음식과 음료도 부족함 없이 제공됐다. 모두가 평생 잊지 못할 멋진 밤을 즐기고 있었다. 우리는 새벽 두 시가 돼서야 그곳을 나왔다. 집에 돌아가는 길에 조카는 말했다. "휴대폰을 놔두고 들어가서 정말 다행이에요. 내 인생 최고의 밤을 보낸 것 같아요."

우리는 인스타그램에 너무 빠진 나머지 실제 삶의 순간들에서 멀어진다. 뭔가를 경험하고 있다고 '믿지만' 사실 우리는 그곳에 존재하지 않으며 필터를 통해 그 경험을 바라본다. 내 조카는 휴대폰이 없었기 때문에 공연에 몰입해 제대로 감상할 수 있었고, 평생 한 번 있을까 말까 한 경험을 만끽할 수 있었다. 아주 오랜만에 그는 온전히 지금 여기에 존재한다는 것이 무엇인지 느꼈다. 나 역시 소셜미디어를 애용하지만, 현장에서 인증샷 같은 걸

찍어 곧바로 올리는 건 하지 않는다. 사진을 찍어놨다가 나중에 시간이 날 때 추억을 떠올리면서 인스타그램이나 페이스북에 올린다. 내게는 인스타그램이 그때가 아니고선 즐길 수 없는 순간을 빼앗아가는 도둑이 아니라 추억으로 가는 통로다.

내 수업에서는 전자기기 사용을 금지한다. 노트북, 휴대폰, 태블릿, 심지어 스마트워치도 안 된다. 나는 수업에서도 강의실 밖 실제 협상 상황에서 실천해야 할 행동들을 그대로 재현해야 한다고 생각한다. 학생들은 온전히 지금 여기에 존재하고 집중하는 것을 경험해야 한다. 휴대폰이 눈에 보이는 곳에 있거나 주머니에서 진동하면, 또는 상대방이 하는 말의 요점을 노트북에 타자하느라 몰두하면, 집중했더라면 알아챌 수도 있는 신호들을 놓칠 확률이 높다. 이를 뒷받침하는 연구도 있다. 2017년의 한 연구는 심지어 사용자가 휴대폰에 주의를 기울이지 않아도, 비행기 모드로 돼 있어도, 혹은 전원이 꺼져 있어도 휴대폰의 존재 자체가 주의력을 분산시킨다는 사실을 보여줬다.[31] 우리 삶은 휴대폰에 너무 의존하고 있다. 늘 휴대폰이 "어서 나를 집어 들어요! 제발 한 번만 봐줘요!" 하고 외친다. 우리는 타인의 말을 듣고 있으면서도 제대로 듣지 않을 때가 많다. 또는 듣고 있더라도 눈으로 관찰해서 얻을 수 있는 중요한 정보를 놓친다. 게다가 자신도 모르게 상대방이 하는 말에 관심이 없다는 신호를 보내기도 한다.

어떤 학생은 전자기기 금지 규칙에 불만을 드러내기도 한다. 골드만삭스 '1만 중소기업' 프로그램 참여자들은 하루 24시간 휴대폰을 쥐고 있는 것에 익숙한 사업가들이다. 그들은 회사를 운영하기 때문에 멀티태스킹이 일상적이고 응당 그래야 한다고 느낀다. 어떤 학생은 내가 안 보고 있는 줄 알고 몰래 휴대폰을 꺼내 보기도 한다. 하지만 모든 전자기기에서 완전히 분리된 나는 그런 행동을 '100퍼센트' 알아챈다. 물론 나머지 학생들은 휴대폰 금지 규칙을 충분히 이해한다며 고개를 끄덕인다.

'마음챙김mindfulness'이라는 개념에 익숙하고 관련 글이나 연구결과를 읽어본 이들도 늘 휴대폰과 연결돼 있기는 마찬가지다. 미국인 2,000명을 조사한 2018년 연구에 따르면, 사람들은 '휴가를 가서도' 평균 12분마다 휴대폰을 확인한다.[32] 아름다운 햇살과 파도 소리와 시원한 공기를 만끽하고 나서도 여지없이 이메일에 접속한다. 이는 분명 뭔가 잘못된 것이고, 우리 모두 그 사실을 안다. 내 학생들은 '휴대폰 확인 안 하기'를 기꺼이 시도한다. 그런 실천이 필요하다는 것을 머리로는 이해하기 때문이다. 그러나 '지금 여기'에 집중하는 태도가 가져오는 결과를 직접 경험해야만 그 중요성을 진심으로 이해한다.

휴대폰 금지 규칙을 특히 힘들어했던 제임스James라는 학생은 "나는 항상 회사와 연결돼 있어야 해요"라고 말했다. "내가 봐도 확실히 문제가 있습니다. 휴대폰을 손에서 놓으면 마음이 불안해요. 사람을 만나도 마음의 절반쯤은 다른 곳에 가 있곤 합니다." 그는 세 살, 여섯 살짜리 두 아이의 아빠다. "같이 공원에 놀러 가면 아이들은 놀이터에서 놀고 나는 한쪽에 앉아 휴대폰으로 이메일을 처리합니다. 한두 시간 후에 확인해도 되는 것들인데도요. 거의 중독 수준이에요." 그는 수업시간에 휴대폰을 금지당하자 집중도가 크게 높아지는 것을, 대화 상대와의 교감이 훨씬 잘 이루어지는 것을 경험했다고 말했다. 그리고 타인과 대화하면서 집중하는 일이 꽤 피곤했으며 자신의 주의력 지속 시간이 얼마나 짧은지도 깨달았다고 했다.

제임스가 유독 심한 경우인가 하면 그렇지 않다. '두뇌와 읽기'라는 주제를 오랫동안 연구해온 과학자 매리언 울프Maryanne Wolf는 자신의 연구결과를 《책 읽는 뇌Proust and the Squid》와 《다시, 책으로 Reader, Come Home》라는 저서로 출간했다. 그녀는 후자의 책에 이렇게 썼다. "디지털 스크린으로 뭔가 읽을 때마다 주의력이 예전 같지 않음을 당신도 느껴봤을 것이다. 한때 좋아했던 책에 몰입하려고 해도 미묘한 뭔가가 빠진 것 같은 기분을 경험했을 것이다. 마치 환각지phantom limb(절단된 팔이나 다리가 아직 있는 것처럼 느끼는 증상-옮긴이)를 겪는 것처럼 과거에 책을 읽던 자신은 기억하지만, 자신을 벗어나 어딘가 다른 세계로 옮겨가는 즐거움을 느끼던 '세심한 영혼'은 불러오지 못한다."[33]

나는 일요일이면 두세 시간 동안 〈뉴욕 타임스〉를 처음부터 끝까지 다 읽고 나서 TV 풋볼 경기를 여유 있게 즐기곤 했다. 그런데 요즘은 수시로 주의력이 흐트러져 신문 읽는 시간이 훨씬 길어졌다. 요즘은 두 시간 이상 뭔가에 집중하기가 어려워서(머릿속에 이런저런 온갖 생각이 비집고 들어오는 탓이다) 밤에 풋볼 경기를 보면서 신문의 남은 부분을 읽곤 한다. 물론 바람직한 습관은 아니지만, 그나마 이런 나 자신을 자각하고 있어 다행이라 여긴다.

협상에서 주의력 부족이 가져오는 타격은 매우 크다. 나와 학생들의 대화에서 굉장히 빈번하게 등장하는 패턴이 하나 있다. 모의협상 결과를 듣다 보면, 인쇄물로 나눠준 자료에 담긴 핵심 정보를 놓친 학생들이 꼭 있다. 오렌지와 관련된 유명한 협상 훈련 사례를 예로 들어 설명하겠다. 이 이야기는 여러 버전이 존재한다. 일테면 로저 피셔_{Roger Fisher}의 《Yes를 이끌어내는 협상법 _{Getting to Yes}》에는 바구니에 남은 마지막 오렌지를 서로 갖겠다고 하는 두 아이가 나오고, 다른 자료에는 질병 치료약을 개발하기 위해 희귀종 오렌지를 확보하려는 두 회사가 등장하기도 한다. 어떤 시나리오에서든 한쪽은 껍질만 필요하고(아이의 경우 요리 때문에) 다른 한쪽은 과육만 필요하다. 협상 시나리오가 설명된 자료를 너무 성급하게 읽은 학생들은 이 핵심 정보를 놓치곤 한다.

나는 그런 실수를 한 학생에게 "어째서 협상할 때 오렌지 껍질을 얻는 것에 초점을 맞추지 않았어요? 당신은 과육이 필요 없잖아요"라고 묻곤 한다. 그러면 대개는 "나는 껍질만 필요한 게 아니라 오렌지가 통째로 필요했는데요"라고 응수한다. 내가 자료 내용을 상기시키면 그들은 확신에 차서 "제가 본 자료에는 그런 내용이 없어요"라고 말한다. 때로는 자료에서 해당 정보가 적힌 곳에 펜으로 동그라미를 그려주고 나서야 자신이 그 정보를 놓쳤음을 인정한다.

그러고 나면 지금 여기에 존재하고 집중하는 것이 중요하다는 설명을 훨씬 더 진지하게 받아들이기 시작한다. 모의협상을 거듭하면서 그들은 제대로 집중하지 않는 태도가 얼마나 치명적인지 깨닫는다. 그리고 의식적으로 노력하지 않으면 주의가 흐트러진 상태로 대화에 임할 때가 많다는 것도 깨닫는다.

협상 결과를 좌우하는 것은 무엇보다 관계와 공감이다. 휴대폰을 놓지 못하거나 마음이 다른 곳에 가 있으면 공감의 연결고리는 약해질 수밖에 없다. 나는 6장에서 협상에서 공감 능력이 얼마나 중요한지 설명했다. 그런데 연구에 따르면, 현대의 디지털 기술이 오히려 우리의 공감 능력을 떨어뜨리는 것으로 보인다. MIT(매사추세츠공과대학) 교수이며 《대화를 잃어버린 사람들 Reclaiming Conversation》의 저자인 셰리 터클Sherry Turkle은 인간이 대화와 교류를 통해 친밀함과 공감을 학습할 수 있다고 말한다. 하지만 전자기기 화면 속에서는 그것이 불가능하다고 얘기한다. 백번 맞는 말이다. 표정 읽는 법을 배우지 않고 오로지 이모티콘만 보며 산다면 걱정이 담긴 상대방의 미세하게 찌푸린 이맛살을 어떻게 알아챌 수 있겠는가?

현재 잘 나가는 콘텐츠마케팅회사를 운영하고 있는 메리 엘런 슬레이터는 이와 같은 교훈을 일터에서 활용하며 협상 방식에서 큰 변화를 경험했다. 그녀는 협상 준비 단계에서 상대방에 대해 최대한 많은 정보를 파악하려고 노력하지만, 일을 하다 보면 새롭게 알게 된 정보를 토대로 마지막 순간에 계획을 변경하거나 빠른 결정을 내려야 하는 상황에 부딪히기 마련이었다. 그녀는 지금 여기에 온전히 주의를 집중하는 법을 배우면서 그런 상황에서의 대처 능력이 훨씬 향상됐다고 했다.

그녀는 회의실에 들어온 고객을 보면 그날 논의할 프로젝트에 강한 의욕을 가졌는지 아닌지 알 수 있다고 말한다. "그들의 눈빛과 표정에서 알 수 있습니다. 메모를 적는 방식, 자세를 고쳐 앉는 모습에서도 프로젝트에 정말로 관심을 가졌는지가 보입니다." 만일 고객의 마음속에 두려움과 불안이 있는 게 보이면 그에 따라 전략을 바꾼다. "상대방 기분이 좋아 보이면 우리는 브레인스토밍을 시작합니다. 그러면 전에는 전혀 생각하지 못했던 대안이 나오곤 합니다. 그들이 마음에 들어 하는 것 같으면, 곧장 그쪽으로 추진하죠. 반면 고객이 좀 불안해 보인다 싶으면, 좀 더 차분하게 움직이려고 애씁니다. 이런 식으로 말하면서요. '이번 프로젝트 때문에 부담감이 크시다고 들었습니다. 이걸 세부적인 부분들로 나눠서 생각해보면 어떨까요?' 그러면 고객은 처음보다 긴장을 풀고 편안해하기 시작합니다. 물론 이런 대화의 최종 목적이 우리가 어떤 작업을 얼마의 비용에 진행할 것인지 합의에 도달하는 것임을 잊어서는 안 됩니다."

투명성 착각

내 친구 사만다_{Samantha}가 다니는 회사에서 새 관리자를 채용할 때의 일이다. 면접은 여섯 명으로 이뤄진 팀이 후보자와 마주 앉아 질문을 던진 후 나중에 상의하는 방식으로 진행됐다. 면접이 끝난 후 사만다와 동료들이 모여 의견을 교환할 때, 모두가 그녀에게 후보자의 어떤 점이 그렇게 마음에 안 들었느냐고 물었다. 그녀는 되물었다. "무슨 소리예요? 난 그 후보자 괜찮다고 생각했어요." 동료들은 "그럼 왜 그렇게 노려봤어요?"라며 그녀가 무섭게 쏘아보고 있었다고 입을 모아 말했다. 심지어 그녀의 표정을 흉내 내기까지 했다. 사만다는 충격을 받았다. "내가 '그런' 표정이었다고요? 난 그저 집중하고 있었을 뿐이에요. 그건 열심히 듣는 표정이었다고요." 사만다가 뒤늦게 깨달았듯 그녀의 집중하는 표정은 남들이 볼 땐 노려보는 표정이었다.

리더십 전문가이자 강연가인 캐럴 킨제이 고먼_{Carol Kinsey Goman}은 말했다. "몸동작과 표정은 보는 사람에 따라 다르게 해석된다. 당신의 의도는 별 상관이 없고 타인이 어떻게 해석하느냐가 관건이다." 사만다는 이른바 '투명성 착각_{illusion of transparency}'에 빠져 있었다. 이는 자신의 감정이나 생각을 굳이 설명하지 않아도 상대방이 마치 투명한 유리창으로 보는 것처럼 잘 알 것이라고 착각하는 현상이다. 실재하는 당신과 타인의 시선 속에 있는 당신은 서로 다른 존재다. 자기 생각과 의도를 정확히 전달하는 능력이 남달리 뛰어난 이들도 있다. 그러나 우리 대부분은 그런 능력을 키우기 위해 끊임없이 노력해야 한다. 여기에 도움이 되는 몇 가지 방법이 있는데, 물론 그 실천이 쉽지만은 않다.

첫 번째는 지금 여기에 존재하는 것이다. 지금 여기에 온전히 주의를 두고 자신의 감정과 표정을 분명하게 자각해야 한다. 또 상대방 말의 어조와 표정의 미묘한 변화를 통해 상대방이 당신의 말을 어떻게 받아들이고 있는지 자각해야 한다. 주변 사람의 피드백을 구하는 것도 좋은 방법이다. 사만다가 면접 전에 동료로부터 자신의 표정에 대해 피드백을 구했다면 어땠을까. 물론 면접 사건 이후에는 그녀도 달라졌다. 그녀는 그 다음 번 면접이 끝나자마자 동료에게 말했다. "나는 면접자에게 업무 강도가 꽤 높다는 걸 알려주되 무서운 표정은 짓지 않으려고 노력했어요. 내가 그렇게 했나요? 면접자가 내 말을 잘 이해한 것 같아요? 커뮤니케이션 능력을 더 키우고 싶은데, 어떤 점을 더 개선하면 좋을까요?" 이렇게 받은 피드백은 면접 때뿐만 아니라 동료와의 일상적인 회의 때도 도움이 됐다.

사만다의 커뮤니케이션 방식에는 개선할 부분이 많았다. 사실 그녀의 화난 듯한 표정은 면접 자리에서만 문제가 된 게 아니었다. 별로 마음에 안 드는 사람과 회의실에 마주 앉아 있을 때, 또는 회의가 너무 길어져서 속으로 짜증이 날 때 그런 표정이 더욱 두드러졌다. 펜으로 책상을 빠르게 두드리는 습관까지 있었다. 그녀는 이런 점을 자주 지적받았고 그때마다 의기소침해졌다. 얼마 후 사내 커뮤니케이션 교육에서 사만다는 좀 더 편안한 느낌과 열린 마음이 담긴 표정, 평온하고 깊은 호흡을 동반하는 몸동작을 연습할 수 있었다. 커뮤니케이션 강사는 그녀에게 말의 속도와 목소리 크기에 집중하고 대화 상대의 반응을 주의 깊게 살피라고 조언했다. 이후 사만다는 동료들에게 자신의 모습에 관한 구체적인 피드백을 요청하기 시작했다.

이런 종류의 비언어적 커뮤니케이션은 정치 영역에서도 중요하다. 미셸 오바마Michelle Obama는 자서전《비커밍Becoming》에 이런 일화를 소개했다. 미셸은 버락 오바마의 대선 캠페인 기간에 핵심 측근인 데이비드 액설로드David Axelrod와 밸러리 재럿Valerie Jarrett에게 만나자는 연락을 받았다. 당시 미셸은 그녀를 '사나운 무정부주의자'라고 비난하는 공화당 진영으로부터 거센 공격을 받고 있었다. 이런 공화당의 전략이 대중에게 먹히는 분위기였지만, 미셸은 이해가 안 갔다. 몇 달째 해오고 있는 자신의 연설이 청중에게 충분히 공감을 얻었다고 생각했기 때문이다. 그녀는 연설에 진실한 감정을 담았다고 생각했지만 '화를 낸' 적은 없었다. 미셸을 만난 액설로드와 재럿은 음을 소거한 채 연설 동영상을 틀었다. 미셸의 몸동작과 표정을 관찰하기 위해서였다.

미셸은 자서전에 이렇게 썼다. "그때 내 눈에는 열정과 확신에 차서 말하느라 잠시도 표정을 누그러뜨리지 않는 모습이 보였다. 연단에서 나는 많은 미국인이 힘든 시기를 보내고 있다는 점과 미국의 교육 및 의료 시스템에 불평등이 존재한다는 점을 자주 언급한다. 내 표정은 현재 미국이 직면한 문제들이 얼마나 심각한지, 우리 앞에 높인 선택이 얼마나 중요한지를 반영하고 있었다. 하지만 그 표정은 너무 진지하고 지나치게 엄숙했다. 적어도 사람들이 여성에게서 흔히 기대하는 표정을 고려하면 그랬다. 나는 남의 얼굴이라고 생각하면서 내 표정을 살펴봤다. 특히 누군가 적대적인 의도로 그런 내 표정을 이용하는 경우를 생각해봤다.[34]

미셸은 오바마 캠프에 합류한 컨설턴트의 충고를 적극적으로 받아들였다. "그는 내 장점들에 집중하라고, 내가 즐겁게 이야기할 수 있는 주제를 활용하라고 했다. 남편과 아이들에 대한 사랑, 일하는 엄마들에 대한 공감, 시카고 출신에 대한 자부심 같은 것 말이다." 그리고 컨설턴트는 평소 농담과 유머를 즐기는 미셸의 스타일을 자제하지 말라고, 다시 말해 솔직한 모습을 보여도 괜찮다고 조언했다.[35]

열정은 강력한 힘을 발휘한다. 당신을 움직이는 동기와 목표를 연설이나 협상에서 효과적으로 보여준다면 대단히 큰 설득력을 발휘할 수 있다. 다만 열정은 전염성이 강한 만큼 오해받을 소지도 크다. 열정이 적절하지 않은 방식으로 전달될 경우 강압적이거나 공격적이거나 비합리적인 무언가로 비칠 수도 있다. 분노할 권리가 없다는 얘기가 아니다. 누구에게나 당연히 분노할 권리는 있으며 미셸 오바마도 분노를 표현하고 싶은 다른 연설들에서는 기꺼이 그렇게 했다. 중요한 것은 자신이 말하는 내용을 타인이 어떻게 받아들이는지 제대로 이해해야 한다는 점이다. 자신이 의도한 메시지가 청중에게 전달되고 있는지 진지하게 점검해야 한다. 감정을 적극적으로 표현하되 적절하게 균형을 유지해야 한다.

　나는 협상에서 감정 표현을 권장하는 편이다. 진정한 교감과 교류에서 감정이 중요한 역할을 한다고 믿기 때문이다. 감정을 활용하되 효과적으로 표현해야 한다. 감정을 어떻게 표현하느냐에 따라 자기 생각을 제대로 전달할 수도 망쳐버릴 수도 있다. 자신의 말과 표정이 상대에게 어떻게 받아들여지는지 명확히 알고 있어야 유대감을 형성하고 영향력을 발휘할 수 있다.

온 마음을 다해 경청하기

　이 이야기는 초등학생들 사이에 유행하는 수수께끼다. 학년 초에 교내에서 어떤 사람이 살해된 채 발견됐다. 체육 교사는 그 시간에 운동장을 뛰는 학생들을 지켜보고 있었으므로 자신은 범인이 아니라고 말한다. 교장은 방문객들에게 학교를 안내하고 있었으므로 역시 자신은 범인이 아니라고 말한다. 수학 교사는 중간고사 답안을 채점하고 있었으므로 자신은 범인이 아니라고 말한다. 거짓말을 하는 사람은 누구일까?

　답은 수학 교사다. 그는 중간고사 답안을 채점했다고 했는데 사건이 일어난 건 학년 초였기 때문이다. 이 수수께끼는 중요한 정보를 얼마나 잘 파악하는지 알아보기 위한 듣기 능력 테스트인 셈이다. 마찬가지로 어떤 협상에서든 하나의 정보도 놓치지 않겠다는 마음으로 최대한 집중하고 세심하게 분석하는 것이 대단히 중요하다. 협상에서는 아무리 사소한 것이라도 중요하지 않은 정보는 없다.

경청은 전략적인 측면에서도 중요하다. 당신이 성의껏 귀를 기울인다는 느낌을 받으면 상대가 마음을 열 가능성이 더 커지기 때문이다. 상대가 마음을 열면 당신은 그에 대한 더 많은 정보를 얻을 수 있고 그만큼 더 깊이 이해할 수 있으며, 당신의 주장이 받아들여지려면 어떻게 접근해야 할지도 알 수 있게 된다.

'마음챙김 경청'이란 상대방의 '모든 말'에 집중하고 귀를 기울이는 것이다. 얼핏 보기엔 아주 쉬워 보이지만 사실은 그렇지 않다. 학생들은 수업 내용 중에 마음챙김 경청이 가장 어렵다고 토로한다. 내 수업에서 마음챙김 경험을 연습하는 방식은 이렇다. 먼저 각자의 파트너와 마주 보고 앉으라고 한다. 마음챙김 경청을 하려면 서로 눈을 볼 수 있는 자세가 중요하다. 그런 다음 한 사람이 5분 동안 자신이 하고 싶은 이야기를 한다. 주제에는 제한이 없다. 그날 겪은 일을 들려줘도 되고 저녁 메뉴로 생각 중인 요리에 대해 말해도 좋다. 자신이 소중하게 간직하고 있는 추억을 들려줘도 된다. 듣는 사람은 파트너가 하는 이야기에만 집중해야 한다. 파트너의 말에 뭐라고 반응할지, 잠시 후 자기 차례가 됐을 때 무슨 말을 할지 등을 생각해서는 안 된다. 듣는 사람은 애매한 부분을 다시 묻거나 후속 질문을 해도 되지만 상대방을 판단하는 말은 하지 말아야 한다. 심지어 긍정하거나 맞장구치는 말도 안 된다. 마음챙김 경청은 그저 상대방의 이야기를 받아들이는 것이다. 여기에는 상당한 집중력과 인내심이 필요하다.

아마도 당신은 협상을 하면서 마음챙김 경청을 해본 경험이 별로 없을 것이다. 경청이라고 하면 대개는 상대의 말에 맞장구를 치거나 동의를 표현하면서 적극적으로 듣는 것을 떠올린다. 나는 마음챙김 경청을 꾸준히 훈련하라는 권유를 자주 하는데, 이유는 그 훈련을 통해 집중력 근육을 단련할 수 있기 때문이다. 이는 마라톤 경기를 앞두고 근력 운동을 하는 것과 비슷하다.

경청의 힘은 우리가 생각하는 것보다 훨씬 크고 강력하다. 경청을 하기 위해서는 자기 생각을 통제하기 위한 의식적인 노력이 필요하다. 만일 당신이 상대방이 말하는 동안 자신이 다음에 할 말을 생각하고 있으면 그에게서 얻을 수 있는 중요한 정보를 놓칠 가능성이 크다. 스티븐 코비Stephen Covey 는 《성공하는 사람들의 7가지 습관The 7 Habits of Highly Effective People》에서 "대부분 사람은 이해하려는 마음으로 듣는 것이 아니라 대응하려는 마음으로 듣는다"라고 말했다. 어쩌면 이런 걱정이 들지도 모른다. '상대방이 말을 다 끝낸 후 뭔가 기대하는 표정으로 나를 쳐다볼 때, 듣는 데만 너무 집중한 나머지 대꾸할 말을 생각해놓지 않아서 난감하면 어떡하지?' 또는 상대방의 말이 끝난 후 둘 사이에 생겨날 침묵이 두려운 것인지도 모른다. 하지만 그래도 괜찮다는 사실을 기억하라. 상대방에게 어떻게 반응할지는 이야기를 다 듣고 난 후에 생각해도 된다. 괜한 불안감이 당신의 판단을 흐리게 놔두지 마라. "지금 하신 말씀에 대해 잠깐 생각해볼게요"라고 말해도 괜찮다.

나는 경청하는 법을 가르치면서 자연스럽게 나 자신의 듣기 능력에 대해 더 예민해졌고, 듣기 능력이 향상되면서 인간관계도 더 좋아졌다. 나는 예전보다 훨씬 더 빨리 사람들과 유대감을 형성한다. 내가 원래 내성적인 성격임을 고려하면 이는 꽤 의미 있는 결과다. 최근에 내 친구가 고위직 일자리를 잃었다. 그녀는 얼마 전부터 불길한 조짐을 느끼고 있었지만, 예상보다 훨씬 빨리 해고 통보를 받았다. 그 친구를 만나 한잔했는데, 아직도 그 충격에서 헤어나지 못하고 있었다.

나는 옛날에 직장을 잃었던 경험을 들려주고 싶은 충동이 일었다. 전에는 그 이야기를 한 적이 없었고, 나도 겪어본 일이라 친구 마음을 충분히 이해한다는 걸 보여주면 도움이 될 것 같았다. 하지만 그 충동을 의식적으로 가라앉혔다. 그때 필요한 것은 내가 떠드는 것이 아니라 친구의 말에 경청하는 것이었다. 게다가 우리 둘의 경험에는 중요한 차이가 있었다. 나는 당시 사회초년생이었지만 그 친구는 이미 경력이 한참 쌓인 상태였다. "나도 겪어봐서 네 기분을 너무 잘 알아"라는 말은 도움이 되지 않을 터였다. 어쩌면 그것도 사실이 아니다. 이야기를 충분히 듣기 전까지는 그녀의 기분을 제대로 안다고 말할 수 없다. 내 경험을 얘기하는 것은 공감대를 형성하지 못할 가능성이 컸다. 내가 할 말을 생각하는 것이 아니라 그녀의 말을 들어주는 것, 그 순간 그것이 내가 할 일이었다.

감정 다스리기

상대방 말을 경청하기 어려운 이유 중 하나는 불안과 걱정이 가득한 상태로 협상 테이블에 나가기 때문이다. 두려움에 휩싸이면, 즉 '투쟁 도피 반응_{fight or flight response}(긴박한 위험 상태에서 교감신경계가 작동하여 나타나는 반응으로, 빠른 방어 행동 또는 문제해결 반응을 보이기 위한 흥분된 생리적 상태-옮긴이)'에 관여하는 뇌 영역인 편도체가 활성화되면, 타인의 말을 경청하거나 집중하기가 사실상 불가능하다. 약간의 걱정과 긴장은 의욕적으로 협상을 준비하고 협상 도중에 기민한 감각을 발휘하는 데 도움이 된다. 그러나 두려움과 불안이 지나치면 명쾌한 사고를 할 수 없다. 당신은 협상을 위한 최적 상태가 되도록 내면 감정을 조절해야 한다. 정신의학자 빅터 프랭클_{Viktor Frankl}은 이런 말을 했다. "자극과 반응 사이에는 공간이 있다. 그 공간이 있어서 우리는 자극을 받은 후 어떻게 반응할지 선택할 수 있고, 그 선택에 자신의 성장과 자유가 달려 있다."

감정을 다스리는 데 가장 좋은 방법은 협상하기 '전에' 자신이 느낄 감정을 미리 충분히 숙지해보는 것이다. 간혹 누군가와 말다툼한 일이 떠올라 자다가 일어나 씩씩대거나 쉽사리 잠들지 못했던 경험이 있을 것이다. 협상 상황을 상상하며 씩씩대보는 것도 일종의 협상 준비다. 실제로 상대방과 마주 앉았을 때 자신이 그런 강렬한 감정을 갖고 대화하게 되리란 걸 미리 인지할 수 있기 때문이다. 당신은 그 강렬한 감정이 어떤 종류인지, 그 감정의 원인이 무엇인지, 협상에서 그것을 어떻게 최대한 이용할지 미리 알아둬야 한다. 원래의 당신 모습을 버리라는 말이 아니다. 감정을 최대한 적절히 조율한 상태가 되도록 준비하라는 얘기다.

만일 협상 도중 당신이 느낄 것 같은 주요 감정이 분노라면 특히 주의가 필요하다. 흔히들 분노가 협상에 유용한 감정이라고 믿던 시절도 있었지만, 그것은 전혀 사실이 아니다. 1997년에 나온 인상적인 연구결과에 따르면, 협상 당사자 한쪽이 분노의 감정을 가진 경우 양측 모두 나중에 다시 거래하고 싶은 마음을 덜 느꼈고, 양측 모두 이로운 결과에 덜 도달했으며, 분노한 쪽은 바로 그 감정 때문에 자신이 더 얻을 수도 있는 가치를 얻지 못했다.[36] 좀 더 최근의 연구에서는 사람들이 화가 난 상대와는 더 이상 협상을 이어가고 싶어 하지 않는 경우가 많다는 사실이 드러났다.[37]

회사의 이사회 의장인 앤Anne은 골치 아픈 문제를 겪고 있었다. 이사진 중 한 명인 멜리사Melissa가 번번이 불화를 조장하는 언행을 일삼았기 때문이다. 멜리사가 보내온 이메일은 다른 이사를 흥보는 내용으로 시작하기 일쑤였다. 이사진 모두가 좋은 의도를 갖고 자기 시간을 기꺼이 할애해 이사회 일을 하고 있었으므로 앤은 동료들을 보호하고 싶었고, 그럴수록 멜리사에게 더욱 화가 났다. 앤은 받은편지함에서 멜리사의 이름을 볼 때마다 혈압이 올랐다. 그러다 어느 날 멜리사와 다른 이사들이 이메일로 심각하게 싸움을 벌였고, 앤은 멜리사를 커피숍에서 따로 만나기로 했다. 속으론 정말 내키지 않았지만, 다 함께 건설적인 방향으로 나아가자고 멜리사에게 호소해볼 수 있지 않을까 싶었다.

약속 장소에 나가기 전, 앤은 멜리사가 자신의 화를 돋울 수 있는 시나리오와 경우의 수를 최대한 생각했다. 이사회 회의 때는 그런 일이 다반사였다. 그럴 때마다 앤은 멜리사의 발언을 제지한 다음 아예 회의에서 배제하곤 했다. 앤도 성격이 불같은 면이 있었고, 해결할 중요한 사안이 산적한 상태에서 골칫덩어리 구성원에게 인내심만을 발휘할 수는 없었다. 요컨대 앤은 커피숍에서의 만남이 최악의 분위기로 치달을 가능성이 없지 않다는 것을 잘 알았다. 하지만 이 만남의 궁극적 목적은 관계를 개선해 협력하는 팀을 만드는 것이었기 때문에 분위기에 휩쓸려 대화를 망칠 순 없었다.

앤은 멜리사가 적대적이거나 공격적으로 나오면 어떻게 대응할지 미리 생각을 해뒀다. 심호흡을 하고 테이블을 만지면서 마음을 진정시키자, 한 템포 쉬었다가 반응하자, 말할 때 내 목소리 톤을 점검하자 등 감정을 다스릴 수 있는 방법들을 떠올렸다. 그리고 커피를 마시면 예민해지고 말하는 속도가 빨라지는 편이므로 대신 허브차를 주문하기로 했다. 정말로 화가 나서 못 참겠다

싶으면 그녀가 좋아하는 유머 작가 데이비드 세다리스_{David Sedaris}의 글에 나오는 등장인물이 됐다고 상상하기로 했다. 즉 속으로 멜리사의 어리석음을 마음껏 비웃으면서 겉으로는 예의 바르게 행동하는 것이다.

때로 까다로운 사람을 다루는 최고의 방법은 최대한 사무적인 태도로 대화를 이어가는 것이지만, 앤은 일상적인 잡담과 근황 이야기를 나누는 편이 낫다고 판단했다. 묵직한 주제는 일단 잊어버리고 그녀가 하고 싶은 말을 하게 놔두기로 했다. 실제로 협상에 들어가기 전이나 협상하는 동안에 상대방과 친밀한 신뢰 관계를 형성하면 분노 같은 부정적 감정을 더 효과적으로 저지할 수 있다. 앤이 보기에 멜리사는 자기 말을 반박하지 않고 오랫동안 들어줄 누군가가 필요한 것 같았다. 앤은 멜리사가 긴장을 풀고 편안하게 느낄 수 있는 화제를 골라 친근하게 이런저런 질문을 던지며 30분쯤 대화한 후, 이사회와 관련된 좀 더 무거운 주제에 관해 얘기를 나눴다. 앤은 주로 멜리사가 얘기하게 놔두었다. 그리고 지금 여기에 집중해야 한다는 사실을 계속 상기했다.

이사회 회의 때는 멜리사의 말을 중단시켜야 할 때가 많았지만 지금은 그럴 필요가 없다는 사실도 떠올렸다. 그저 멜리사의 이야기에 귀를 기울이며 그녀를 관찰했다. 알고 보니 멜리사는 꽤 상처를 잘 받는 스타일이었다. 물론 본인이 직접 그렇게 말하지는 않았지만 그런 단서들이 분명히 보였다. 멜리사는 다들 자기를 싫어하는 것 같아서 지난번 이사회 회의에 참석하지 않았다고 무뚝뚝하게 말했다. 또 그녀는 한 이사를 우연히 만났는데 그가 자신을 반갑게 끌어안았던 이야기를 들려줬다. 그 말을 할 때의 표정을 보니 그 일이 그녀에게는 굉장히 인상 깊었던 게 분명했다. 앤은 멜리사와 함께하는 그 순간에 집중하면서 그녀와 함께 이사회에서 일한 1년 동안 알았던 것보다 더 많은 걸 알게 됐다. 멜리사는 내면에 불안감이 가득해서 안심할 수 있는 말을 듣고 싶어 했다. 상처받지 않고 안전하다고 느끼면 적대적인 표현 대신 진짜 생각을 이야기했다.

멜리사와 따로 만나 대화를 나눈 것은 그럴 만한 가치가 있었다. 그로써 멜리사가 변화한다면 이사회 회의에서 많은 시간을 절약해 중요한 의제에 효과적으로 집중할 수 있기 때문이다. 실제로 효과가 나타나긴 했는데, 다음번 회의 때 한 번뿐이었다. 이후 멜리사는 예전과 같은 비협력적인 태도로 다시 돌아갔다. 앤은 마음을 다잡고 다시 멜리사와 일대일 대화를 시도해볼 수도 있었지만 그럴 가치가 없다고 판단했다. 이사회 전체를 위해 다른 방향으로 결정하는 편이 낫다고 판단했다(안타깝지만 멜리사를 이사회에서 퇴출하는 것을 고려하기 시작했다).

협상을 하다 보면 대화를 이어가는 자체가 의미 있는 것인지 결정해야 하는 순간이 온다(이는 자기 의견을 굽힐 줄 모르는 고집스러운 가족과 정치를 주제로 대화를 나누기 전에도 필요하다). 요컨대 당신이 감정을 제대로 관리하고 다스릴 줄 안다고 해서 항상 그 능력을 활용해야 하는 것은 아니다. 때로는 대화를 중단하는 것이 가장 현명한 전략이 될 수 있다.

많은 협상가가 단지 협상을 위해 감정을 다스리는 데 그치지 않고, 명상을 통해 일상생활에서 자연스럽게 감정을 다스리고 현실에 집중하는 법을 익히려 한다. 포드자동차_{Ford Motor Company} 회장 빌 포드_{Bill Ford}, 세일즈포스_{Salesforce} 회장 겸 CEO 마크 베니오프_{Marc Benioff}, 코미디언 에이미 슈머_{Amy Schumer}, 허핑턴포스트_{The Huffington Post} 설립자 아리아나 허핑턴_{Arianna Huffington}도 모두 그런 의미에서 명상 예찬론자다. 그런가 하면 어떤 이들은 요가 수련을 하기도 한다. 내 수업을 듣는 컨설턴트인 줄리아_{Julia}는 말했다. "요가하는 시간은 내 삶에서 모든 스위치를 끄는 몇 안 되는 순간입니다. 남들이 나를 어떻게 생각할까 하는 걱정으로 머릿속이 꽉 찰 때가 있어요. 그러면 정말 의기소침해지고 마음이 산란해져요. 아주 비생산적이죠. 그래서 요가로 집중력을 기르는 것이 너무나 중요합니다." 마음을 다스리고 집중력을 키우는 것은 그녀의 삶 전반에 중요하지만, 협상에도 큰 도움이 된다. "중요하고 어려운 협상을 하다가 사무실에 남겨놓고 온 일들을 생각하면 안 되니까요. '아, 방금 그 말은 하지 말았어야 했는데. 분명히 저쪽에서 나를 멍청이라고 여길 거야' 하는 생각에 휩싸여서도 안 되니까요."

이렇게 평소 요가를 열심히 하는 줄리아에게도 쉽지 않은 일이 하나 있다. 그녀는 내면에서 자신에게 하는 말에 휩쓸리지 않고 그런 내면 독백을 마치 하늘의 구름이나 바다의 파도처럼 바라보기가 여전히 쉽지 않다고 토로한다. 이런 거리두기를 협상 전문가 윌리엄 유리William Ury는 '발코니에서 자기 자신 바라보기'라고 명명한 바 있다. 이는 현재의 상황에 대한 자신의 생각과 감정을 인지하되 약간의 거리를 두고 바라보는 것이다. '내게는 지금 이러이러한 생각과 감정이 있다'라고 자각은 하되, 빅터 프랭클이 말했던 자극과 반응 사이의 공간을 무시하고 곧장 행동하지 않도록 스스로를 자제하는 것이다.

줄리아는 이런 경험을 들려줬다. "지난주에 고객에게서 전혀 예상치 못했던 요청이 왔습니다. 고객의 거래처에서 내린 갑작스러운 결정 때문에 내부 상황에 변동이 생겨 우리와 맺었던 컨설팅 계약의 범위와 기간을 연장하자는 것이었습니다. 그럴 경우 여러 상황 때문에 이전까지와는 다른 작업 모듈을 이용해야 했지요. 이에 대해 고객은 만족하지도 고마워하지도 않더군요. 고객의 미적지근한 반응이 내 탓이라는 생각이 들었습니다. '어, 이게 아닌데. 예감이 안 좋아. 저쪽에서 계약을 파기하자고 할지도 몰라. 우리 컨설팅 방식이 마음에 안 드는 건가' 하고 머릿속에서 또 나 혼자만의 독백이 시작된 거죠."

그녀는 고객이 했던 말들을 하나하나 곱씹었다. 자신에 대해 고객이 안 좋은 생각을 할까 걱정됐고, 혹시 자신이 실수한 부분이 있을까 불안했다. "상상할 수 있는 모든 우려스러운 시나리오가 머릿속에 펼쳐졌습니다. 그럴 때는 내가 실제 상황과 다른, 또는 전혀 도움이 안 되는 생각을 하고 있음을 알아차리는 것이 몹시 어렵습니다." 그녀는 요가할 때의 마음 상태를 떠올렸다. 그리고 자기 생각을 인지하고 가만히 관찰한 뒤 걱정들을 내려놓을 수 있다는 것을 떠올렸다. "나는 차분히 생각했습니다. '음, 내가 지금 이런 생각을 하고 있네. 그 생각을 저 하늘로 날려 보내겠어. 난 지금 여기에 집중할 거야. 머릿속으로 지어낸 걱정에는 마음을 쏟지 않을 거야.' 부정적인 내면 독백은 내게 전혀 도움이 안 됩니다. '난 정말 멋진 사람이야!' 같은 독백이라면 얘기가 다르지만요."

줄리아의 경우엔 요가였지만 당신은 자신에게 맞는 다른 방법을 택해도 된다. 내면에서 자기를 비판하는 목소리를 알아차리고 그 목소리와 거리를 두는 방법을 찾아라. 나도 자기의심, 부정적인 내면 독백과 늘 싸운다. 내가 선호하는 방법은 줄리아의 방법과 정반대로 실내자전거클럽 소울사이클Soul Cycle에 가는 것이다. 내게 그곳은 일상의 모든 것을 중단하는 장소다. 휴대폰도 보지 않고, 적당히 어두운 방 안에 촛불이 군데군데 밝혀져 있으며, 크게 틀어놓은 음악 때문에 나 자신이 생각하는 소리도 들을 수 없다. 정신없이 자전거 페달을 밟는 행위에만 집중하는 동안 온몸이 땀으로 흠뻑 젖고 엔도르핀이 분비된다. 두뇌에 완벽한 휴식이 되는 이 운동을 끝내고 나면 더 객관적이고 명쾌하게 사고할 수 있는 상태가 된다. 지금 여기에 존재하기를 실천하는 방법에는 여러 가지가 있다. 휴대폰을 놔두고 파티에 가는 것, 비행기 창밖으로 일몰을 감상하는 것, 요가를 하는 것. 모두 방식만 다를 뿐 '지금 여기에 존재하기'의 실천이다.

글렌Glen이라는 학생은 내게 매우 인상적인 관점을 들려주었다.

다섯 살 때부터 기타를 친 글렌은 지금 여기에 존재하기의 개념을 악보의 음과 음을 구별하는 행위에 비유한다. 그는 음악에 대해 이렇게 말했다. "기타를 연주하다가 어느 시점이 됐을 때 내가 해낸 가장 놀라운 일이 뭔지 아세요? 더 많은 음을 연주하게 된 것도, 더 빨리 연주하게 된 것도 아닙니다. 음과 음 사이에 적당한 소리의 공간을 남길 줄 알게 된 것이었습니다. 음악을 음악답게 만드는 것은 바로 그 공간입니다." 바꿔 말해, 음들이 그냥 한데 섞여 있기만 하면 그것은 음악이 아니라 잡음일 뿐이다. 글렌의 말을 들은 후, 나는 지금 여기에 존재하기를 음들 사이의 공간이라고 여기게 됐다. 찬찬히 생각해보라. 그 순간은 우리 삶에서 아주 작은 부분만 차지할 수도 있고 미묘해서 눈에 잘 띄지 않을 수도 있지만, 그것이 없으면 삶은 잡음에 불과할 것이다.

당신은 협상을 승패가 달린 '경쟁'으로 볼 것인가,
아니면 문제해결을 찾는 '과정'으로 여길 것인가?
한쪽만 이익을 취하는 것이 아니라 둘 다 무언가를 얻는 것,
그를 바탕으로 미래의 기회까지 바라보는 것.
그 과정이 모두 '협상'이다.

풍족함을 가정하라

지난겨울의 어느 월요일, 나는 워싱턴 D.C.에서 배심원 출석을 위해 법원에 출두했다. 오전 내내 대기실에서 기다리다가 겨우 법정에 들어갔다. 판사가 사건 개요를 짧게 설명했는데, 간단한 사건이었다. 잠시 후 판사는 이후 4일간 진행되는 재판에 모두 참석하기 어려운 사람은 얘길 해달라고 요청했다. 속으로 탄식이 흘러나왔다. 수요일 오전에 뉴욕에서 중요한 강의가 있었기 때문이다. 일단은 잠자코 있었다. 간단한 사건이라 재판이 4일까지 걸리지 않고 당일이나 다음 날 끝날 수도 있을 거란 생각이 들어서였다. 게다가 배심원단이 아직 확정된 것이 아니므로 최종적으로 배심원에 선출되지 않을 수도 있었다. 하지만 거긴 법정이었고 내 앞에 있는 사람은 판사였다. 속사정을 숨기고 가만히 있으면 안될 것 같은 기분이 들었다.

나는 판사에게 상황을 설명했다. 판사는 나를 배심원단에서 뺀 후 일정담당관에게 보냈다. 그리고 TV 시트콤 〈사인펠드 Seinfeld〉의 한 장면 같은 상황이 펼쳐졌다. 뚱한 표정의 일정담당관은 짜증이 섞인 말투로 90일 이내의 다른 월요일을 선택해 다시 참석해야 한다고 말했다.

"그건 좀 곤란한데요. 제가 다음 주부터 필라델피아에서 매주 화요일에 강의가 있어서 월요일부터 이틀 이상 출석하는 건 불가능하거든요. 아마 다음에도 오늘과 같은 상황일 거예요. 제가 뺄 수 있는 시간은 월요일뿐이거든요." 내 말에 일정담당관은 무표정한 얼굴로 어깨를 으쓱했다.

"그래도 90일 이내의 월요일을 다시 선택해야 합니다."

"그러면 또 오전 내내 기다리다가 오늘 같은 상황이 될 거예요. 또 이렇게 당신한테 똑같은 말을 할 테고요. 혹시 수요일에 열리는 재판에 참석할 수는 없나요?"

"안 됩니다. 처음에 월요일 출석 통보를 받았으면 다른 월요일을 선택해야 합니다."

"그럼 5월까지 미뤄도 될까요? 그때는 학기가 끝나서 강의가 없거든요."

"안 됩니다. 90일 이내여야 해요."

그러고 나서 그녀는 미국 국민으로서의 내 의무를 장황하게 설명했다. 내가 답답했던 건 '나야말로' 미국 국민으로서 의무를 다하고 싶었기 때문이다. 정말로 배심원으로 재판에 참여하고 싶었다. 협상이라는 관점에서 볼 때 매우 흥미로운 경험이 될 것 같았다. 내가 거짓말로 핑계를 대고 있는 게 아닌데도 그녀는 믿지 못하는 듯했다. 그동안 거짓말하는 사람을 하도 많이 봐온 탓인지도 몰랐다. 나는 내 의도를 전달하고자 배심원 의무도 다하고 강의도 차질이 없게 할 방법을 찾으려고 애썼다. 하지만 내 모든 제안은 거부됐고, 국민의 의무에 대한 훈계만 들어야 했다.

나는 일정담당관의 융통성 없는 태도를 보며 오직 한 가지, 즉 협상에서 자신이 가져갈 수 있는 파이 조각에만 몰두하는 학생들의 모습을 떠올렸다. 그들은 목에 깔때기 모양 보호대를 찬 반려견처럼 당장 눈앞에 있는 것만 본다. 어떻게든 싸움에서 이겨 자기 몫을 챙겨야 한다는 생각만 하느라 문제해결이라는 관점으로 접근하지 못한다.

우리도 마찬가지다. 우리는 항상 깔때기 모양 보호대를 차고 있으면서도 그 사실을 모른다. 그 이유는 일정담당관의 경우와 똑같다. '불가능'이라는 말부터 먼저 떠올리는 '고정된 관점'을 갖고 있기 때문이며, 또한 자신과 상대의 이해관계가 중첩돼 합의점을 찾을 수 있는 지점 대신 자기 몫의 파이 조각만 바라보기 때문이다. 우리는 상대방을 적군이라고 생각하면서 협상 테이블에 나간다. 온화하고 정직하고 열린 마음을 버리고 살벌한 경쟁심을 가져야 한다고 마음을 다진다. 그 일정담당관은 이전에도 다른 사람들의 수많은 변명을 들어야 했을 테고, 나를 만나자마자 또 무슨 변명을 대려나 하며 짜증이 났을 것이다. 그녀 나름대로는 그렇게 빡빡하게 굴 수밖에 없는 여러 이유가 있었을 것이다. 그러나 타협의 여지가 조금도 없다는 듯한 그녀의 태도는 정말로 나를 화나게 했다.

어떤 상황에서든 합의를 넘어 그 이상을 성취하기 위해서는 자기 생각의 폭을 제한하는 것이 무엇인지 점검해야 한다. 생각의 폭을 확장해 가능한 해결책을 찾아내야 한다.

이번 장에서는 모두에게 돌아갈 파이가 매우 크다는, 즉 '충분하다'는 긍정의 관점을 통해 서로의 이해관계가 중첩되는 지점을 발견하고, 문제를 해결할 더 많은 대안을 찾아내며, 더 큰 협상력을 가질 수 있다는 점에 관해 얘기하고자 한다. 기억하라. '파이가 충분하지 않다'라는 희소성의 관점이 아니라 '파이가 충분히 크다'라는 풍족함의 관점에서 출발해야 내 몫의 파이를 더 크게 만들 수 있다.

풍족함의 관점 vs. 희소성의 관점

상황을 '희소성의 관점'으로 바라보는 건 강의실과 법원뿐 아니라 일터에서도 자주 발견할 수 있다. 우리는 '성공'이라는 깃

발이 꽂힌 산 정상에는 자리가 한정돼 있고 거기에 도달할 방법도 하나뿐이라는 가정에 익숙하다. 헤더_{Heather}라는 학생은 토닉을 판매하는 모의협상에서 최고가에 거래를 완료했다. 내가 타당한 근거로 뒷받침하기 힘든 지나치게 높은 가격을 불렀다는 점을 지적하자 그녀는 당황하며 이렇게 응수했다. "그래도 제가 가장 비싼 가격에 팔아 최고의 이익을 거뒀잖아요." 그 말도 맞지만, 한편으론 그녀가 운이 좋았던 것도 사실이었다.

헤더의 협상 상대는 토닉이 그렇게 비싼 이유를 궁금해하지 않았다. 하지만 언제나 행운이 따라주리라는 보장은 없다. 다른 학생들은 그녀가 터무니없는 가격을 불렀다는 점을 기억할 가능성이 크다. 모의협상이 아닌 실제 협상이었다면 그녀에게는 비합리적이라거나 욕심이 지나치다는 평판이 생겼을 것이다. 협상을 '승자독식_{winner-take-all}'의 게임으로 여기면 양측이 함께 찾아낼 수도 있는 창의적 접근법과 대안을 놓치게 된다. 경쟁을 뛰어넘는 생각을 하지 못하게 된다.

내 수업을 들었던 에스터는 과거 공산주의 체제였던 헝가리에서 어린 시절을 보냈다. 주어진 것이 '풍족하다'는 관점을 키우기에 이상적인 환경은 분명 아니었다. 거의 모든 자원이 국가에 의해 통제되고 제한된 방식으로 분배됐으니 말이다. 에스터의 할아버지는 정부를 비판한 죄로 감옥에 갔다. 그녀의 가족은 캐나다로 망명해 난민 지위를 신청했지만, 최종적으로 거부당했다.

그들은 베를린장벽 붕괴 후 다시 헝가리로 돌아갔다. "할머니가 그러시는데, 제가 어렸을 때 우리 가족은 무척 힘들게 살았대요. 빵 살 돈도 없었고, 난방도 제대로 안 되는 아파트에서 살았다고 하시더라고요." 에스터의 어머니는 의사, 아버지는 변호사였지만 소득수준이 다른 집들과 별반 차이가 없었다. "자본주의 사회에서는 상자 바깥에서 생각할 기회가, 그러니까 자유롭게 창의적으로 생각할 기회가 많잖아요. 하지만 공산주의 사회에서는 그 상자 자체가 제한돼 있어요. 돈이 있으나 없으나 물건 사는 것 자체가 자유롭지 않죠. 그런데 어머니는 그런 상황에서도 풍요로움을 만들어낼 줄 아는 분이었어요. 남과 똑같이 갖고도 더 많은 것을 가진 듯한 기분을 느끼게 해주셨죠."

에스터는 어머니가 가진 삶의 태도 덕분에 어린 시절에 밝게 자랄 수 있었고 늘 특권을 누리는 듯한 기분이 들었다고 말한다. 그녀의 어머니는 창의적인 관점으로 많은 것이 제한된 삶에서도 풍족함을 만들어냈다. "우리는 아이스크림을 잘 안 먹었어요. 어머니는 우리가 아이스크림에 쓸 돈을 아꼈기 때문에 나중에 초콜릿 케이크를 먹을 수 있을 거라고 말씀하셨어요. 초콜릿 케이크를 먹을 수 있다는 기대감이 있으니까 절로 풍족하다는 기분이 들었죠. 한마디로 관점과 태도의 문제예요. 사실 우리 집안은 아이스크림을 못 사 먹을 정도로 가난하진 않았어요. 미래를 위해 지혜롭게 절약하기로 의도적인 선택을 했던 거예요. 그리고 초콜릿 케이크를 살 만큼 충분한 돈이 생기면 어머니는 말씀하셨죠. 초콜릿 케이크를 사든가, 아니면 아이스크림을 사고 나머지 돈은 초콜릿 케이크보다 훨씬 더 좋은 무언가를 사기 위해 아끼 든가, 둘 중 하나를 택하라고요.”

이렇게 에스터는 현재 가진 것으로 풍족함을 만들어내는 법을 배우며 자랐다. 그녀는 일곱 살 때 심부름으로 냅킨을 사러 갔다. 어머니는 그녀에게 딱 냅킨 두 통 가격에 해당하는 돈을 주었다. “조금이라도 더 싼 곳이 있는지, 또는 사은품을 같이 챙겨주는 곳이 있는지 찾으려고 시장을 한참 돌아다녔어요. 마지막으로 들어간 가게의 주인이 왜 그렇게 고생을 하며 싼 곳을 찾아다니느냐고 묻더군요. 집에서 받아 온 돈을 최대한 남겨서 어머니한테 깜짝 선물로 꽃을 사다 드리고 싶다고 대답했죠. 그리고 내가 원하는 가격을 말하면서 ‘이 가격 아니면 안 살 거예요’라고 말했어요.” 가게 주인은 꼬마의 위협 아닌 위협에 항복했다. 나이답지 않은 어른스러움과 어머니를 생각하는 마음이 기특하게 여겨졌기 때문이다. 집에 돌아간 에스터는 냅킨과 꽃을 어머니에게 안겨줄 수 있었다.

에스터는 펜실베이니아대학교를 졸업한 후 기업전략 분야의 컨설턴트로 일하면서 남자친구(현재의 남편)와 함께 온라인판매사업도 시작했다. 온라인판매사업이 꽤 잘돼서 여러 사이트를 추가해 운영했고, 나중에는 전부 매각한 뒤에 둘이서 컨설팅회사를 시작했다. 컨설팅이라는 일의 특성상 뭔가를 협상해야 할 상황이 잦은데, 그녀는 언제나 협상을 경쟁이 아니라 협력이라는 관점으로 보려고 노력했다. 협상이 끝나고 나면 늘 상대방에게 “자, 이제 한 걸음 더 나아가볼까요?"라고 제안했다.

나는 수업 중에도 이런 접근법을 권장하는데, 대부분 고개는 끄덕이지만 실제로 실천하는 사람은 별로 없다. 에스터는 실천한 사람 쪽이다. 이를테면 에스터는 거래 완료 후 잠시 시간을 할애해 양측이 얻은 새로운 정보들을 검토해본다. 혹시 이 거래 외에 협력할 만한 다른 사업이 있는가? 다른 영역에서 양측 모두 이익을 얻을 수 있는 지점이 있는가? 그리고 그녀는 다음에 또 거래할 고객인지 아닌지에 따라 자신의 태도가 달라지지 않도록 늘 점검한다. 언제라도 다시 거래할 수 있는 고객이라는 가정으로 협상에 임한다. 실제로 그녀는 전혀 예상하지 못했던 고객이 나중에 다시 찾아온 것을 보고 놀란 적이 많다.

에스터는 개인적인 투자 건 때문에 이런 경험도 했다. 부다페스트에 있는 아파트 매입 건으로 대형 부동산개발회사('아르코'라고 부르자)와 협상할 때였다. 꽤 복잡한 협상이었는데, 가장 중요한 쟁점은 해당 아파트(아직 건축 중이었다)의 면적이 아르코 측에서 말한 것보다 적다는 사실이었다. "분명히 그들이 틀린 말을 하고 있었습니다. 그래서 공사 자료를 보여달라고 요구했어요." 자료를 꼼꼼히 검토해봤더니 역시 그녀의 생각이 맞았다. 그런데도 그녀를 도와주겠다고 선뜻 나서는 법률회사가 한 곳도 없었다. "그들은 내 말이 옳다고 생각하면서도 아르코 같은 업체를 상대로 싸워 이기기는 불가능하다면서 발을 빼더군요."

그래서 에스터는 아르코에 편지를 보냈다. 일부러 그럴 의도는 없겠지만 귀사에서 제시한 아파트 면적 정보는 정확하지 않다, 입 아프게 떠들어봐야 우리의 논쟁은 결국 숫자 문제이다, 제3자가 공사 자료의 정확성을 입증해주지 않으면 최종 계약서에 사인하지 않을 것이다, 이런 내용이 주를 이루었다. 이에 대해 아르코는 성의껏 반응하기는커녕 변호사 여섯 명을 대동해 강경한 태도로 나왔다. "그쪽에서 그러더군요. 내가 사인하지 않으면 앞으로 5년간 소송에 시달려야 할 거라고요. 하지만 나는 쉽게 굽히지 않았습니다. 그랬더니 '당신에게는 권리도, 힘도 없다. 아무것도 얻지 못할 것이다. 계약서에 사인하지 않으면 당신만 손해다'라고 하더군요."

아마 대다수 사람은 아르코처럼 강압적인 상대를 만나면 사인하고 물러나든지 마음 단단히 먹고 소송에 대비하든지 할 것이다. 하지만 에스터는 "나는 이 협상의 부정적인 부분들을 일단 접어두고 생각하기로 했습니다"라고 말했다. 충돌 지점을 일단 제쳐놓고 다른 각도에서 바라보니 새로운 접근법이 보이기 시작했다. 에스터는 (경쟁하는 구도가 아니라) 협력의 관점에서 다시 접근해보기로 하고 두 가지 행동을 취했다.

첫째, 건설 현장 책임자들을 만나봤다. "그 사람들에게 일하면서 힘든 점은 없는지 물어보며 최대한 우호적으로 대화를 나눴습니다. 이건 평소 제 스타일입니다. 몰래 정보를 캐내려는 스파이처럼 잠입하는 게 아니라 당당하게 만나서 얘기하는 거죠. 현장 책임자 및 엔지니어들과 편한 분위기로 얘기를 나누고 나니, 나중에 아르코 변호사들과 만나 협상할 때 그들이 내놓는 제안의 배경을 이해하는 데 도움이 됐습니다."

둘째로, 그녀는 아르코에 다시 편지를 보냈다. 지난번 만남에선 대화가 잘 안 풀려 부정적인 결과만 남았던 것 같다, 이제는 긍정적인 부분을 찾아 초점을 맞추고 싶다는 내용으로 썼다. 또한 그녀는 상황을 해결할 세 가지 방법을 제안했다. 그중에는 아르코에서 실수를 인정하고 문제가 합리적인 선에서 정리된다면 다른 부동산도 매입하겠다는 조건이 포함된 방안도 있었다. 그녀는 만일 아르코에서 셋 중 하나에 동의한다면 양측의 거래 계약을 유지하자고 썼다.

여기서 중요한 점이 하나 있다. 에스터는 아파트 면적이 적어진 이유가 건축상의 어떤 문제 때문이었음을, 그리고 같은 라인에 있는 다른 집들도 전부 면적이 적어졌다는 사실을 현장 엔지니어들에게 확인한 상태였다. 그녀는 이 사실을 편지에 적어서 아르코 측을 위협하려면 얼마든지 할 수도 있었다. 협조적으로 나오지 않으면 다른 아파트 구매자들과 집단 소송을 진행하겠다는 식으로 말이다. 사실 그녀는 편지 초안에 이 정보를 슬쩍 언급했다가 곧 지워버렸다. 자신까지 아르코를 위협한다면 이 협상을 긍정적인 방향으로 이끌어갈 수 없으리란 생각이 든 것이다. "위협적인 태도 없이 승리하지 못한다면 제가 만족스럽지 않을 것 같았습니다. 그게 협상에 대한 제 관점입니다. 올바르지 못한 방식으로 얻어낸 결과는 의미가 없습니다."

서로의 욕구에 초점을 맞추는 협상의 목적은 '상대방을 굴복시키는 것이 아니라 양측 모두 얻을 수 있는 이익을 일깨우는 것'이다.[38] 서로의 욕구에 초점을 맞추는 협상에서는 승패가 아니라 해결책이라는 렌즈로 문제를 바라본다. 양측의 욕구를 이해하고 그것을 채울 방법을 찾는 것이 중요하다. 어느 한쪽만 이익을 취하는 것이 아니라 둘 다 무언가를 얻는 것, 그럼으로써 미래의 기회들까지 바라보는 것이 중요하다.

마침내 아르코는 에스터가 제안한 세 가지 방법 가운데 하나를 받아들였고 양측은 원만하게 거래를 마무리했다. 게다가 얼마 후 아르코는 다른 프로젝트 때문에 문제가 생기자 에스터에게 컨설팅을 의뢰했다. 이전의 관계를 통해 그녀에게 신뢰가 생긴 덕분이었다.

에스터가 지닌 풍족함의 관점을 보여주는 일화는 더 많지만 그중 내게 가장 인상적인 이야기는 오히려 일과 전혀 상관이 없었다. 아버지 생신에 그녀는 남편, 남동생과 함께 아버지를 모시고 평소 자주 다니던 식당에 갔다. 그런데 식당 측에서 실수가 있었는지 예약자 명단에서 그녀의 이름이 빠져 있었다. 식당 지배인은 친절했지만 남는 테이블이 없다고 단호하게 말했다. "일단 알았다고 하고 돌아섰어요. 잠시 후에 몇 가지 아이디어를 들고 다시 지배인에게 갔지요. 먼저 야외 테이블을 하나 만들어주면 어떻겠느냐고 제안했죠. 식당 내부는 좁은 편이었지만 주변을 둘러보니 가게 옆에 남는 테이블과 의자가 많더라고요. 아니면 예약을 펑크 내는 손님이 있을지도 모르니 15분만 기다리겠다고도 해봤어요. 그 식당에선 예약시간에 맞춰 오지 않는 경우 15분까지만 기다려주거든요." 하지만 지배인의 대답은 여전히 "손님, 정말 죄송하지만 오늘은 자리가 없으니 안 되겠습니다"였다.

에스터는 발걸음을 돌린 후 잠시 생각해봤다. 그러고는 다시 지배인에게 돌아가 날씨도 좋고 식당 근처 동네도 예쁘니 가족들과 산책을 한 뒤에 다시 들러보겠다, 그때쯤이면 자신이든 지배인이든 혹시 해결 방법이 떠오를 수도 있지 않겠느냐, 하고 말했다. "설령 예약을 펑크 내는 손님이 없다고 해도 지배인에게 조급함이나 압박감을 느끼지 않고 다른 해결책을 생각해볼 시간적 여유를 줄 수 있을 것 같았습니다. 때로 사람들은 상대방과 헤어지고 난 직후에 좋은 방법이 퍼뜩 떠오르기도 하거든요. 저도 가끔 그렇고요."

아니나 다를까, 에스터와 가족들이 15분쯤 후에 다시 돌아왔을 때 지배인은 테이블이 생겼다는 소식을 전해줬다.

에스터가 식당 지배인에게 고약하게 굴지 않았다는 점에 주목하라. 그녀는 분명히 예약했다며 막무가내로 우기지도 않았고 짜증을 내지도 않았다. 대신 테이블이 없는 상황을 '해결해야 할 문제'로, 자신과 지배인이 함께 협력해 풀 수 있는 문제로 바라봤다. 어차피 일어난 일은 어쩔 수 없고 다른 해결책은 없다는 식의 닫힌 마음이 아니라 새로운 접근법이 있을 것이란 가정하에 할

Lesson 8

수 있는 데까지 해보자는 긍정적인 마음으로 상황을 바라봤다. "식사를 마친 후에 나는 애써준 직원 모두에게 고맙다는 인사를 전했어요. 아버지가 멀리 떨어져 살던 자식들과 오랜만에 함께하는 시간을 너무나 행복해하셨다는 얘기도 하고요. 직원들도 굉장히 뿌듯해했습니다. 팁을 두둑하게 줬는데, 꼭 테이블을 얻어서는 아니었습니다. 나는 금전적 거래가 아니라 사람과 사람 사이의 정이 더 중요하다고 생각해요."

우리 모두 문제 상황에서는 닫힌 마음이 되기 쉽다. 창의적으로 협력해 문제를 풀려고 하기보다 '불가능하다'거나 '안 된다'고 말하기가 더 쉽다. 상대방이 이런 관점을 갖고 있을 때 문제해결의 관점으로 바꾸도록 유도하기 위해선 여러 번의 시도가 필요하다. 얼마 전 나는 백화점에서 옷을 두 벌 샀는데 집에 와서 입어보니 잘 맞지 않아서 구매를 취소하고 환불받기로 했다. 영수증은 잃어버렸지만, 아직 태그를 떼지 않았으므로 별문제 없이 환불받을 수 있으리라 생각했다. 나는 백화점 점원에게 영수증을 잃어버렸다고 말하면서 물었다. "제가 신용카드로 결제한 내역을 찾아보시겠어요?" 매장의 컴퓨터에 거래 내역이 있을 텐데 점원은 "안 됩니다. 그 제품을 환불받으시려면 영수증이 꼭 있어야 합니다"라고 대답하며 백화점 방침만 설명했다. 하지만 내게는 그 방침이 이해가 되지 않았다. 나는 설명을 요청하듯 다시 물었다. "비싼 제품을 샀으니 영수증이 있어야 한다는 말이에요?" 점원은 어깨를 으쓱하더니 옷에 달린 태그를 가리켰다. "거기에 환불 시에는 영수증이 있어야 한다고 쓰여 있어요."

점원 말이 맞았다. 태그에 그렇게 쓰여 있었다. 나는 백화점 방침이 그렇다는 건 잘 알겠지만(하지만 대체 누가 태그에 적힌 설명을 꼼꼼히 읽어본단 말인가?), 왜 그런 방침을 만들어놨는지 이해되지 않는다고 말했다. 나는 이 상황을 해결할 수 있게 그녀가 도와주기를 바라는 마음으로 "그럼 제가 어떻게 해야 하죠?"라고 물었고, 점원은 거듭 "죄송하지만, 영수증이 없으면 환불이 불가능합니다"라고 대답할 뿐이었다(진심으로 미안해하는 것 같기는 했다). 나는 남은 한 가지 방법을 고려해봤다. 옷을 이 점원에게 그냥 주면 어떨까?

"이 옷이 당신에게 맞을까요? 만일 안 맞으면 단체에 기부하려고요. 제가 당신에게 드리는 선물로 생각하세요." 생뚱맞은 제안처럼 보였겠지만 나는 진심이었다. 점원은 놀라서 잠깐 움찔하더니 나를 찬찬히 응시하고는 말했다. "음, 손님이 어떤 계산대에 갔는지 기억하신다면 거래 내역을 찾아볼 수 있어요. 그러니까 혹시 몇 번 계산대에서 계산했는지 기억이 나시면…."

"네, 기억해요!" 나는 옷을 계산했던 5번 계산대를 가리켰다. 내가 백화점에 도착해서 점원이 거래 내역을 찾아낼 때까지 총 45분이 걸렸다. 우리는 둘 다 기분 좋게 상황을 마무리했다. 그녀는 내가 산 옷값에 해당하는 백화점 상품권을 주고(원래는 그게 방침이었다) 신용카드 결제를 취소해주었다. 물론 이렇게 문제해결 모드로 유도하는 방식이 항상 효과가 있는 것은 아니다. 배심원 일정담당관에게는 안 먹혔듯이 말이다. 그러나 상대방을 문제해결 모드로 이끌려는 시도는 충분히 해볼 가치가 있다.

윤리의 문제

흔히들 협상 스타일을 두 가지로 구분한다. 하나는 모두가 원하는 걸 가질 수는 없다고 생각하면서 협상을 먹느냐 먹히느냐의 살벌한 싸움으로 보는 스타일, 다른 하나는 모두가 이익을 취할 수 있을 만큼 파이가 충분히 크다고 보는 스타일이다. 후자의 접근법, 즉 문제해결이라는 관점에서 상호 이익을 찾아내려는 사람은 종종 세상 물정에 어둡다거나 순진하다는 소리를 듣는다. 그리고 전자의 접근법을 취하는 사람은 경쟁심이 강하고 강경하다는 소리를 듣는다. 하지만 내가 보기에 후자의 접근법을 '순진하다'고 보는 건 정말 잘못된 관점이다.

스테이시Stacey는 디트로이트에서 주문맞춤형 스크린인쇄회사를 운영한다. 그녀의 회사는 사회적 책임과 지역사회 주민들과의 소통을 중요하게 여긴다. 공동체의식이 남달리 강한 그녀는 골드만삭스 '1만 중소기업' 프로그램의 협상 수업을 앞두고 많이 긴장했다고 한다. "협상이라고 하면 왠지 겁이 났어요. '협상가' 하면 권모술수에 능한 수완가, 남보다 유리한 위치를 차지하고 지켜내는 사람, 그런 이미지가 연상됐거든요." 하지만 스테이

시는 협상이란 하나의 대화로 봐야 하며 상대와의 관계가 핵심
적 역할을 한다는 설명을 듣고 용기를 얻었다. 그녀는 타인과 관
계 맺는 능력이 뛰어났고 사람들 이야기 듣는 것을 좋아했으므
로, 어쩌면 협상 수업이 자신에게 잘 맞을 수도 있겠다는 생각
을 가졌다.

　나는 스테이시를 포함한 학생들을 팀으로 나눠 모의협상을 하
도록 했다. 네 곳의 회사가 한 명의 판매자에게 동일한 물건을 구
매하고 싶어 한다는 설정이었다. 모두의 이해관계가 걸려 있는
거래였다. 협상이 실패로 돌아가면 판매자를 포함해 모두가 일
자리를 잃을 수 있었다. 모의협상에는 정해진 답이 없는 경우가
많지만, 이 경우는 달랐다. 모두를 위한 해결책이 존재했다. 즉
모두가 자신의 패를 보이면서 솔직한 태도로 협상에 임하면 당
사자들 모두 원하는 바를 달성할 수 있었다. 내가 수업에서 각
팀의 모의협상 결과를 공개하는 이유는 그 과정에서 학생들이
큰 깨달음을 얻기 때문이다. 그들은 '만일 속마음을 좀 더 솔직
하게 밝혔더라면 모두가 만족하는 결과에 도달했을 텐데' 하고
깨닫는다. 때로 자존심에 상처도 입고 일부 학생들은 방어적인
태도를 보이기도 한다. 하지만 결국엔 원원 해결책이 실제로 가
능하다는 것을, 거기에 이르려면 상대에 대한 호기심, 열린 태도
로 정보 교환하기, 정직함, 존중 등이 필요하다는 것을 실감하게
된다.

　스테이시는 이러한 것들을 모르는 상태에서 모의협상을 시작

했다. 그런데도 대화라는 관점으로 협상에 접근하면서 당사자들의 욕구를 파악하려는 질문을 던지고 자신의 욕구도 솔직하게 밝혔다. "우리 팀 사람들은 어떻게든 이기겠다는 태도로만 말하더군요. 난 그게 힘들었어요. 게다가 그들은 속내를 숨기지 않는다는 이유로 나를 순진한 사람 취급했어요." 다른 대부분의 모의 협상과 마찬가지로 이 연습에서도 학생들은 실제 현실인 것처럼 반응했다. 파이가 충분히 크지 않다는 관점, 즉 희소성의 관점을 가진 학생들은 자신의 몫을 먼저 챙겨야 한다는 닫힌 마음 때문에 문제해결에 어려움을 겪었다. 파이를 더 크게 만들어 모두가 공생하는 결과에 이르려면 개방적이고 창조적인 접근법, 그리고 열린 마음이 필요했다.

협상이 거의 끝나갈 즈음 스테이시와 그 팀원들은 말다툼 직전까지 갔고, 결국 모두를 위한 최적의 해결책 도출에 실패했다. 스테이시와 팀원 일부는 만족스러운 결과를 얻지 못했다. 협상이 끝나고 각 팀의 결과에 관해 이야기할 때, 스테이시는 팀원 두 명이 자신에게 필요한 것과 지불할 수 있는 액수를 솔직하게 말하지 않았다는 사실을 알게 됐다. 그들은 경쟁해서 이겨야겠다는 닫힌 마음으로 움직인 것이다. 스테이시는 그때를 떠올리며 이렇게 말했다. "그들에게 이용당한 기분, 배신당한 기분이었어요. 나는 모두가 정직하게 협상한다고 생각했는데 마치 사기당한 것 같았습니다." 당시에 그녀는 반 전체에 들리는 목소리로 내게 물었다. "협상 테이블에서 상대방이 비윤리적인 태도를 보이면 어떻게 해야 하죠?" 학생들이 웅성거리기 시작했다. 다들 이것이 어려운 주제임을 느낀 것이다. 스테이시는 평소와 달리 몹시 기분이 상해서 화를 내고 있었다.

내가 "협상에서 당신의 회사 측이 얻을 수 있는 최소한의 것을 얻었나요?"라고 묻자 스테이시는 "네"라고 대답했다. "협상에서 했던 당신 자신의 행동에 만족하나요? 그러니까, 성실하고 정직하게 행동한 것 말이에요." 스테이시는 "네" 하고 당당히 답했다. "그럼 당신은 좋은 거래를 한 거예요."

나는 우리가 오래전부터 들어왔지만 잊기 쉬운 조언 하나를 그녀에게 강조하고 싶었다. 바로 "결국 우리는 우리가 통제할 수 있는 것에만 영향을 미칠 수 있다"라는 조언 말이다. 스테이시는 타인이 아니라 자신의 행동에 집중해야 했다.

스테이시가 윤리 문제를 언급하자 강의실 분위기가 후끈 달아올랐다. 어떤 학생은 자기도 스테이시와 비슷한 경험을 했다면서 부정직하게 행동한 다른 학생을 비난했다. 그런가 하면 어떤 학생은 협상을 '승자독식'의 게임으로 보는 것만이 현실적이고 합리적인 접근법이라고 주장했다. 그들은 원래 협상의 목표는 모든 수단을 동원해 자신의 협상 우위를 지켜내는 것이라고 입을 모았다. 스테이시는 그날 저녁 집에 돌아가서도 내내 기분이 안 좋았다. "하지만 차분히 다시 생각해보자 기분이 조금씩 나아졌습니다. 처음엔 협상을 잘하지 못한 게 속상했지만, 나중엔 '남을 속여서 성공하면 오히려 기분이 더 안 좋겠지' 싶더라고요."

나중에 스테이시가 모의협상을 했던 팀원들과 얘기를 나눌 때 한 명이 잘난 척하는 태도로 말했다. "당신은 너무 순진해서 탈이에요. 도와주고 싶은 마음마저 들더라니까." 스테이시는 자신이 소신 있는 사람이 아니라 아마추어처럼 보였다는 것이 불쾌하고 답답해서 이렇게 대꾸했다. "난 순진한 게 아니라 굳이 필요하지도 않은 게임을 하고 싶지 않았을 뿐이에요. 그렇게 해서 이긴다 해도 기분은 찜찜할 겁니다."

스테이시의 팀원들이 보여준 상반된 스타일은 협상가들이 늘 고민하는 문제 한 가지를 떠올리게 한다. 그것은 능숙한 협상가와 비윤리적 협상가를 구분하는 경계선의 문제다. 공격적이고 경쟁심 강한 협상가가 모두 비윤리적인 것은 아니지만, 그런 스타일이 비윤리적 행동으로 빠지기 쉬운 것은 사실이다. 전문가들이 '윤리적 퇴색_{ethical fading}[39]이라고 일컫는 프로세스가 있다. 이는 "의사결정 과정에서 윤리 인식이 점차 흐려져 결국 비윤리적 결정을 내리는 것"을 가리킨다. 이 과정에서 '자기기만_{self-deception}'이 큰 역할을 한다. 밤에 두 발 뻗고 편히 자려고 자신의 행동에 대해 스스로 거짓말을 하는 것, 이것이 바로 자기기만이다.

원하는 결과를 얻기 위해 어떤 접근법을 써도 괜찮다고 생각하는 이들이 많다. 그들은 이렇게 생각할지 모른다. "좀 솔직하지 않은 사람으로 보이면 뭐 어때? 난 원하는 걸 얻었고, 앞으로 또 볼 사람도 아닌데. 내가 이겼으니 된 거라고!" 스테이시의 팀원들도 바로 이런 관점을 갖고 있었다. 우리는 협상은 곧 경쟁이므로 솔직하면 손해를 본다는 생각에 빠져 있다. 실제로 다른 협상 수업에서는 결과만으로 성적을 매기기도 한다. 나는 협상에 대한 그런 관점은 매우 근시안적이라고 생각한다. 물론 나만 이렇게 생각하는 건 아니다.

1873년 철강왕 앤드루 카네기 Andrew Carnegie 는 심각한 불경기 속에서 사업자금을 마련할 길이 절실했다. 그래서 J. P. 모건 J. P. Morgan 과 함께 투자했던 사업의 지분을 그에게 팔기로 했다. 카네기는 모건에게 6만 달러를 요구했다. 원래 지분 5만 달러에 그동안 오른 가치 1만 달러까지 고려한 액수였다. 모건은 카네기의 요청대로 6만 달러짜리 수표를 써주고 거래를 끝낼 수도 있었다. 하지만 모건은 지분 가치가 2만 달러 올랐다는 사실을 알고 있었기 때문에 7만 달러짜리 수표를 써주었다. 모건의 정직함에 큰 인상을 받은 카네기는 이후 평생 그와 의리를 지키며 굳건한 사업 파트너 관계를 이어갔다.[40]

혹자는 옛 시절의 일화일 뿐이라며 이렇게 말할지도 모른다. "1873년에는 사업하려면 평판이 중요했겠죠. 하지만 요즘 세상에는 어떤 경우라도 이기겠다는 냉혹한 협상가가 똑똑하고 능숙하다는 평판을 얻는다고요."

나는 그런 생각에 동의하지 않으며, 누구나 자신만의 윤리적 기준을 가져야 한다고 생각한다. 윤리에 관련된 어떤 질문에 대해선 비교적 쉽게 대답할 수 있다. 가령 나는 상대방에게 핵심 쟁점과 관련된 거짓말을 하는 건 명확하게 비윤리적인 태도라고 생각한다. 그러나 이렇게 명확한 문제가 있는가 하면 사람마다 다르게 해석할 수 있는 문제들도 많다. '거짓말'이란 것도 마찬가지다. 어떤 이들은 선의의 거짓말이나 사소한 거짓말은 괜찮다고 생각한다. 예를 들어 사실은 늦잠을 잤는데 차가 막혀서 약속시간에 늦었다고 말하는 것은 협상 내용에 영향을 미치지도 문제를 일으키지도 않으니 괜찮다고 믿는다. 어떤 문화권에서는 협상에서 뭔가 속이는 것이 평범한 일로 여겨지고, 따라서 차가 막혔다는 것보다 훨씬 더 심각한 거짓말도 비윤리적인 것으로 간주하지 않는다. 또 어떤 이들은 거짓말은 거짓말일 뿐이라며 용납 가능한 거짓말이란 것은 존재하지 않는다고 생각한다.

나는 윤리적 협상이란 무엇인가에 관해 그럴듯한 정의를 내리고 싶진 않다. 그것은 내 생각과 판단만 옳다는 태도이기 때문이다. 나는 윤리적 협상이 무엇인지 정의를 내려주기보다는, 학생들이 '그들 자신의' 가치관을 정확히 이해한 상태에서 협상 테이블에 나가도록 돕는다. 이러한 자기이해는 그냥 주어지는 것이 아니라 꾸준한 훈련을 통해서 얻을 수 있다.

무엇보다도 협상하는 사람은 다른 사람이 아닌 자신의 도덕적 원칙에 비추어 판단하도록 노력해야 한다. 스테이시가 잘 알고 있었듯, 한 번의 이익을 위해 자신이 중요하다고 믿는 원칙을 저버려서는 안 된다. 스테이시는 이런 식으로 생각했다. 만일 내가 어떤 행동을 했는데 그것이 〈월스트리트 저널〉 1면에 보도된다면 나는 아무렇지 않을까? 그래도 여전히 내 접근법이 옳았다고 느낄까? 나는 나 자신에게 정직한가? 이 선택을 후회하지는 않을까?

협상의 전략적 측면에서는 자신의 윤리적 가치관과 원칙이 실제 협상에서 어떻게 작동하고 어떤 영향을 미칠지 점검하는 것도 매우 중요하다. 가령 자신의 가치관에 비추어 보면 그리 심각하지 않은 거짓말일지라도 상대방에게는 매우 부정적으로 느껴질 수 있다는 점을 고려해야 한다. 어떤 상대방은 '협상 테이블에선 으레 거짓말을 하지'라며 대수롭지 않게 여길 수도 있다. 하지만 아주 작은 거짓말도 용납하지 못하는 상대를 만난다면, 협상이 결렬되는 건 물론이고 두 번째 기회도 얻지 못할 수 있다. 훨씬 더 엄격한 기준을 가진 사람이라면 당신이 특정한 정보를 말하지 않은 것도 거짓말한 것으로 간주할 것이다. 이처럼 사람마다 제각기 다른 가치관과 원칙을 갖고 있으므로 당신은 반드시 상대방을 정확히 이해한 뒤 그에 맞는 접근법을 선택해야 한다.

협상에서 정직함이 중요한 또 다른 이유는 협상 과정에서 당신에 대한 신뢰를 유지하도록 해주기 때문이다. 간단한 예로, 수락 가능한 상한선을 제시하는 경우를 생각해보자. 당신이 휴가지에서 기념품을 사는데 가격을 흥정하면서 가게 주인에게 10달러에 팔라고 그 이상은 못 내겠다고 말한다. 가게 주인은 "나도 그 가격엔 못 팝니다"라고 한다. 어떻게 해야 할까? 당신은 그냥 가버리고 싶진 않다. 그 기념품을 꼭 갖고 싶을 뿐만 아니라 사실 속으로는 10달러 이상도 낼 용의가 있다. 그래서 다시 말한다. "좋습니다. 그럼 11달러 50센트 드릴게요." 당신은 그에게 신뢰를 잃은 상태가 된다. 가게 주인은 당신이 처음에 수락 가능한 상한선을 거짓으로 말했다는 걸 알게 됐으므로, 이제는 당신이 다시 제시하는 상한선도 믿지 않을 가능성이 크다.

대다수 사람은 이 사례를 들으면 어깨를 으쓱한다. 별로 중요하지도 않은 협상인데 뭘 신뢰까지 들먹이느냐는 반응이다. 휴가지에서 기념품 가격을 흥정하는 것은 생사가 걸린 문제도 아니다. 그럼에도 내가 이 사례를 언급하는 것은 어떤 협상에서든 신뢰가 중요하다는 것을 강조하기 위해서다. 설령 당신과 상대방이 가진 선의의 거짓말에 대한 기준이 같더라도 신뢰는 얼마든지 무너질 수 있다. 그리고 사소한 부분에서 신뢰가 무너지면 이후 다른 부분에서도 상대는 당신을 믿지 못하게 된다. 경계 태세가 되어 당신이 하는 모든 말을 까다롭게 검토할 것이다.

또 이런 점도 떠올려보라. 사실과 다른 정보를 제공하거나 거짓말을 하면 당신은 그것을 전부 기억하고 있어야 한다. 자신이 했던 선의의 거짓말들을 하나하나 기억하는 데에 시간과 에너지를 쓰고 싶을 사람은 없을 것이다. 내가 약속시간에 늦은 핑계를 뭐라고 댔었지? 운용 가능한 자본에 대해 내가 어떻게 말했었지? 솔직하게 진실을 말하는 사람은 그런 것을 기억하느라 애쓸 필요가 없다.

나는 다른 협상가의 윤리적 기준에 대해 왈가왈부하고 싶진 않다. 하지만 무엇이 공정한, 그리고 효과적인 행동 방식인가에 대한 나 자신의 견해는 분명히 갖고 있다. 개인적으로 나는 자수성가한 억만장자이자 헌츠먼코퍼레이션Huntsman Corporation을 창립하고 이끌었던 존 헌츠먼Jon Huntsman Sr.의 관점에 공감한다. 그는 저서 《원칙으로 승부하라Winners Never Cheat》에서 "금전적 목적은 절대로 비윤리적 수단을 정당화할 수 없다"라고 말했다. 그는 평판을 쌓으려면 오랜 시간이 걸리지만, 그것이 무너지는 데는 단 몇 분이면 충분하다는 사실을 잘 알았다. 그는 "타인을 정직하지 못한 태도로 대하면 이후의 거래나 교류에서 그는 당신에 대한 불신을 지울 수 없다"라고 강조했다.

그는 자신의 회사가 추구한 윤리적 가치가 장기적으로는 이익을 가져다줬다고 말했다. 일례로 헌츠먼케미컬Huntsman Chemical이 태국에 미쓰비시Mitsubishi와 합작투자회사를 설립해 운영할 당시, 존 헌츠먼은 태국 정부 인사들에게 뇌물을 줘야 한다는 사실을 알고는 보유하고 있던 합작투자회사 지분을 300만 달러의 손실을 감수하고 미쓰비시에 매각했다. 존 헌츠먼은 길게 본 것이다. "윤리적 결정은 당장은 성가시고 이익에도 도움이 안 될 수 있다. 그러나 태국에서 우리 회사가 '수수료' 내는 것을 거부했다는 사실이 알려지자 우리는 그 지역에서 다시는 뇌물 관련 문제를 고민할 필요가 없어졌다."

존 헌츠먼은 기업가정신에서 경쟁심이 중요하다는 점을, 또 협상가는 종종 험난한 고개를 넘어야 한다는 점을 누구보다 잘 알왔다. 그러나 부정한 술수와 거짓말은 넘어서는 안 될 선을 넘는 것이기에 그는 늘 말했다. "만일 당신이 부정한 술수와 거짓말이 비도덕적이라는 점에 별로 신경 쓰지 않는다면 이 사실을 기억하라. 그것은 결국 실패로 가는 길이다."

반대로 공정하고 정직하다는 평판을 얻고 있는 사람에게는 보상이 돌아오기 마련이다. 스키니티즈의 린다 슐레진저-와그너는 연휴 시즌이 되면 모든 직원들에게 가장 좋아하는 고객들의 명단을 작성하라고 한다. 선정 기준은 구매 액수가 아니다. 직원들은 상대하면서 가장 기분 좋았던 고객들을 뽑는다. 이 명단에 들어간 고객들은 다음 주문 때 25퍼센트를 할인받는다. 1년 동안 지켜보다가 착한 일을 한 아이에게 선물을 주는 산타할아버지가 떠오른다.

정직과 존중은 결국 당신에게 많은 것을 가져다준다. 이것은 오프라 윈프리의 토크쇼 〈슈퍼소울 선데이_SuperSoul Sunday〉에 소개될 법한 일화에만 어울리는 교훈이 아니라 비즈니스 세계에서도 충분히 유효하다. 당신이 언제나 상대방이 가장 만족하는 가격이나 품질의 제품을 제공할 순 없겠지만, 그래도 괜찮다. 대신 '누구나 거래하고 싶어 하는 회사'라는 점을 당신의 가치 제안으로 삼을 수 있다. 전설적인 스포츠에이전트 밥 울프는 이렇게 말했다. "생각해보라. 왜 기업들이 대중과의 관계에 신경 쓰면서 착한 회사 이미지를 전달하는 광고와 홍보에 엄청난 돈을 쏟아부을까? 우호적인 분위기를 형성해서 사업을 잘 유지하고 싶기 때문이다. 그리고 그런 접근법이 효과가 있기 때문이다."[41]

정보를 공유할 것인가 말 것인가

지나치게 방어적인 태도로 정보를 숨기려 하거나 자신의 주장을 관철하는 것만 목표로 삼으면, 나와 상대방의 이해관계가 만나는 접점을 찾아내기 어렵다. 협상이 살벌한 경쟁이라는 시각으로 접근하는 사람은 자신이 아는 정보를 최대한 숨기려고 할 것이다. 마치 카드게임에서 자신의 작전을 들키지 않으려고 애쓰는 사람처럼 말이다. 당신 머릿속의 모든 생각과 숫자를 밝혀야 한다는 얘기는 아니다. 그러나 정보를 통제하는 접근법은 적대감과 의심을 키울 수 있다는 점에서 문제가 될 수 있다.

이것은 내가 서면으로 진행되는 입찰식 경매를 싫어하는 이유이기도 하다. 거래란 대화와 사람 사이의 상호작용으로 이뤄져야 하는데 입찰식 경매에는 그런 과정이 없다. 대화 과정이 생략된 채 돈의 액수에만 집중한다. 타협할 문제도 없고 창의적으로 사고할 여지도 없다. 오로지 두 방향, 즉 금액이 높은지 낮은지만 중요하다. 입찰식 경매는 혁신과 협력의 기회를 제거한다. 상황에 따라 효율적일 수는 있겠지만, 장기적으로 최대한의 가치를 창출하기는 어렵다.

우리가 자주 하는 이메일을 통한 협상에서도 비슷한 난점이 발생한다. 지구 반대편에 있는 사람과도 협상해야 하는 요즘 같은 글로벌 시대에 인터넷기술은 무척 유용한 도구다. 하지만 이메일로 협상하는 경우라도, 먼저 상대방을 직접 만나 정보를 나누고 서로에 대해 아는 과정이 선행돼야 한다. 직접 대면이 어렵다면 얼굴을 '보면서' 서로에 대한 정보를 파악할 수 있는 영상통화를 시도해볼 수 있을 것이다. 만일 이메일과 문자메시지 중 하나를 택해야 한다면 무조건 이메일이 낫다. 문자메시지에서는 놓치는 정보가 훨씬 더 많다. 요컨대 상대방과의 접촉 수위가 낮아질수록 의사소통 오류나 오해가 발생할 가능성이 커진다.

우선은 최대한 많은 정보를 모아라. 그리고 양측 모두 얻어갈 만큼 파이가 충분히 크다는 관점으로 움직여라. 그래야 솔직하고 투명한 분위기가 조성된다. 상대방의 욕구를 정확히 파악해야 당신이 취할 수 있는 선택지도 늘어난다. 하지만 '모든 것'을 알려줄 필요는 없으므로 어떤 정보를 밝히고 어떤 것을 밝히지 않을지 신중하게 판단해야 한다.

협상에 들어가기 전 당신이 가진 정보들을 살피며 숙고하라. 만일 이 정보를 밝히면 어떻게 될까? 내게 도움이 될까, 불리할까? 사람들은 오히려 자신의 호감도를 높이거나 신뢰를 얻는 데 도움이 되는 정보까지도 감추곤 한다. 상황을 좁은 시각으로 바라보기 때문이다. 정보를 쥐고 있어야 우위에 설 수 있다고, 섣불리 알려주면 자신에게 불리한 쪽으로 이용된다고 믿는 것이다.

우르술라 번스Ursula Burns가 제록스Xerox의 CEO에 오르기 전인

2000년, 당시 회사는 위기에 처해 있었다. 그녀는 회사를 회생시키고자 고군분투하는 핵심 경영진 중 한 명이었다. '복사기회사'는 한물간 비즈니스로 여겨지는 디지털 시대에, 우르술라와 당시 CEO 앤 멀케이Anne Mulcahy 앞에는 해결해야 할 까다로운 문제가 놓여 있었다. 비용 절감을 위해 생산 공정을 아웃소싱하는 문제로 노조를 설득해야 했다. 당연히 쉬운 협상이 아니었다. 아웃소싱은 곧 대규모 구조조정을 의미했기 때문이다. 우르술라는 4,000명 직원을 대변하는 노조 대표들과의 협상에 솔직하고 투명한 태도로 임했다. 그녀는 〈패스트 컴퍼니Fast Company〉 잡지와의 인터뷰에서 "나는 당시 회사 상황을 최대한 상세하게 있는 그대로 설명했다"라고 말했다. 앤 멀케이는 그때를 이렇게 회상했다. "우르술라는 일자리가 줄거나 아예 없어지거나 둘 중 하나가 될 거라고 노조에 설명했다. 그것은 회사의 생존이 걸린 문제였고 다른 방법이 없었다."[42] 우르술라는 사실을 있는 그대로 설명해도 회사 측에 불리하지 않다고 판단했고, 오히려 그런 접근법으로 노조의 신뢰를 얻을 수 있었다.

다른 사례를 보자. 이번에는 깨끗한 열차를 위해 승객에게 협조를 구하는 철도회사의 이야기다. 열차 화장실에 이런 안내문이 붙어 있었다. "저희는 열차 화장실의 청결 상태가 미흡하다는 점을 알고 있습니다. 현재 해결책을 강구 중이며, 역에 정차할 때 수시로 직원이 청소를 진행하는 등 임시 조처를 하고 있습니다. 아울러 다음 손님을 위해 화장실을 깨끗하게 이용해주시기 바랍니다. 승객 여러분의 협조를 부탁드립니다." 나는 이 안내문을 보고 깜짝 놀랐다. 너무 솔직하게 쓰여 있다는 인상을 받았기 때문이다. 좁은 시각을 가진 관리자라면 아마 "우리는 최상의 서비스를 제공합니다! 모든 승객에게 사랑받는 열차, 화장실마저도 사랑받는 열차!" 하는 식의 자화자찬을 써놨을지 모른다. 그건 사실과 전혀 다른데도 말이다. 승객들은 불만을 느끼고 있었고, 철도회사도 그 사실을 뻔히 알고 있었다. 그런데 그런 사실을 애써 숨긴들 무슨 의미가 있을까? 대신 이 철도회사는 순순히 인정함으로써 고객들에게 좋은 인상을 심어주는 쪽을 택한 것이다.

나는 시장 정보와 객관적인 데이터(예컨대 자동차전문평가기관 켈리블루북Kelley Blue Book의 자료, 부동산 중개인들의 매물정보 공유시스템인 MLS의 자료 등)를 먼저 나서서 공개하라고 권장한다. 그런 정보는 마음만 먹으면 누구나 협상 테이블에 나오기 전에 알 수 있고 협상 후에도 확인할 수 있다. 만일 당신이 그런 정보를 적극적으로 공유하지 않으면(또는 그것에 대해 거짓말을 하면) 상대방은 당신이 솔직하지 않다고, 혹은 알고 있어야 할 정보를 모른다고 생각할 것이다. 그러면 상대방과의 향후 관계에도, 당신의 평판에도 좋을 게 없다. 당장 협상 테이블에서 당신은 정보에 어두운 사람, 또는 다른 꿍꿍이가 있는 사람이라는 인상을 줄 수 있고 그러면 대화를 순조롭게 이어가기 어려워진다.

반면 그런 자료를 적극적으로 공유하면, 필요한 정보를 기꺼이 알려주는 사람, 같이 문제를 해결한다는 관점으로 협상에 접근하는 사람이라는 인상을 준다. 당신은 상대방도 자신의 이익만 챙기려는 좁은 시각을 버리고 열린 자세로 대화를 나누도록 유도할 수 있다. 연구결과에 따르면, 사람들은 상대방이 민감한 정보를 공유하면 자신이 아는 정보를 더 기꺼이 나눈다.[43]

중고차업체 카맥스_CarMax_는 이런 접근법을 바탕으로 '포춘 500대 기업_Fortune Global 500_'에 이름을 올리는 성공을 거뒀다. 카맥스는 "우리는 고객들이 충분한 정보를 가진 상태로 거래하기를 원한다. 우리는 철저한 투명성을 추구한다"라는 마인드로 중고차시장 (판매에 불리한 중요한 정보를 숨기기로 유명한 분야다)에 뛰어들었다. 카맥스 매장에는 미리 자료를 찾아보지 못하고 온 고객이 언제든 사용할 수 있는 컴퓨터가 비치돼 있다. 이 회사는 고객이 필요한 정보를 충분히 알아야 한다고 믿는다. 그래야 서로의 시간도 절약되고 상호 신뢰도 형성된다고 생각한다. 카맥스는 누구나 정보에 쉽게 접근할 수 있는 시대에는 똑똑한 고객이 되는 일이 어렵지 않다는 것을 잘 안다.

만일 상대방에게 말하고 싶지 않은 정보가 있다면, 그 정보를 상대방이 요구할 때 어떻게 대응할지 미리 생각해야 한다. 예를 들어 "당신의 마지노선이 얼마입니까?"라는 질문을 받으면 "얼마 이상은 쓰고 싶지 않습니다"라고 대답할 수 있다("쓸 수 없다"가 아니라). 이 대답에는 당신의 마지노선이 구체적으로 얼마인지에 대한 정보가 담겨 있지 않다. 연구에 따르면, 능숙한 화술로 질문을 피해 가는 기술이 뛰어난 경우 상대방은 그 사람이 질문을 피해 간 사실조차 느끼지 못한다고 한다.[44] 반갑지 않은 질문을 피해 가는 것은 누구나 쉽게 해내는 일은 아니다. 여기에는 능숙한 기술이 필요하다. 이 기술은 뉴스 프로그램에 나온 정치인들의 인터뷰 모습에서 언제든 볼 수 있다. 어떤 정치인은 질문에 대한 답은 하지 않고 공식 입장에 해당하는 얘기만 노골적으로 반복한다. 시청자들은 '저러려면 도대체 인터뷰를 왜 하는 거야?'라는 생각이 든다. 그런가 하면 대답을 회피하는 방식이 아주 교묘해서 처음 들었을 땐 대답을 피했는지 알 수 없게 말하는 사람도 있다.

CNN의 앵커 제이크 태퍼Jake Tapper 는 도널드 트럼프를 인터뷰하면서 질문을 교묘하게 피해 말하도록 놔두지 않은 것으로 유명해졌다. 제이크는 도널드 트럼프가 답변을 피해 다른 말을 하면 이렇게 응수했다. "네, 그렇군요. 그럼 이제 질문에 대답해주시겠습니까?" 그러나 반대로 최악의 경우, 그러니까 협상 테이블에서 대답을 회피하려는 당신의 전략에 순순히 따라주지 않는 제이크 태퍼 같은 사람을 만난다면, 이렇게 말해보라. "지금은 대답할 준비가 안 됐습니다. 그 점에 관해선 나중에 다시 얘기할까요? 좀 더 생각해보고 싶군요."

우선 당신에게 맞는 방법을 찾아라. 전략적 중요도가 높은 정보를 지키는 방법이 한 가지만 있는 것은 아니다. 어느 정도 수준에서 정보를 공유해야 하는가와 관련해선, 적어도 협상을 시작할 땐 당신이 편하게 느껴지는 수준보다 더 많이 정보를 공유하는 것이 바람직하다. 처음엔 정보를 혼자만 장악하고 싶은 충동을 누르기가 어렵겠지만, 정보 공유를 하면서 시간이 지날수록 오히려 상황을 주도하고 있다는 기분을 느끼게 될 것이다. 마음에 여유가 생기면서 상대방에게 밝힐 정보와 밝히지 않을 정보도 더 합리적으로 판단할 수 있게 된다.

풍족함의 관점으로 두려움을 극복하라

내 수업을 들었던 학생들은 풍족함의 관점에서 생각하는 훈련 덕분에 협상력이 크게 늘었다는 얘기를 자주 한다. 불공정하거나 원치 않는 고객, 거래, 인간관계로부터 과감히 돌아서도 된다는 것을 알게 됐다는 것이다.

스키니티즈의 린다 슐레진저-와그너가 했던 경험을 살펴보자. 그녀가 스키니티즈 창업 후 비교적 일찍 성공할 수 있었던 데는 홈쇼핑채널 QVC에서의 매출이 큰 역할을 했다. 그녀는 QVC와 처음 계약하고 세 명의 영업담당자와 일했는데 그때마다 비슷한 조건으로 계약을 체결했다. 그런데 어느 날 스테파니Stephanie라는 새로운 영업담당자가 그녀에게 바뀐 계약 조건을 제시했다. 스테파니는 회사에서 높은 성과를 올려 인정받고 싶은 욕심이 큰 여성이었다. 그녀는 스키니티즈가 지나치게 높은 리스크를 감수해야 하는 수수료 구조와 반품률 관련 조항을 린다에게 제시했다.

그 조건대로 진행하면 스키니티즈가 손실을 입을 가능성이 매우 컸다. 린다는 스테파니와 협의점을 찾아보려고 노력했다. 자신의 난감한 상황을 충분히 설명하는 동시에, 스테파니의 전임자들과는 협력적으로 조율해서 양측 모두 만족하는 계약을 맺었다고 설명했다. 하지만 스테파니는 완강한 태도로 더 이상 협상을 하지 않으려고 했다.

린다는 결단을 내려야 했다. 매출의 큰 부분을 차지하는 이 거대 홈쇼핑업체와 뻔히 리스크가 예상되는 계약을 할 것인가? 아니면 다른 판로를 뚫을 것인가? 린다는 스테파니에게 말했다. "계속 그쪽과 일하고 싶지만, 어쩔 수 없이 각자의 길을 가야겠군요. 당신의 고객들도 아쉬워할 겁니다." 린다는 그렇게 QVC와의 계약을 포기했다. "저로선 승부수를 던진 셈이었습니다. 그런 용단을 내렸다는 게 저 자신도 믿기지 않았습니다. 주요 매출처가 없어졌으니 속이 탔죠. 하지만 그 일을 계기로 많은 걸 배웠습니다. 이제는 영업담당자 한 명에게만 의존하지 않습니다. 일을 진행할 때 여러 방식을 동시에 채택하죠. 예전 같으면 '어떻게든 거래부터 성사시켜야 한다'고 생각했을 겁니다. 하지만 지금은 제 기준을 중시합니다. 불공정한 계약 앞에서 돌아설 줄 압니다. 그 이후에 QVC에서 다시 연락이 와서 원하는 조건으로 재계약을 맺었습니다."

린다는 딜라즈Dillard's와도 거래를 중단했던 경험이 있다. 당시 스키니티즈는 딜라즈백화점 47개 매장에서 판매 중이었는데, 린다는 백화점 측에서 스키니티즈 제품을 속옷코너에 진열했다는 것을 알게 됐다. 린다는 스키니티즈가 저가형 의류브랜드라는 이미지가 생길까 걱정됐다. "나는 담당 팀장을 만나서 '우리 제품의 진열 장소가 마음에 들지 않는데 어떡하죠?'라고 물었습니다. 그랬더니 팀장은 백화점에 스키니티즈 전용 매장을 열면 어떻겠냐고 제안하더군요. 하지만 딜라즈에서 스키니티즈의 입점을 거절했어요. 아쉽지만 백화점 모든 매장에서 제품을 철수하기로 했습니다. 우리 제품의 브랜드 이미지가 망가지면 장기적으로 매출에도 좋지 않은 영향을 미칠 거라고 판단했으니까요." 린다는 딜라즈와 원만하게 합의해 거래 관계를 끝냈다. 그리고 몇 년 후, 양측 모두 만족할 만한 새로운 진열 방식을 제안해 다시 딜라즈와 계약을 맺었다.

주스회사 건달로를 운영하는 데이나 시코도 비슷한 경험을 했다. 주스회사는 거래처를 잃지 않으려고 식료품점에 타사보다 낮은 가격에 납품하려고 애쓰기 마련이다. 데이나도 한동안은 그렇게 했다. "그러다 문득 이런 생각이 들었어요. 왜 내가 식료품점들을 만족하게 하려고 애써야 하지? 따지고 보면 그다지 좋은 사업 파트너도 아닌데." 그녀는 굳이 '을'이 될 필요가 없다는 것을 깨달았다. '그녀 자신'이 만족할 수 있는 긍정적인 방향으로 나가야 한다고 생각했다. "식료품점에 먼저 굽히고 들어갈 필요가 없다고 판단했습니다. 그래서 부티크호텔과 고급 식당에 주스를 납품하기 시작했습니다." 건달로는 올해도 꽤 높은 수익을 내면서 주스업계에서 보기 드문 성과를 올리고 있다. "나는 사업의 어떤 부분에서든 협상할 수 있는 자신감이 있습니다. 우리는 좋은 거래처를 발견해 그들과 협상할 겁니다."

민간경비업체를 운영하는 제시카 존슨Jessica Johnson은 최근에 대형 고객을 잃게 돼 곤란한 처지에 직면했다. "그 사실을 알고 나서 곧장 대출받았던 은행에 연락했습니다. '일이 꼬여서 우리가 예상한 매출이 발생하지 않을 것 같다'고 상황을 설명했죠." 예상대로 은행에서는 향후 상환 계획을 구체적으로 알려달라고 했다. "나는 종이와 펜을 들고 차분히 정리하기 시작했습니다." 이는 그녀가 최악의 상황에서도 좁은 시각과 닫힌 마음에 빠지지 않는 데 도움을 줬다. "만일 우리가 고객 20명을 잃는다고 칩시다. 그래도 여전히 100명이 남습니다. 게다가 미국에 있는 8,000여 곳의 경비업체 중 95퍼센트가 연 매출이 500만 달러가 안 됩니다." 또 그녀는 여성이 운영하는 업체들 중 연매출이 100만 달러가 넘는 곳이 13퍼센트도 안 된다는 사실도 떠올렸다(그녀는 그 13퍼센트에 속한다). "그런 점들을 생각하면 우리 회사는 굉장히 희망적입니다. 그 대형 고객이 없더라도 우리 회사는 여전히 업계 상위에 속합니다." 제시카는 풍족함의 관점을 잃지 않은 덕분에 자신 있게 은행과 협상을 했고, 역시 자신감을 갖고 새로운 잠재고객과 접촉하기 시작했다.

스스로 한계를 정하지 마라

이런 종류의 협상은 우리 내면에서도 진행될 수 있다. 애나_{Anna}의 마음속에서 벌어진 협상을 들여다보자.

마케팅팀에서 일하는 애나는 퇴사를 고민하고 있었다. 3년간 연봉이 전혀 오르지 않았고 상사 말에 따르면 당분간 연봉 인상은 불가능하다고 했다. 그녀는 프리랜서를 할까도 생각했지만, 이런저런 이유로 섣불리 용기가 나지 않았다. 프리랜서로 일하면 고정된 월급도 없고, 고객을 찾기도 쉽지 않으며, 건강보험료도 혼자 감당해야 하니까 말이다. 이런 두려움들 때문에 연봉 인상을 강하게 요구할 수도, 회사를 떠날 수도 없을 것 같았다.

하지만 풍족함의 관점으로 바라보려고 마음먹자 회사를 그만 둬도 괜찮다는 자신감이 생겼다. 차분히 생각해보니 주변 지인 중에 그녀에게 일감을 맡길 만한 사람이 꽤 있었다. 그리고 혼자 일할 경우 시간당 소득이 회사에서 일할 때보다 더 높으므로 고객이 그리 많지 않아도 괜찮을 것 같았다. 자신 있게 프리랜서를 시작해도 괜찮은 또 다른 이유가 있었다. 그녀는 다른 동료들보다 업무 역량이 뛰어나 프리랜서로 일하더라도 확실한 차별점을 가질 수 있었다. 고객층을 다양화해서 비용을 더 높게 받을 수도 있고, 회사에서는 취급하지 않는 프로젝트를 맡는 것도 방법이었다. 결국 애나는 회사에 사표를 제출했다. 물론 프리랜서로 전향한 후에 어려움은 있었지만, 그녀가 찾을 수 있는 일감은 충분했다.

나를 아는 이들 중에 내 성격이 낙관적이라고 말할 사람은 아마 없을 것이다. 하지만 나는 풍족함의 관점에서 가능성을 믿으면 반드시 얻는 것이 있다고 생각한다. 이런 접근법은 타인과 협상할 때도 유효하지만, 우리가 인생을 대하는 자세로 삼아도 좋을 만한 것이다. 우리에게 '예스'를 넘어 그 이상을 얻게 해주는 것은 바로 풍족함의 관점이다.

몇 년 전 나는 미국국제개발처_{USAID}와 일할 멋진 기회가 있었다. 대외 원조를 담당하는 국제개발처에서는 매년 9월 열리는 유엔총회_{UNGA} 때 한두 개 주요 행사를 맡아 진행하는 것이 통례였다. 국제개발처의 스포츠 분야 수석고문이었던 나는 유엔총회 때 진행할 행사를 결정하는 회의에 참석했다. 나는 그런 국제적 행사에 관해 아는 게 거의 없었지만, 손을 들고 스포츠 행사를 열면 어떻겠냐고 제안했다. "스포츠 쪽 유명 인사들은 제가 섭외할 자신이 있습니다. 재미있지 않을까요? 이 조직의 플랫폼도 강화하고 색다른 방식으로 사람들에게 다가갈 좋은 기회가 될 것 같습니다." 그로부터 일주일 안에 내 아이디어가 승인되었다.

나는 아이디어를 낼 때만 해도 몰랐다. 이런 대규모 행사를 준비하는 것이 얼마나 엄청난 일인지 말이다. 주어진 시간은 약 한 달이었다. 참석할 유명 인사들을 섭외하고, 초청장을 보내고, 행사와 관련된 수많은 세부 사항을 조율해야 했다. 행사는 뉴욕에서 열리고 그것을 준비하는 우리는 워싱턴 D.C.에 있었기 때문에 진행 과정에서 해결해야 할 문제도 많았다. 한 달 내내 정신이 없었지만 그만큼 성취감도 컸다. 행사는 성황리에 개최됐고 참석자들에게 호평을 받으며 마무리됐다.

이후 국제개발처에서 계속 일하는 동안, 나는 그때 스포츠 행사를 성공적으로 마무리한 것이 얼마나 대단한 일인지 더욱 실감했다. 사실 나는 뭘 두려워해야 하는지 몰라서 두려움이 없었다. 관료 조직의 번잡한 절차와 장애물을 몰랐기 때문에, 그런 것에 대한 걱정으로 아이디어 내는 것을 주저할 필요가 없었다. 시간이 흘러 그곳의 관료주의에 대해 알 만큼 알게 되자, 회의실에서 손을 들고 스포츠 행사를 제안했을 때처럼 개방적이고 폭넓게 사고하기가 힘들어졌다. 지금도 나는 어떤 상황을 희소성의 관점으로 바라보고 있다는 걸 깨달을 때마다 스포츠 행사를 제안했던 그때의 내가 가졌던 관점을 되찾으려고 애쓴다. 나는 언제나 한계를 정하지 않는 사람, '안 될 게 뭐 있어?'라고 생각하는 사람이 되고 싶으니 말이다.

'이건 불가능해'라고 생각하는 나 자신을 깨달으면(마음에 드는 호텔을 찾을 때든, 마감일을 앞둔 상황에서든) 그 배심원 일정담당관을 떠올리곤 한다. 무표정하게 어깨를 으쓱하던 그녀의 모습을, 너무나도 쉽게 '안 된다'고 하던 모습을 말이다. 사실 따지고 보면 나는 그 직원에게 고마워해야 한다. 그녀의 고집스러운 태도가 '이런 사람은 되지 말아야지', '이런 사고방식은 갖지 말아야지', '나 자신이나 타인과 협상할 때 이렇게 접근하지 말아야지'

하는 반면교사가 돼주었기 때문이다. 나는 불가능하다는 생각이 떠오르면 곧장 머릿속에서 지워버리고 가능한 해결책을 생각하는 데 집중한다.

당신의 강점은 무엇인가?
모르겠다면 당신이 생각하는 자신의 취약점은 무엇인가?
남들과 '다르다'는 데 당신의 강점이 있다.
그 다름이 당신을 협상에서 우위로 이끈다.

Lesson 9

당신의 강점을 믿어라

영화 〈에린 브로코비치_Erin Brockovich〉는 돈도 스펙도 없는 싱글맘 에린 브로코비치가 변호사인 상사와 힘을 합쳐 PG&E(퍼시픽가스전기회사)에 맞서 싸우는 내용이다. 이 대기업은 유해물질로 수질을 오염시켜 지역 주민들을 병들게 한 주범이다. 세련되고 도도한 PG&E 측 변호사 세 명이 에린의 상사를 만나러 사무실로 찾아왔을 때, 그녀는 자신과 상사 이외에 다른 직원 두 명도 회의에 참석하게 한다. 그렇게 에린 쪽은 네 명, PG&E 쪽은 세 명이 된다. 이 직원 두 명은 회의에서 아무 발언도 하지 않고 또 할 필요도 없다. 조그만 회사라고 해서 수적으로 밀리거나 주눅 들지 않겠다는 것을 보여주는 게 목적이기 때문이다. 흔히 얼마나 많은 돈이나 자원을 가졌느냐가 협상에서의 우위를 좌우한다고 믿는다. 그러나 에린이 보여준 것처럼 협상에서 중요한 것은 마음가짐과 태도다. 당신이 가진 힘을 이해하고 믿으면 그 힘을 마음껏 발휘할 수 있다.

앞에서 언급했던, 바이링궐버디스의 창업자이자 유대인과 멕시코인, 이란인의 피가 섞인 세라 파르잠은 한때 협상을 두려워했다. 소수인종 여성이라는 점, 사업상 만나는 대다수 사람보다 훨씬 젊다는 점이 그녀를 주저하게 했다. 하지만 자신이 가진 힘을 제대로 이해하고 나서는 더 이상 협상을 두려워하지 않게 됐다. "가령 유치원 열 곳을 운영하는 나이 많은 백인 남성을 상대할 때도 이제는 주눅 들지 않아요. 예전에는 그런 사람과 마주 앉으면 잔뜩 긴장해서 돈 얘기를 꺼내기가 너무 힘들었어요."

이제 세라는 자신이 사람들 이야기 듣는 걸 좋아한다는 사실, 가게에서 생필품 하나를 살 때도 흥정하는 아버지를 옆에서 보며 자랐다는 사실, 교역과 협상의 오랜 전통을 가진 이란 문화권 출신이라는 사실을 떠올린다. 그녀는 어려서부터 다양한 문화권의 특징을 접하며 자랐기 때문에 어떤 타인과도 쉽게 유대감을 형성하며 공감하는 뛰어난 능력을 지녔다. 그녀는 협상에 나갈 때면 자신에게 이렇게 말한다. "나는 멕시코와 이란의 피가 섞였고 여성이다. 저쪽보다 불리할 이유가 전혀 없다. 오히려 더 유리할 수도 있다."

메리 엘런 슬레이터도 이와 비슷한 관점의 변화를 거쳤다. 그녀의 콘텐츠마케팅회사 고객 중에는 세계적으로 유명한 대기업들도 있다. "그런 대기업은 엄청난 힘을 가졌고 우리 같은 작은 회사는 힘이 없다는 생각이 당연히 들겠죠. 안 그래요?" 이런 마음가짐으로 사업을 한다면 대기업에 끌려다니며 불리한 계약을 하기 십상이다. 그녀는 관점을 바꿔 이렇게 생각하기로 했다. "그들이 우리에게 연락한 건 우리가 필요해서예요. 회사 규모가 크게 차이 난다고 해서 우리에게 힘이 없다는 의미는 아닙니다. 실제로 우리는 커다란 힘을 지닌 회사예요."

메리의 자신 있는 태도는 고객과의 협상에서 눈에 띄게 드러난다. 최근 한 국제적인 이벤트회사와 협상하는 자리에서 그녀는 자신의 회사와 비슷한 성과를 내는 다른 업체가 두 곳 있다고 직설적으로 말했다. "두 곳 모두 우리의 경쟁업체입니다. 둘 다 실력 있는 회사예요. 만일 우리보다 그들이 더 적합하겠다는 생각이 드시면, 그쪽 연락처를 알려드릴게요." 그녀가 자신의 가치를 이해하고 경쟁력이 있다는 자신감을 가진 이후로 회사 매출이 40퍼센트 증가했다. "나는 내 능력과 현재 위치를 스스로 잘 압니다. 우리 회사가 대체 가능한 경우와 아닌 경우도 잘 알고요." 그것을 아는 사람과 모르는 사람의 차이는 아주 크다.

이번 장에서는 자신의 힘을 제대로 이해해 협상 우위를 점한 다양한 사례들을 살펴본다. 사람들이 갖는 힘의 종류와 특성은 개인마다 고유하며, 힘을 가지려면 정확한 자기인식이 필요하다.

〈블랙 팬서Black Panther〉나 〈원더우먼Wonder Woman 〉, 〈헝거게임The Hunger Games〉과 같은 영화에서 묘사된 영웅적 모험담도 결국은 자신의 힘을 지키려는 주인공의 여정이 아니었던가.

다르다는 것은 곧 강점이다

샐리 크로책의 경력은 대단히 화려하다. 그녀는 스미스바니, 메릴린치자산운용Merrill Lynch Wealth Management, U.S. 트러스트U.S. Trust, 씨티프라이빗은행Citi Private Bank을 이끌었으며 씨티그룹의 CFO(최고재무책임자)를 지냈다. 그녀는 남성이 압도적으로 많은 월스트리트에서 드물게 최고 자리에 오른 성공한 여성이다. 저서《주인이 돼라: 일하는 여성의 힘Own It: The Power of Women at Work》에도 썼듯이, 그녀는 자신이 여성임에도 불구하고 성공한 것이 아니라, 그 덕분에 성공했다고 생각한다.

과거 리서치애널리스트 시절 그녀는 리스크에 대한 남다른 관점으로 서브프라임 대출 관행에 대해 경고한 〈오, 이제 그만!Whoa, Nellie!〉이라는 제목의 보고서를 발표했다. 2008년도 아니고 1994년에 말이다. 그 보고서가 그녀의 경력에 치명타를 입힐 거라고 경고하는 이들도 많았다. 하지만 크로책은 2008년 금융위기의 여러 원인 중 하나로 금융업계 회의실에 자신처럼 다양한 목소리를 내는 사람들이 부족했다는 점을 꼽는다.

"월스트리트의 의사결정자 대부분은 오랫동안 함께 일한 사람들이었습니다. 그들은 대부분 남성이고, 같은 대학을 다니고, 아이들을 비슷한 학교에 보내고, 똑같은 교육 프로그램을 듣고, 똑같은 식당에서 밥을 먹고, 함께 승진하고, 함께 휴가를 가고, 함께 테니스를 치고, 함께 술을 마시고, 같은 자선단체의 이사회에 참여하는 사람들이죠."[45] 리스크에 대한 다른 접근법, 즉 여성으로서 그녀가 가진 차별화된 관점이 그녀를 남다른 존재로 만들었다.

크로첵은 무엇보다도 관계 형성에 정성을 기울인 덕분에 상대방에게 금전적인 주제를 편하게 꺼내놓을 수 있게 됐다고 말한다. 그녀는 투자분석회사 샌퍼드 번스타인Sanford C. Bernstein의 CEO로 재직할 당시에도 관계를 중시하는 접근법으로 회사를 운영했다. 당시 그녀는 회사가 투자 고객과 기업 고객, 이렇게 두 종류의 고객을 상대하기 때문에 진정성 있는 관계를 구축하기 어렵다고 판단했다. 두 고객층의 니즈가 근본적으로 달랐기 때문이다. 대부분 자산운용사가 이 둘을 모두 상대했지만, 크로첵은 투자은행 업무에서 철수하자고 경영진에 제안했다. 기관투자가와 기업에 신뢰도 높은 분석 보고서를 제공하는 데 집중하기 위해서였다. 닷컴버블 붕괴 이후 많은 경쟁사가 닷컴버블을 악용해 편향되거나 잘못된 투자 정보를 제공한 데 대한 처벌로 엄청난 벌금을 물었다. 반면 크로첵은 '마지막 남은 정직한 애널리스트'라는 뉴스 헤드라인의 주인공으로 〈포춘Fortune〉 표지를 장식했다.

물론 크로책은 관계를 중시하는 사업철학 때문에 비싼 대가를 치르기도 했다. 샌퍼드 번스타인은 그녀가 내린 결정이 옳았음이 드러나기 전까지 한동안 손실을 겪어야 했다. 그리고 씨티그룹에서는 회사의 잘못된 리스크 분석 때문에 투자 손실을 본 고객에게 배상해줘야 한다고 강하게 주장하다가 해고됐다. 그녀는 당시를 회상하며 말했다. "우리 때문에 실망한 고객들에 대한 생각을 머릿속에서 지울 수 없었습니다. 그동안 신뢰 관계를 유지해온 고객들, 우리가 올바른 투자 결정을 내릴 것이라고 철석같이 믿은 고객들이었습니다. 게다가 회사가 감수해야 할 장기적 손실도 고려해야 했습니다. 고객의 신뢰를 저버린 회사를 누가 다시 믿고 투자하려 하겠습니까?"[46]

그러나 고객 관계를 긴 시각으로 바라본 사업철학 덕분에 현재 그녀는 훨씬 더 나은 지점에 도착해 있다. 그녀는 여성을 위한 투자플랫폼 엘레베스트Ellevest를 설립해 성공적으로 운영 중이다. 그녀는 과거에 해고당한 이유가 지금은 자신의 성공에 도움을 주는 접근법이라는 점을 깨달았다. "남들과 다르게 생각하고 다수의 의견에 도전했기 때문에, 일반적 기준에 어긋나는 행동을 하며 큰 목소리를 냈기 때문에, 장기적 관점으로 리스크를 경고하며 눈앞의 이익보다 고객과의 관계를 우선시했기 때문에 해고를 당했었습니다. 하지만 지금은 그런 점들이 성공의 발판이 됐습니다."

그녀는 '다르다'는 데 강점이 있다고 말한다. 그리고 바로 그

다름에 우리의 가장 큰 경쟁 우위가 있다고 강조한다. 다름이 만들어내는 잠재력을 이용하는 사람은 자신에게 '그것 때문에 나는 할 수 없어'가 아니라 '그것 덕분에 나는 할 수 있어'라는 말을 한다.

제록스 전 CEO 우르술라 번스는 가난한 집안 출신에 아프리카계 미국인이고 여성이다. 사람들은 그녀가 날 때부터 스트라이크 세 개를 맞은 셈이라고 했다. 하지만 그녀는 〈타임Time〉 인터뷰에서 이렇게 말했다. "나는 온통 남자들뿐인 강의실에서 공학을 공부했습니다. 대부분 백인 남자였죠. 다시 말하지만, 남들과 다르다는 것은 장점이 될 수 있습니다. 성별의 다름을, 인종의 다름을 강점으로 이용하세요. 그것은 긍정적인 특성이 될 수 있습니다. 당신은 남들 못지않게 또는 더 뛰어나게 해낼 수 있습니다. 목표에 집중하며 전진하세요. 수없이 역풍을 만나겠지만 거기에 굴해서는 안 됩니다. 역풍을 오히려 기회로 이용하면 됩니다."[47]

스토리텔링과 설득

나는 수업에서 종종 이런 훈련을 한다. 종이클립을 하나씩 나눠주고 두 시간 동안 더 나은 물건과 교환해 오는 것이다. 나는 그들의 의욕을 자극하기 위해, 카일 맥도널드Kyle MacDonald라는 캐나다 청년이 종이클립으로 물물교환을 시작해 나중에 집을 얻은 이야기[48]를 들려준다. 내가 이전에 했던 다른 수업의 학생들이 클립과 교환해 어떤 물건을 얻는 데 성공했는지 말해주면(미니 냉장고, 프린터, 트롬본 등) 다들 믿지 못하겠다는 반응을 보인다. 이후 나는 두 시간을 주고 캠퍼스를 돌아다니면서 각자의 스타일로 협상해보라고 한다.

딜런Dylan이라는 학생은 카일 맥도널드가 어떻게 그런 성공을 거둘 수 있었을까 곰곰이 생각해보고 이 점을 깨달았다. 카일은 단순히 종이클립을 교환한 게 아니었다. 스노모빌을 얻는 시점에 이르렀을 때쯤 이 대담한 모험은 온라인상에서 화젯거리가 됐고, 많은 사람이 이 흥미로운 물물교환 프로젝트에 참여하고 싶어 했다. 더는 물건 자체가 중요한 게 아니었다. 거기에는 사람들을 끌어당기는 스토리가 있었다. 딜런은 그 지점에서 영감을 얻었다. 딜런은 연극인 집안 출신으로, 그의 가족들은 무대 의상과 분장에 익숙하고 해마다 정교한 핼러윈Halloween 공연을 했다. 또 그는 교내 신문사에서 일했기 때문에 스토리 짜는 일에 익숙했다. 딜런은 재미난 스토리를 써서 자신이 특정 역할을 연기하는 동시에 사람들을 이 스토리에 참여하게끔 초대하기로 했다.

그는 페이스북 페이지를 만들어 해당 스토리를 공개했다. 요란한 반짝이 의상도 구해 입었다. 그리고 캠퍼스 내에서 거래할 장소를 페이스북 페이지에 올렸다. 길거리에서 구한 재료로 안내판도 만들어 세웠다.

"전혀 모르는 낯선 사람들이 '나도 참여하고 싶어요'라며 연락을 해왔어요. 내 전략이 먹힌 거죠. 그리고 나 자신이 즐거우니까 훨씬 잘할 수 있었어요. 그냥 친구들한테 전화해 '나랑 물물교환 할래?'라고 했다면 별 성과가 없었을 겁니다. 별것 아닌 종이클립을 더 좋은 물건과 바꾸면 사기 친다는 기분이 들었을 거예요. 남들도 이 거래로 뭔가 가치를 얻어야 했어요. 사람들이 나와 동등한 거래를 한다고 느끼려면 내가 그들에게 뭔가 줘야 했죠. 재미난 스토리에 동참한다는 기분, 나는 그걸 줄 수 있었습니다."

결국 딜런은 거래에 성공해 레이저 에칭 기법으로 산의 풍경을 새긴 위스키 잔을 얻었다. 이런 멋진 결과가 가능했던 것은 그가 자신이 가진 힘(연극적 요소를 동원해 사람들을 스토리에 동참시키고 즐거움을 줄 수 있다는 것)을 이해하고 그 힘을 협상력으로 이용했기 때문이다. 그는 그냥 거래하자고 부탁하지 않았다. 색다르고 재밌는 무언가에 동참하라는 초대장을 내밀었다. 딜런에게는 상대에게 제안할 가치 있는 뭔가가 있었고 그는 그것을 기꺼이 이용했다.

남다른 문제해결 능력으로 승부하다

어느 날 수업 후에 브래들리Bradley라는 학생이 나를 찾아왔다. 그는 뉴올리언스에서 이벤트회사를 운영했는데, 기존의 고정가격 체계를 바꾸는 일로 고민하고 있었다. 그의 고객들은 식당에서 메뉴를 고르듯이 몇 가지 이벤트 상품 중에 마음에 드는 걸 고르고 그에 따른 가격을 지급했다. 고객이 이벤트 세부 내용을 바꾸거나 그에 따라 가격을 조정하는 것은 어려웠다. 그렇게 하려면 고객에게 공감하면서 정보를 교환하고 욕구를 명확하게 파악하는 등 훨씬 더 정교한 커뮤니케이션 과정이 이뤄져야 하는데, 브래들리는 그런 방식이 비효율적이고 이벤트사업에는 잘 맞지 않는다고 생각했다.

나는 "내 생각은 다른데요"라고 말했다. 브래들리는 잠재력이 많은 사람이었다. 친화력이 좋고 대인관계 능력도 뛰어났다. 학생들 사이에서 인기가 많았고, 모의협상을 할 때면 언제나 상대방의 정보를 효과적으로 알아냈다. 브래들리 자신도 타인과 정보를 나누고 관계 맺는 것을 잘한다는 사실을 알았지만, 그런 자신의 능력이 이벤트사업에 도움이 될 거라는 생각은 하지 못했다.

나는 그에게 고객 욕구를 보다 효과적으로 파악하는 데 시간을 쏟아보라고 조언했다. 모든 고객에게 천편일률적인 설명을 할 게 아니라, 문제를 해결하겠다는 마음가짐으로 각각의 고객에게 호기심을 갖고 다가가라고 했다. 한편으로는 현재 예약 손님이 꾸준히 있는데 고정가격 체계에 대해 고민하는 이유가 무엇인지 물었다. 브래들리는 늘 일에 시달리며 최선을 다한다고 하는데도 제자리뛰기를 하는 기분이라고 말했다. 언제 경기침체가 올지 모르니 매출을 늘려 회사 재무를 더 탄탄하게 해놓아야 한다는 조바심도 있었다. 그는 내가 조언한 대로 해보겠다고 약속했다.

그로부터 얼마 후 브래들리는 잠재고객에게 연락을 받았다. 딸을 위해 유대교 성인식 파티를 해주려는 부부였다. 그는 이 부부를 회사로 불러 이벤트 공간을 보여주고 충분한 시간을 함께 보내면서 많은 정보를 알아내려고 애썼다. 부부는 둘 다 의사였고 늘 일에 쫓기는 바쁜 생활을 했다. 남편은 플로리다 출신, 아내는 독일인이었다. 브래들리는 이 가족의 이야기를 듣는 일이 "생각보다 편하고 재밌었습니다"라고 말했다. 그들의 딸은 할리우드 테마의 파티를 원했고, 알고 보니 브래들리의 아들과 같은 학교에 다녔다. 또 브래들리는 이 가족이 자신의 이벤트회사에서 진행한 다른 성인식 파티들에도 참석했다는 사실, 그들이 다니는 유대교 사원 바로 근처에 회사가 있다는 점을 편리하게 느낀다는 사실도 알게 됐다. 브래들리도 근처에 유대교 사원이 있는 건 알았지만 예전엔 사업상의 큰 이점으로 생각해본 적이 없었다.

그들의 딸은 화려한 성인식 파티를 고대하고 있었다. 부부는 너무 바빠서 브래들리가 도와주지 않으면 딸이 기대하는 파티를 준비할 수가 없었다. 브래들리는 "그런 말을 들으니 훨씬 더 보람된 작업이 될 거라는 생각이 들었어요"라고 하며 이렇게 덧붙였다. "나는 천성적으로 사람들 돕기를 좋아합니다. 새롭고 멋진 뭔가를 추진하는 것도 좋아하고요. 사람들에게 독특하고 신나는 경험을 선사하는 일이라면 힘든 줄 모르고 하죠." 이것이 그가 가진 힘이었다. "언제나 다들 내가 기획한 이벤트가 마음에 든다면서 고마워해요. 그런데 문제는 내 창의적 능력의 가치를 나 자신이 제대로 모를 때가 많았다는 겁니다."

적극적으로 상대방을 알고 이해하려는 마음가짐을 갖자 고객에게 인간적으로 다가갈 수 있었다. 고객과 함께 공동의 목표를 위해 노력하는 파트너가 된 기분이었다. 부부에게 견적을 말해줄 때 그는 평소보다 훨씬 높은 금액을 제시했다. 자신의 판단을 의심하거나 고객의 반발을 예상하며 위축되지도 않았다. 그들이 원하는 온갖 부가서비스와 특별코너를 추가해 이벤트를 하려면 실제로 그만한 비용을 받아야 했기 때문이다.

브래들리는 고객의 요구를 반영한 괜찮은 수준의 파티를 기획하고 그저 적당한 수익에 만족할 수도 있었지만 그러지 않았다. 그는 에너지 넘치는 10대 소녀의 취향에 딱 맞는, 세상에 단 하나뿐인 파티를 만들었다. 할리우드 캐릭터에 대한 소녀의 사랑이 곳곳에 엿보이는 고객 맞춤형 파티에서 가족과 친구들 모두 최고의 시간을 보냈다. "내가 견적을 제시하자 부부는 그 자리에서 바로 계약했습니다. 이런 화려한 파티의 비용을 전혀 부담스럽게 느끼지 않더라고요. 돈보다 더 중요한 뭔가가 있는 거죠."

돈을 절약하는 것은 이 부부의 관심사가 아니었다. 그들에게는 딸을 행복하게 해주는 것만이 중요했다. 그리고 부부는 늘 시간에 쫓기기 때문에 이벤트회사에 맡길 수밖에 없었다. 그들이 보기에 브래들리가 요구한 가격은 터무니없지 않았다. 오히려 충분히 합리적이었다. 브래들리 입장에서도 지나친 욕심을 부린 것이 아니었다. 자신의 능력과 자신이 제공하는 서비스가 지닌 가치를 아는 상태에서 제안한 가격이었으니 말이다.

이후 브래들리는 협상력을 더욱 키워갔다. 그는 세스 고딘_{Seth} _{Godin}의 마케팅 세미나에 참여하기 시작했다. 이 세미나에서도 역시 공감을 강조했다. 그는 고객에게 공감하는 일에 더욱 초점을 맞춰 회사를 운영했다. "결혼을 앞둔 신부들에게서 새벽 1시 45분에, 2시에, 3시에도 이메일이 오더라고요. 피로연 공간을 보고 싶다고 문의하는 내용이었어요. 물론 그 시간에 자다가 일어나 보여줄 수는 없죠. 대신 왜 그들이 새벽에 그 문제를 생각하며 고민할까, 뭘 알고 싶은 걸까, 내가 어떤 식으로 도울 수 있을까 곰곰이 생각해봤습니다." 그는 고객들에게 편한 프로세스를 만들어야겠다는 생각을 가졌고, 예비부부들이 언제든 원할 때 웹사이트에 접속하면 볼 수 있도록 음성 안내와 함께 이벤트 공간을 보여주는 가상투어 동영상을 제작했다.

"어떤 이들은 '내가 편하려면 어떻게 해야 하나?'를 먼저 생각하면서 까다로운 고객을 피하죠. 하지만 난 그건 아니라고 봅니다. 고객을 편하게 해줄 방법을 먼저 생각하는 게 내 사업철학이에요. 그게 우리 회사의 차별점입니다. 설령 고객이 까다롭게 나와도 상관없습니다. 내가 그만큼 더 노력하면 되니까요. 거기서 경쟁 우위가 생기는 겁니다." 실제로 이런 접근법은 훌륭한 결과를 낳았다. 지난해 이벤트 예약 건수는 창업 이래 최고치를 찍었고, 올해에는 그보다 35퍼센트 더 늘어날 것으로 예상된다.

진정성은 편견보다 힘이 세다

앞서 소개했던 아프리카계 미국인 서배스천 잭슨이 웨인주립 대학교 측을 설득해 캠퍼스에 이발소 '소셜클럽'을 여는 데 성공했을 때(세 번이나 거절당한 후에 말이다!), 그는 무엇보다도 감사한 마음이 제일 컸다. 이발 기술로 먹고살아야 하는 그로서는 간절했던 기회를 마침내 얻었으니 말이다. 이발소를 열고 나서 그는 지역의 혁신가나 문화 리더, 영향력 있는 인사를 수시로 초대해 이발소에 활기를 불어넣고 그곳을 찾는 아프리카계 미국인 손님들이 더 활발히 교류할 수 있게 도왔다.

그런데 어느 날 지인이 그의 가게를 '흑인 이발소'라고 부르자 서배스천은 그렇게 부르지 말라고 했다. 그는 "우리 흑인 커뮤니티의 문화를 비하하는 것처럼 느껴졌습니다"라고 회상했다. 이발소는 흑인들끼리 모여 한담이나 나누는 동네 사랑방 같은 곳이라는 고정관념이 떠오른 것이다. "이발소라는 공간의 위상을 높여야겠다는 생각이 들었습니다."

서배스천은 사람들이 가진 고정관념을 깨보기로 했다. 그리고 아프리카계 미국인뿐만 아니라 모든 인종의 손님을 기꺼이 맞아들였다. 이발소 운영을 시작하고 2~3년쯤 지났을 때 그는 자신이 가치 있는 뭔가를 만들어내고 있다는 사실을 깨달았다. "지금껏 형성된 이발소 문화가 지닌 힘을 하마터면 놓칠 뻔했습니다. 이발소가 잘될수록 흥미로운 지역 인사와 문화 리더들을 웨인주립대학교로 더 많이 끌어당겼습니다. 우리 이발소는 그들과 지역 주민들이 교류할 기회를 제공했죠." 어느새 이발소 소셜클럽은 쇠락하던 도시 디트로이트를 회복시키는 데 의미 있는 역할을 하고 있었다. "나도 지역사회에 공헌할 수 있다는 걸 깨달았습니다. 주민의 85퍼센트가 흑인인 도시에서 흑인이 운영하는 이발소니까요." 물론 소셜클럽은 손님을 받을 때 인종을 가리지 않지만, 그는 이런 자부심을 가슴에 새겨 넣었다. "여기는 흑인이 운영하는 이발소이므로 '흑인 이발소'가 맞습니다."

사업 확장을 꾀하는 과정에서 이런 관점은 그에게 커다란 강점이 됐다. "디트로이트를 다시 부흥시키려는 사람들은 다양성과 포용을 지향합니다. 나는 디트로이트가 아니라 플린트 출신입니다. 이 도시에는 그런 다양성이 필요합니다. 그래서 더욱 우리 소셜클럽이 필요하죠." 한때는 '흑인 이발소'라는 말이 싫었지만, 이제는 그의 강점을 나타내는 말이 됐다.

나는 서배스천처럼 자신의 정체성에 대한 잘못된 고정관념과 싸우는 사람들을 숱하게 목격했다. '흑인 이발소'와 관련된 인종적 편견도 그러한 고정관념이지만, 또 다른 예는 내성적인 성격에 관한 고정관념이다.

내향적인 성격의 수전 케인Susan Cain은 (믿기지 않을지 몰라도) 한때 법률회사에 몸담았고, 협상 분야 컨설턴트로도 일했다. 현재는 작가와 강연가로 왕성하게 활동하고 있다. 그녀는 내향적인 사람들이 혼자만 있지 말고 밖에 나가 어울리라는, 사교적이고 적극적인 사람이 돼라는 얘기를 자주 듣는다는 사실에 주목했다. 사실상 본래의 자신과 다른 사람이 되라고 요구받는 것이다. 내향성을 주제로 한 그녀의 TED 강연과 저서 《콰이어트: 시끄러운 세상에서 조용히 세상을 움직이는 힘Quiet: The Power of Introverts in a World That Can't Stop Talking》은 사람들로부터 큰 호응을 얻었다. 자신의 내향적 성격을 강점이라고 여기지 않았지만, 사실은 그러고 싶었던 사람들이 그만큼 많았다는 방증이다. 그리고 그것은 강점으로 생각해야 마땅하다. 내향적인 사람은 타인에 대해 더 섬세하게 알아채고, 신중하며, 타인의 말을 주의 깊게 듣고, 생각이 깊다. 이것들은 협상에서 대단히 유용한 자질이다.

감성적인 성격도 마찬가지다. 줄리아는 내 협상 수업에 등록하면서 자신에게 굉장히 힘겨운 수업이 될 것이라고 확신했다. 그녀는 컨설턴트로 일하다가 와튼스쿨에 진학했는데, 사회생활을 하면서 타인에게 감정을 드러내는 건 약점을 노출하는 것이나 마찬가지라고 생각하게 됐다. 문제는 줄리아가 천성적으로 공감 능력이 뛰어나고 솔직한 성격이라는 점이었다. 그녀는 내 수업에서 자신의 이런 성격을 숨겨야 한다고 생각했다.

수업 첫날 줄리아의 이런 생각은 더 강화됐고, 모의협상에서 좋은 결과를 내지 못했다. 그녀는 당시를 이렇게 떠올렸다. "내 협상 상대는 속임수를 썼어요. 다들 협상을 이겨야 하는 게임으로 생각하더군요. 모의협상이 끝나고 강의실로 돌아올 때 너무 당황스러웠어요. 앞으로 이 수업을 어떻게 계속 듣나 싶더라고요. 다들 날 호구로 여길 것 같았어요."

하지만 잠시 후 나는 학생들에게 브레네 브라운_Brené Brown_의 책 《마음가면_Daring Greatly_》을 소개했다. 이 책에서는 취약성을 인정하고 드러내는 것의 중요성을 강조한다. 나는 이를 협상과 연결지어 설명하면서, 감정을 솔직하게 표현하면서 진솔하게 접근하는 태도가 오히려 큰 강점이 될 수 있다고 말했다. 이에 대해 줄리아는 "취약성을 드러내면 힘이 생긴다는 말이 크게 와닿았습니다. 취약성은 인간관계에서 반드시 경험할 수밖에 없고, 협상의 핵심은 관계니까요"라고 말했다.

줄리아는 협상이 '너는 너, 나는 나'라는 자세로 벌이는 살벌한 싸움이라고 여기던 시각을 버렸다. 대신 협상을 감성지능을 바탕으로 하는 대화, 즉 자신이 원하는 것과 그 이유에 관해 자신과 상대방 모두에게 솔직해야 하는 대화로 바라보게 됐다. 그녀는 솔직한 태도에서 가장 큰 힘이 나온다는 것을 깨달았다. 그렇다고 해서 아무 말이나 다 해도 괜찮다는 의미는 아니다. 그녀도 상대방에게 어떤 말을 하고 어떤 말을 하지 않을지, 또 어떤 식으로 말할지 신중하게 판단한다. 그러나 힘든 부분에 대해서는 솔직하게 말하는 편이다.

다시 컨설턴트 일을 시작한 그녀는 이렇게 말했다. "컨설팅 프로젝트를 고객에게 이해시키는 과정도 하나의 협상이라고 봅니다. 우리는 고객의 상황을 면밀하게 조사해 분석합니다. 그리고 그들이 가장 중요하게 생각하는 문제가 무엇인지, 그들을 가장 효과적으로 도우려면 우리가 어디에 집중해야 하는지 함께 의논해 결정합니다. 취할 것과 포기할 것을 결정하고 기대치도 명확히 해둡니다. 우리가 할 수 있는 일과 아닌 일을 명확히 해두는 거죠. 고객의 욕구를 정확히 채워주는 것이 핵심인데 우리가 무조건 일을 많이 한다고 그게 달성되는 건 아니거든요. 우리는 고객이 도움을 요청하는 부분이 우리의 전문 분야가 아니거나, 혹은 비용을 들인 만큼 가치를 뽑아낼 수 있는 부분이 아니면, 그런 점을 솔직히 말합니다. 그렇게 우리의 취약성을 인정하고 진솔한 태도로 충분히 이야기를 나누면, 우리는 우리가 가장 잘할 수 있는 부분에 집중하고 고객은 고객대로 현명한 지출을 할 수 있죠. 이런 대화를 나눈다고 스트레스를 받지는 않습니다. 우리는 그들의 요구를, 그들은 우리의 요구를 이해하는 과정이니까요."

주스회사 건달로의 데이나 시코도 줄리아와 비슷한 구석이 많았다. 둘은 두려워하는 것도 비슷했다. 데이나는 말했다. "회사를 시작할 때 이렇게 생각했죠. '난 이미 포화 상태인 시장에 뛰어드는 사업가야. 누군가와 협상할 때마다 처참하게 박살이 날 거야'라고 말이죠." 그러다 내 수업에서 공감 능력이 훌륭한 협상가의 핵심 자질임을 알게 됐다. "내가 감정 이입을 잘한다는 사실에 대해 심리상담사와 이야기 나눈 지 얼마 안 된 때였죠. 그게 강점이 될 수 있다고는 생각지도 못했어요. 나는 공감 능력 빼면 시체거든요. 그게 내 강점이라고 생각하니 자신감이 마구 생겼습니다."

외교관 웬디 셔먼은 핵 협상 당시 이란 측 담당자들과 대화를 나누다가 답답함과 분노를 못 이겨 눈물을 흘린 일이 협상 흐름의 전환점이 됐던 일을 저서에 소개했다.[49] 이란 측 사람들은 그녀의 감정 동요를 보고 무척 놀랐다. "이렇게 감정을 직접 드러내며 눈물을 흘리는 웬디는 그들이 봐왔던 웬디가 아니었기 때문"이었다. 물론 그 사건 때문에 수개월째 교착 상태에 빠져 있던 협상이 갑자기 타결된 것은 아니다. 웬디는 이렇게 썼다. "그러나 솔직하게 드러난 내 좌절감이, 그 순간의 진정성이 일종의 돌파구 역할을 했다. 우리는 진솔한 자신의 모습이 될 때, 설령 그것이 눈물을 흘리는 것이라도, 가장 큰 힘을 가질 수 있다."

경험의 힘

글렌 커트로나 Glen Cutrona 는 경력 30년의 건축사다. 그는 건축설계에 관한 한 모르는 게 없는 최고의 전문가다. 그런데도 잠재고객을 만날 때면 자신이 적임자라는 것을 이해시키려고 경력이 풍부하다는 사실을 설명하는 데 많은 시간을 보내곤 했다. 그는 고객이 비싼 가격에 부담을 느껴 계약을 포기하면 어쩌나 조바심치면서 늘 견적 때문에 고민했다. 경쟁심이 강해서 동종 업계의 다른 업체들을 이겨야 한다는 강박도 심했다.

글렌은 경쟁사들과 시장이 자신의 가치를 정하도록 맡겨두는 실수를 저지르고 있었다. 그는 풍부한 경험이 자신의 경쟁력이라는 점을 믿어야 했다. 30년간 건축업계에 몸담은 그는 최고 품질의 작업 결과를 만들어내는 방법을 누구보다 잘 알았다. "건설 프로젝트에는 무척 높은 수준의 세심함이 필요합니다. 일반인들은 건축설계 서비스가 어느 정도 수준이 돼야 하는지 잘 몰라요. 그러니까 뭘 요구해야 하는지 감도 안 오고요."

그가 제시한 견적에 "다른 업체에서는 이것보다 30퍼센트나 낮은 가격을 부르던데요" 하며 반발하는 잠재고객이 종종 있다. 예전에는 경쟁심이 발동했지만, 이제는 그렇지 않다. 그는 그렇게 낮은 비용으로는 자신이 생각하는 수준의 작업 품질을 얻을 수 없다고 설명하면서, 높은 품질의 작업 결과를 얻으려면 무엇이 필요한지 차분히 설명한다. "물론 경쟁에서 이기면 좋죠. 하지만 이기는 것 자체가 중요한 게 아니라 나 자신을 포함해 모두가 만족하는 게 중요합니다. 내가 고객에게 제시하는 항목들은 최상의 결과물을 내는 데 꼭 필요한 것입니다." 이제 그는 남들이 자신의 가치를 정의하게 놔두지 않는다. "우리 회사가 필요해서 찾아온 이들에게 굳이 먼저 굽히고 들어갈 필요가 없다고 생각합니다."

글렌은 더 이상 고객에게 경력을 강조하느라 애쓰는 대신 고객의 욕구를 파악하기 위해 더 많은 질문을 던진다. "자신의 강점이 어디에 있는지 확신하고 있는 사람은 굳이 그걸 고객에게 설명하지 않아도 됩니다." 자신의 풍부한 경험이 곧 강점임을 깨달은 그는 강력한 협상 우위를 갖게 됐다.

철저하게 준비하라

앨런 해리스_{Alan Harris}는 아내와 딸과 함께 웨딩숍을 운영한다. 딸 멜리사_{Melissa}는 패션 감각이 뛰어나고, 앨런은 숫자에 밝고 데이터 정리를 좋아한다. 앨런은 웨딩숍의 물품 목록을 늘 꼼꼼하게 정리한다. 또 웨딩드레스 판매 현황뿐만 아니라 고객이 어떤 드레스를 입어봤는지도 기록해두는 시스템을 구축했다.

하루는 웨딩숍에 가장 많은 드레스를 납품하는 업체의 영업담당자가 찾아왔다. 이 웨딩드레스업체는 앨런의 웨딩숍과 독점 판매 계약을 맺고 있었다. 영업담당자는 "드레스 판매량이 떨어지고 있어요. 우리 제품을 다른 웨딩숍에도 납품해야겠습니다"라고 말했다. 앨런과 멜리사는 당황스러웠다. "잠시만요. 판매량이 떨어지다니요? 뭔가 오해가 있는 게 아닐까요?"

그날 웨딩드레스업체와의 견해차는 좁혀지지 않았다. 하지만 앨런과 멜리사는 그날 왔던 영업담당자의 상사(나중에 알고 보니 담당자의 상사의 상사의 상사였다)에게 편지를 보냈고 그 상사는 즉각 반응을 보였다. 이후 업체 경영진이 앨런과 멜리사를 직접 만나 미팅을 하고 싶다는 의사를 밝혔다. 멜리사는 미팅 자리에 웨딩숍의 매출을 보여주는 상세한 자료를 가져갔다. 자료에 따르면 업체에서 독점 공급하는 웨딩드레스의 매출은 꾸준히 증가했고, 고객들이 입어보겠다고 선택하는 비율도 90퍼센트에 달했다. 또 자료는 고객이 어떤 드레스를 입어봤는지도 정확히 보여줬는데,

최근 6개월간 웨딩숍 고객이 가장 많이 입어본 상위 20종 중 18종이 그 업체의 것이었다. 멜리사는 말했다. "어째서 판매량이 떨어진다고 말씀하셨는지 이해가 안 가네요." 웨딩드레스업체 경영진은 정확한 자료에 놀라면서 이렇게 말했다. "우리 쪽에서도 나름대로 준비한 자료가 있습니다만, 그쪽 자료를 보니 굳이 우리 것을 꺼낼 필요가 없겠군요."

이후 앨런과 멜리사는 양측의 핵심 관심사로 대화를 끌고 갔다. 앨런이 "웨딩드레스 판매량을 더 늘리기 위해 우리가 함께 협력할 수 있는 점이 뭐가 있을까요?"라고 물었고, 한층 적극적으로 협력하는 분위기에서 대화가 진행됐다. "양쪽 모두에 이익이 되는 몇 가지 목표를 정한 다음 그 목표 달성에 도움이 되는 할인 전략을 채택했습니다. 웨딩드레스업체에서 우리를 도와줄 수 있는 부분에 관해서도 얘기를 나누고요."

그런데 잠시 후 그들은 고객이 웨딩드레스업체의 라벨이 제거된 상태로 드레스를 입어본다는 것에 불만을 표시하면서 말했다. "우리는 웹사이트 홍보로 사람들이 당신의 웨딩숍으로 가도록 유도하는 데 비용을 들이고 있는데, 웨딩숍의 드레스에 라벨이 없으니 우리 회사 이름이 고객들한테 노출이 안 되잖습니까." 양측은 이 문제를 해결하기 위해 머리를 맞댔다. 앨런의 웨딩숍에서 라벨을 떼는 데는 나름대로 이유가 있었다. 드레스를 마음에 들어 하는 눈치인 예비 신부에게 멜리사가 온갖 공을 들여놔도 고객이 웨딩드레스업체 이름과 제품식별번호를 기억했다 제일 싸게 구매할 수 있는 다른 루트를 알아보는 경우가 종종 있기 때문이었다. 웨딩숍과 업체는 함께 의논해서 제품식별번호는 제거하고 회사 이름만 적힌 라벨을 붙이기로 했다. 업체 측 사람은 "이미 떼어낸 라벨들을 다시 붙여줄 수 있죠?"라고 물었다. 앨런과 멜리사는 시간이 너무 많이 드는 작업이라 힘들다고 했다. 대신 두 사람은 업체에서 웨딩숍으로 사람을 파견해 그 작업을 해주면 어떻겠냐고 제안했다.

앨런은 양측 모두 만족한 훌륭한 협상이었다고 회상했다. 두 사람이 준비한 풍부하고 정확한 데이터 덕분에 생긴 신뢰가 큰 역할을 했다. 앨런은 "우리가 감정을 앞세우지 않고 사실에 근거한 데이터를 제시한 게 결정적 도움이 됐습니다"라고 말했다. 그리고 조사한 바에 따르면 그들이 드레스를 공급받을 수 있는 웨딩드레스업체는 기존 업체 말고도 많았다. 그들은 웨딩드레스 물량의 60~70퍼센트를 한 곳하고만 거래하는 기존 사업 구조도 신중하게 재고하기로 했다.

호감도의 중요성

나는 앞서 좋은 사람으로 비치고 싶은 욕구, 즉 착한사람증후군이 초래할 수 있는 문제에 관해 설명했다. 하지만 호감도가 자산이 될 수 있다는 사실은 부인할 수 없다. 누구나 성품 좋고 착한 사람, 친절한 사람을 좋아하기 마련이다. 호감형인 사람은 삶에서 남들보다 많은 것을 얻는 경향이 있다.

나는 친절하고 상냥하게 행동하려고 늘 노력하는데 여기에는 사람들이 잘 떠올리지 못하는 뜻밖의 이유가 있다. 나는 갈등을 싫어하기 때문이다. 갈등을 풀고 해결하는 협상 전문가인데 갈등을 싫어한다고 하면 다들 의아해할 것이다. 나는 원하는 결과가 무엇이든 싸움을 통해 그 결과를 얻고 싶진 않다. 원하는 것을 싸워서 얻어냈다는 기분을 느끼고 싶지 않다. 목적을 달성하고 불쾌한 기분이 남는 것을 원치 않는다. 사람은 자신의 행동으로 갈등을 지속시킬 수도 있고, '꿀이 있는 곳에 벌이 모여드는 법이지' 하는 마음가짐으로 살 수도 있다. 선택은 자기 몫이다.

친절한 행동과 타인에게 호감 주는 것을 연습하기 좋은 장소 가운데 하나는 공항이다. 특히 짜증 나는 사건 후에 말이다. 얼마 전 나는 공항에서 비행기를 놓쳐 짜증이 났다. 내 앞에는 작은 협상이 놓여 있었다. 항공사 직원에게 어떤 방법들이 있는지 물어봐야 했고, 당연히 티켓을 새로 구매하는 것만은 피하고 싶었다. 항공사 데스크에서 줄을 서서 기다리는 동안 내 앞의 여자 두 명은 직원을 향해 불만을 터뜨리며 고함을 질러댔다. 직원의 표정이 몹시 피곤해 보였다. 내 차례가 됐을 때 나는 이렇게 말했다. "비행기를 놓쳤는데 어떻게 해야 하죠? 아까 그 여성 승객들이 무슨 일 때문에 그렇게 소란을 피웠는지는 모르겠지만, 그걸 다 참고 받아주느라 힘드셨겠어요. 당신이 잘못한 건 없어요."

직원은 미소를 지으며 한숨을 내쉬었다. 그리고 내게 다음 항공편의 티켓을 발행해주면서 말했다. "티켓 여기 있습니다. 두 시간 후에 오셔서 탑승하시면 됩니다." 설령 그녀가 새 티켓 가격을 내야 한다고 했더라도 그건 중요하지 않았다. 나로서는 다정하고 정중하게 말하는 것이 최선의 전략이었다. 나는 그녀에게 앞의 승객들에게 받지 못한 존중을 줄 수 있어서 뿌듯하고 기분이 좋았다. 그리고 그건 내 진심이었다. 나라면 그런 모욕을 겪는 자리를 견디지 못할 것 같다.

5장에서 소개했던 샌프란시스코 포티나이너스의 단장 존 린치는 오래전부터 '사람 좋은 스타일'이라는 평판을 얻고 있었다. NFL 수비수였던 시절 그는 경기 중에 누구보다 경쟁심이 강하고 비열한 반칙을 용납하지 못하는 선수였지만, 경기장 밖에서는 순하고 착한 성격으로 유명했다. 그는 계약 협상과 관련된 모든 문제를 에이전트에 일임했다. 기질적으로 협상을 잘하는 사람들이 있기 마련인데 자기 자신은 전혀 거기에 속하지 않는다고 느꼈기 때문이다. "나는 협상에서 세게 나가지 못하는 스타일이었습니다. 늘 초반부터 양보하고 들어갔죠. 그러면 내 에이전트가 '존, 당신은 최고 선수예요. 그게 얼마나 큰 협상 우위인데요'라고 말했어요. 하지만 나는 그냥 원만하게 끝내는 게, 기분 좋게 끝내는 게 좋았어요. 에이전트한테 이렇게 말하곤 했죠. '난 이 팀에서 뛰고 싶어요. 그냥 계약 조건을 받아들입시다.' 내 에이전트는 늘 나 때문에 답답해했어요. 내가 너무 사람 좋은 스타일이라 뛰어난 협상가는 못 될 거라는 데 우리 둘 다 어느 정도 동의했어요. 하다못해 자동차를 사려고 딜러랑 협상할 때도요."

하지만 그는 내 수업을 들은 이후 그런 관점을 버렸다. 착하고 다정한 사람도 바로 그런 성격을 이용해 협상 당사자 모두가 만족할 방법을 찾아낼 수 있다는 사실을 깨달은 것이다. "이 수업에 참여한 이후로는 협상 자리에서 훨씬 자신감이 생겼습니다." 샌프란시스코 포티나이너스 단장으로서 늘 스포츠에이전트와 협상해야 하는 그는 단도직입적 화법과 호감도가 밀접히 연관돼 있다는 것도 깨달았다. "예전에는 상대에게 단도직입적으로 말하면 대결 분위기가 형성된다고 믿었습니다. 하지만 이제는 그런 화법이 큰 장점이라고 생각하게 되었어요. 이 바닥은 겉 다르고 속 다른 가식적인 사람들 천지거든요. 나는 돌려 말하지 않고 '존, 이게 필요합니다'라고 바로 말하는 사람들이랑 일하는 게 가장 좋습니다. 확실하게 표현하는 사람한테는 믿음이 가요."

존은 이런 직설적 화법이 지미 가로폴로Jimmy Garoppolo 선수와 재계약 협상을 할 때 특히 효과적이었다고 말했다. "원정 경기가 있어 비행기를 탔을 때 지미의 에이전트인 돈 이Don Yee에게 말했죠. '지미의 경력이 많지 않지만, 우리는 지미를 우리 팀의 핵심 멤버로 삼아야겠다고 판단하고 있소. 지미에게 프랜차이즈 태그 franchise tag(자유계약 자격이 있는 선수에게 구단에서 프랜차이즈 태그를 붙이면 해당 선수는 소속 구단과 계약이 1년 연장되며, 배타적 태그나 비배타적 태그냐에 따라 다른 구단과의 계약 협상 가능 여부가 달라짐-옮긴이)를 붙일 수도 있지만 그건 내가 원하는 방식이 아니오. 장기 계약으로 갑시다. 그리고 협상 테이블에서 각자 원하는 걸 당당하게 까놓고 얘기해봅시다. 할 말은 하면서 세게 나가도 된다고요.' 이게 내 협상 스타일입니다. '빙빙 돌려 말하지 않기'요. 이를테면 이렇게 말합니다. '미리 말해두는 게 좋을 것 같아서 얘기합니다만, 우리 서로 원하는 걸 있는 그대로 직접 말합시다.' 제안 내용에 대해 조정의 여지가 전혀 없다는 얘기가 아닙니다. 협상이니까 조율할 건 조율해야죠. 하지만 툭 까놓고 솔직하게 나갑니다." 존은 말을 이었다. "예전 같으면 협상 테이블에서 그렇게 말하는 건 상상도 못 했을 겁니다. 하지만 그게 효과적이라는 걸 깨달았어요. 피차 모호한 부분이 없어지니까요."

존은 '좋은 사람'이라는 평판 때문에 그를 이용하려고 접근하는 사람들이 생길 수 있다는 것을 모르지 않는다. 그리고 실제로 이따금 그런 경우가 있다면서 말했다. "그런 사람들이 뭔가 요구할 때는 '안 됩니다. 제 생각을 분명히 말씀드렸을 텐데요. 당신은 일을 잘해보려고 그러는 거겠지만, 분명히 말씀드립니다. 우리가 협의한 사항은 여기까지예요'라고 말합니다."

존의 경우 협상 테이블 맞은편의 상대와 공감대를 형성할 방법을 찾기가 꽤 쉬운 편이다. 양측 모두 풋볼에 대한 열정이라는 공통분모를 갖고 있으니 말이다. 공통점을 발견하는 일은 생각보다 중요하다. 로버트 치알디니는 《설득의 심리학》에서 호감도 형성에 유사성이 중요하다고 강조한다. 누군가와 많은 시간을 보내며 친숙해질수록, 그 사람과 공통점이 많다고 느낄수록 당신은 그 사람을 좋아하게 된다.

한 연구팀이 MBA 학생들을 대상으로 이런 실험을 했다. 첫 번째 그룹에게는 파트너와 곧장 협상을 시작하라고 했고, 두 번째 그룹에게는 협상에 들어가기 전에 파트너와 개인적 정보를 교환하라고 했다. 즉 "서로 비슷한 공통점을 찾아낸 후에 협상을 시작하라"고 했다. 곧장 협상에 들어간 첫 번째 그룹은 55퍼센트가 합의에 도달했다. 이것도 아주 나쁜 결과는 아니었다. 그렇다면 두 번째 그룹은 어떠 했을까? 이들은 90퍼센트가 합의점을 찾아냈으며 이 합의된 결과물로 양측 모두 더 큰 이익을 얻었다.[50]

비영리단체 피스플레이어스 _PeacePlayers_ 의 철학도 이런 접근법에 바탕을 두고 있다. 이 단체는 갈등과 분쟁이 존재하는 세계 여러 지역에서 스포츠라는 공통분모를 이용해 통합과 평화를 도모한다. 예루살렘에서 피스플레이어스 프로그램에 참여하는 유대인 청소년과 아랍 청소년은 함께 어울려 농구 경기를 한다. 구교와 신교의 갈등이 뿌리 깊어 가톨릭과 개신교 학생을 함께 가르치는 통합 학교가 전체 학교의 7퍼센트도 안 되는 영국 북아일랜드에서도 아이들이 같은 팀에서 농구 경기를 한다. 이들 중 91퍼센트는 피스플레이어스 프로그램에 참여하기 전까지는 자신과 다른 배경을 가진 아이들과 교류한 적이 없는 아이들이다. 피스플레이어스는 키프로스, 남아프리카공화국, 미국의 여러 지역에서도 활발하게 스포츠 프로그램을 운영한다. 피스플레이어스는 내가 스포츠를 사랑하는 이유를 다시금 상기하도록 해준다. 스포츠는 사람들을 한데 모으는 화합의 장이자 우리 모두의 보편적인 언어라는 사실을 말이다.

어른들의 세계, 그것도 핵 문제가 논의되는 심각한 테이블에서도 공통점은 강력한 도구가 된다. 보수적인 무슬림인 이란 측 협상가들은 웬디 셔먼을 만날 때마다 여성이라는 이유로 악수를 하지 않았다. 웬디는 이를 적대감과 분열의 신호로 해석하는 대신, 그들에게 자신이 정통 유대교 집안에서 자랐으며 가까운 친척을 제외하고는 남자의 신체를 만지지 않는다고 말했다. 그러자 냉랭하던 대화 분위기가 조금씩 풀렸다. 웬디는 말했다. "그들은 나를 단순히 미국 측 대표 또는 신체 접촉을 해서는 안 되는 여자로 보지 않고, 고유한 역사를 가졌으며 그들의 문화적 규범을 인정할 줄 아는 한 명의 인간으로 보기 시작했습니다. 그 후에도 우리는 여전히 악수 대신 눈인사를 했지만, 그것이 반목을 초래하는 장애물이 아니라 상호 간의 공통점이라는 데에 동의했습니다."[51]

힘을 가진 척하면 진짜로 힘이 생긴다

노련한 협상가라면 누구나 잘 알겠지만, 협상이 결렬돼도 괜찮다는 마음가짐으로 임하는 사람은 그렇지 않은 사람보다 확실한 협상 우위를 점할 수 있다. 원하는 방향으로 거래를 성사시키기 위해서는 실제 상황에 대한 이해도 중요하지만, 당신이 어떤 마음가짐을 가졌는지가 더 중요해진다.

당신의 힘이 약하다고 느낀다면 '모든 것은 마음먹기에 달렸다'는 생각으로 강한 척할 필요가 있다. 힘을 가진 척하면 진짜로 힘이 생기도 한다. 에린 브로코비치처럼 하면 된다. 변호사인 당신이 혼자 셋을 상대해야 한다면 당신 쪽의 참석자를 늘려 인원수에서 뒤지지 않게 만드는 것이다. 산에서 곰을 만났을 때 양팔을 크게 흔들어 몸을 최대한 크게 보이도록 하라는 조언을 떠올려보라. 사람들에게 당신이 강하다는 인상을 확실하게 심어주는 것이 어려우면 '제다이 마인드 트릭Jedi mind trick(영화 〈스타워즈〉에 등장하는 가상의 기사단 제다이가 상대의 심리를 교묘하게 조작하기 위해 사용하는 마법으로, 여기서는 자신의 심리 변화를 이끄는 행동들을 지칭함-옮긴이)'과 같은 방법을 사용해야 한다.

그런 방법의 하나가 에린 브로코비치가 그랬던 것처럼 '연기'를 하는 것이다. 한 과학 연구에 따르면, 우울해도 억지로 미소를 지으면 실제로 기분이 좋아지기 시작한다고 한다.[52] 미소를 짓는 물리적 행동이 두뇌의 화학 반응을 자극해 도파민과 세로토닌이 분비되기 때문이다. 마찬가지로 협상력이 부족하다고 느껴도 자신이 우위에 있는 것처럼 행동하면 실제로 자신감이 생기기 시작한다. 고함을 지르거나 으름장을 놓으라는 얘기가 아니다. 우위에 있는 사람처럼 행동한다는 것은 몸짓을 크게 해서 많은 공간을 차지하고(곰을 만난 상황을 떠올려보라) 크고 또렷한 목소리로 단호하게 말하는 것을 의미한다. 서던캘리포니아대학교의 연구는 이런 전략이 효과가 있음을 밝혀냈지만, 한편으론 당신이 협상 주도권을 잡으려고 얄팍한 연기를 한다고 상대방이 느끼면 오히려 역효과가 날 수도 있다고 경고한다.[53] 따라서 이 전략은 신중하게 사용해야 한다.

하버드대학교 에이미 커디Amy Cuddy 교수의 획기적인 연구는 2분 동안 자신감 있는 자세를 취하면(예컨대 두 팔을 크게 벌리기, 원더우먼처럼 양손으로 허리를 짚고 서기) 체내 테스토스테론이 증가하고 스트레스 호르몬인 코르티솔이 감소해 자신감이 높아지고 스트레스 반응이 낮아진다는 것을 보여줬다.[54] 에이미는 협상에 들어가거나 취업 면접을 보기 전에, 그 밖에 남에게 평가받는 일이 두려운 모든 상황에서 2분간 자신감 넘치는 자세를 취하라고 조언한다. 실제 자신감이 생길 때까지 자신감 있는 사람 역할을 연기하라고 강조한다. 또 월트 휘트먼Walt Whitman의 말을 인용해 "우리는 '프레즌스'로 타인을 설득한다. 하지만 타인을 설득하기 위해서는 자기 자신부터 설득해야 한다"라고 말한다(에이미 커디는 저서 《프레즌스: 위대한 도전을 완성하는 최고의 나를 찾아서Presence: Bringing Your Boldest Self to Your Biggest Challenges》에서 현재에 온전히 몰입해 자신의 잠재력을 최대로 발휘할 수 있는 심리 상태를 '프레즌스'라고 칭함-옮긴이).[55]

또 다른 마인드 트릭은 자신에게 더 큰 협상력이 있다고 상상하는 것이다. 이는 긍정적 사고의 힘을 한층 확장한 전략으로, 이를 뒷받침하는 연구결과도 있다.[56] 연구팀은 잠재구매자로부터 낮은 가격을 제안받은 CD 판매자그룹에 더 높은 금액을 제안하는 또 다른 잠재구매자가 있는 것처럼 '상상하라'고 했다. 이들은 높은 금액을 제안하는 다른 잠재구매자가 '실제로' 있는 판매자그룹과 비슷하게 협상을 잘해냈다. 즉 자신감 있는 태도로 CD 가격을 높게 불렀다. 반면 높은 금액을 제안하는 다른 잠재구매자가 없고 그런 상상을 하지도 않은 그룹은 협상 결과가 상대적으로 좋지 않았다.

그러나 이 말만은 덧붙이고 싶다. 무슨 일이 있어도 거래를 성사시켜야 한다는 절박한 마음으로 협상에 나가지 마라. 그 한 번의 협상이 당신의 존재나 가치를 정의하는 것은 아니다. 그런 충동과 싸우려면 당신이 지닌 강점을 깨달아야 한다. 컨설턴트인 줄리아가 자신의 공감 능력을, 이벤트회사 운영자 브래들리가 자신의 창의적인 문제해결 능력을 깨달았듯이 말이다. 때로 모든 상황이 당신에게 불리하게만 느껴지는 순간이 있을 것이다. 그럴 때는 내면으로 더 깊이 들어가 자신에 대한 아주 작은 믿음이라도 찾아내 그것에 의지하기 바란다. 그 믿음이 더 커지기 전까지 서 있을 힘을 얻을 수 있을 것이다.

악당 상대하기

학생들이 자주 하는 질문이 있다. "상대방이 거짓말을 하면 어떡하나요?" "나는 공감대를 형성하려고 애쓰는데 저쪽에선 콧방귀를 뀌면서 전혀 호응을 안 하면 어떡하죠?" "상대방이 언성을 높이면서 위협적인 태도로 일관하면 어떡하죠?" 그들이 그런 식으로 행동하는 것은 위협적인 전략이 통하는 것처럼 보이는 세상에 익숙하기 때문이다. 여러 연구결과와 세계 최고의 협상 전문가들, 역사 속 수많은 사례가 실제로는 그렇지 않다고 말하고 있는데도 말이다.

사실 그런 고약한 악당 스타일의 협상가를 상대하는 방법은 한 가지로 규정할 수 없다. 아마도 지금까지 이 책에 소개한 조언들에서 답을 찾아야 할 것이다. 그런 상대와 마주하더라도 항상 열린 태도와 공감을 잊지 마라. 상대방이 어떤 상황에 부닥쳤는지, 그의 욕구가 무엇이며 그렇게 행동하는 이유가 뭔지 알아내면 그를 어떻게 다뤄야 할지도 알 수 있다. 예를 들어 그가 고약하게 행동하는 것이 불안감 때문이라면 당신은 충분히 잘하고 있다고 그를 안심시켜야 한다. 설령 당신 자신은 원하는 것을 얻어냈다 할지라도 그렇게 하라. 그런 접근법이 통하지 않더라도 당신으로선 '밑져야 본전'이다.

만일 상대방이 속임수를 잘 쓰는 유형이라면 협상 전 준비, 정보 수집, 지금 여기 존재하기, 감성 지능, 이 모두를 최대한 활용해 그에 대한 힌트를 얻을 수 있다. 협상 테이블에 나가기 전 충분한 사전조사로 상대의 평판을 파악하라. 만일 상대방이 판매하는 물건의 가격을 협상해야 한다면, 예전에 얼마를 받고 팔았다는 그의 말을 곧이곧대로 믿지 마라. 그 가격에 팔았다는 증거를 보여달라고 요청하거나, 협상에 나가기 전에 당신이 직접 증거를 수집하라.

또한 장기적인 시각으로 내다보라. 악당 스타일이라는 평판을 얻은 사람과는 아무도 협상이나 거래를 하지 않으려고 할 것이다. 앞서 언급한 연구결과, 즉 사람들은 화가 난 상대와는 더 이상 협상을 이어가고 싶어 하지 않는다고 했던 것을 떠올려라. 그리고 기억하라. 할리우드 영화에서도 흔히 그렇듯, 당장은 악당이 승리한 것처럼 '보일지' 몰라도 결국 악당은 벌을 받게 돼 있다.

협상 테이블의 악당에 대응할 유일한 방법은 그와 맞먹는 것이라고 주장하는 이들이 있다. '눈에는 눈, 이에는 이' 방식으로 말이다. 솔직히 나는 왜 그렇게 해야 하는지 모르겠다. 그런다고 해서 그 사람에게 당신을 존중하는 마음이 생겨나진 않는다. 하지만 당신 자신의 강점을 제대로 이해하면 존중을 이끌어낼 수 있다. 악당을 상대하는 가장 효과적인 방법은 당신이 가진 힘을 스스로 이해하고 믿는 것이다. 자신의 강점을, 그리고 그것이 곧 협상력이 된다는 사실을 아는 사람은 악당에게 두들겨 맞지도 협박에 주눅이 들지도 않는다. 그리고 악당은 당신에 의해서든 다른 누군가에 의해서든 결국 콧대가 꺾이겠지만, 당신은 여전히 우뚝 서 있을 것이다.

앞에서 소개한, 민간경비업체를 운영하는 제시카 존슨도 악당을 적잖이 목격했다. 그리고 이런 이야기를 들려줬다. 그녀의 회사보다 훨씬 더 큰 회사에 다니던 사람이 입사했을 때였다. 새 직원은 이전 회사에서 자신이 이직 계획을 밝히자 고용주가 이렇게 말했다고 털어놓았다. "자네는 지금 다윗 밑에서 일하겠다고 가는 거야. 그쪽이 다윗이라면 우리는 골리앗이지. 웬만한 업체는 우리가 앞으로 다 인수할 텐데. 당연히 그 업체도."

제시카는 빙긋 웃으며 말했다. "그 사장은 다윗과 골리앗 이야기를 끝까지 안 읽은 게 틀림없어요. 누구나 다 아는 그 결말 말이에요." 내 말이 그 말이다.

우리는 나와 생각이 같은 사람들하고만 소통할 수 없다.
누가 옳은지 그른지 따지는 게 중요한 것이 아니라,
지금 서로 단절돼 있다는 사실을 알아야 한다.
다시 연결될 수 있는 접점을 찾기 위해 협상 테이블로 나가야 한다.

타인과의 접점을 찾아라

우리 집에는 항상 TV 두 대가 켜져 있다. 한 대는 뉴스채널, 다른 한 대는 스포츠채널인 ESPN을 틀어놓는다. 내가 스포츠 못지않게 시사 이슈와 정치에도 집착하기 때문이다. 그런데 스포츠 프로그램을 볼 때와 달리 뉴스를 볼 때면 늘 우울해진다(뉴스에 지나치게 관심이 많은 사람은 누구나 그렇겠지만). 정치판은 서로 말이 안 통하는 사람들끼리 모여 싸움만 벌이는 곳 같다. 정치라는 세계는 언제나 갈등과 충돌이 있을 수밖에 없다는 걸 나도 잘 안다. 또 훌륭한 민주주의에는 서로 다른 견해들이 반드시 필요하다. 그러나 요즘엔 건강한 의견 차이라는 것은 없어 보인다.

사람들은 확성기에 대고 자기 할 말을 실컷 외치고 나서 상대편이 말하려고 하면 양손으로 귀를 막아버린다. 정말 걱정스러운 풍경이 아닐 수 없다. 에이브러햄 링컨이 했던 말이 떠오른다. "미국은 절대 외부 힘에 의해 무너지지 않을 것이다. 만일 우리가 비틀거리고 자유를 잃는다면 그건 우리가 스스로 무너뜨렸기 때문일 것이다."

　　하지만 뉴스의 소음에서 잠시 떠나 강의실에 들어가면 다소나마 희망이 느껴진다. 상대방에게 진심으로 관심을 기울이며 질문하기, 열린 마음으로 경청하기, 뺏고 빼앗기는 싸움이 아니라 문제해결의 관점에서 대화 나누기, 지금 여기에 존재하며 인식의 지평을 넓히기, 편견이나 섣부른 판단을 자제하고 타인을 이해하려 노력하기, 서로의 공통점 찾기 같은 협상의 기술을 토론하고 연습을 하다 보면, 이것들이 정치 세계의 대화에서도 충분히 활용할 수 있는 기술이라는 확신이 든다. 우리는 비틀거리는 민주주의를 치료하는 데 협상의 기술을 이용해야 한다.

　　많은 사람이 미국 정치의 분열을 우려하고 있다. 서로 상대에게서 교훈을 얻으려 하지 않고 자신의 주장만 완강히 고집하는 태도는 더 많은 장애물과 분열을 만들어낸다. 우리의 편견뿐만 아니라 분노, 고통, 낙담 같은 감정들도 마찬가지다. 나는 '모든 걸 알고 있다'라는 확신으로 대화에 임하는 것은 공존과 상생의 반대로 가는 길이며, 협상을 망치는 길이라고 확신한다.

　　미국 정치의 분열은 최근 25년간 극심해졌다. 공화당과 민주당 모두 이뤄낸 것이 거의 없다. 이뤄낸 것이 있다면 반대편에 대한 불신과 증오의 씨앗을 뿌린 일이다. 2018년에 브렛 캐버노$_{Brett Kavanaugh}$는 미 상원 표결에서 공화당과 민주당 의원들의 견해가 극명하게 갈린 채 찬성 50표, 반대 48표를 얻어 연방대법관이 됐다. 예전에는 그렇지 않았다. 1993년 진보 성향의 루스 베이더 긴즈버그$_{Ruth Bader Ginsburg}$가 연방대법관이 될 당시에는 찬성 96표, 반대 3표였다. 1986년에 보수 성향의 안토닌 스칼리아$_{Antonin Scalia}$는 찬성 98표, 반대 0표로 연방대법관이 됐다. 스칼리아와 긴즈버그는 법을 해석하는 관점은 크게 달랐지만 서로 깊은 우정을 유지했던 것으로 유명하다.

반대편에 대한 적대감도 문제지만 오늘날 점점 강화되는 고립된 삶의 형태와 소속감 결핍도 문제다. 20년간 '외로움'을 연구한 시카고대학교의 심리학자 존 카치오포$_{John Cacioppo}$의 설명에 따르면, 1970~1980년대에는 외로움을 느낀다고 대답한 미국인 비율이 11~20퍼센트였지만 2010년에는 45퍼센트로 높아졌다.[57] '타인과 연결된다는 것'은 단순히 소셜미디어에서 '좋아요'를 누르는 것이 아니라 물리적 존재감이 요구되는 적극적인 활동이다. 의미 있는 실질적인 연결이 점점 줄어드는 세상에서, 우리는 SNS 활동이나 인터넷 기사에 익명 댓글을 다는 것으로 충분하다고 착각해서는 안 된다. 우리는 옛날 방식으로 돌아가야 한다. 타인과 만나 적극적으로 교류하는 것을 의식적으로 선택해야 한다. 그렇게 하지 않는 것이 더 쉽다 할지라도 말이다. 나와 생각이 같은 사람들하고만 소통하고 그 외의 사람들은 배제하는 태도를 버려야 한다. 물론 우리는 타인을 바꿀 수 없다. 이는 협상에서도 늘 느끼는 점이다. 때로는 대화 자체가 불가능해 협상 결렬을 받아들일 수밖에 없다. 그렇다 해도 우리는 여전히 협상 테이블에 나가야 한다.

정치적 견해가 다른 사람과 효과적으로 소통하는 법을 가르치는 진보단체 스마트폴리틱스Smart Politics의 설립자 카린 타메리우스Karin Tamerius는 이렇게 썼다. "사람들이 자신의 정치적 견해를 가족이나 친척 앞에서 용감하게 밝히고 토론한 덕분에 미국 역사 속의 많은 중요한 진전이 이뤄졌다. 흑인 민권 운동, 여성 권리 운동, 반전 운동, 동성애자 권리 운동, 동성애자를 위한 평등한 결혼 운동을 생각해보라. 처음엔 격렬하게 의견이 대립하던 가족들이 힘든 대화를 나누고 결국 생각이 바뀌는 과정을 거치면서 이런 가치들이 받아들여지기 시작했다."[58] 물론 가벼운 주제로 대화하는 일이 더 쉽다. 그러나 무겁고 힘든 주제라고 해서 피하기만 하면 눈에 띄는 변화를 만들어낼 기회는 영영 오지 않을지도 모른다.

지역사회나 국가에 필요한 해결책을 찾기 위해 사람들과 협상할 때 이 책에서 설명한 내용을 실천해보면 알게 될 것이다. 서로의 말을 진심으로 귀 기울여 들으면, 교착 상태에서 헤어 나오지 못하거나 각자의 방에 고립되는 대신 다 함께 앞으로 걸음을 내딛게 된다는 사실을 말이다. 이번 장의 내용은 누가 옳은지 그른지를 따지려는 것이 아니다. 지금 우리는 서로 단절돼 있다는 사실을, 그것은 진정한 민주주의 사회가 아니라는 사실을 일깨우는 데 초점을 맞출 것이다. 민주주의 사회의 구성원은 적극적으로 대화 테이블에 나와야 한다. 우리는 참다운 민주주의 사회를 만들기 위해 훌륭한 협상이 주는 교훈을 적극적으로 활용해야 한다.

타인의 경험을 이해한다는 것

모의협상에서 종종 학생들은 윤리적 측면이 동반된 매우 어려운 결정을 내려야 한다. 때로는 생명을 구할 사람을 선택해야 할 때도 있다. 이때는 옳은 답도, 틀린 답도 존재하지 않는다. 이런 훈련에서 중요한 건 삶의 경험, 출신 배경, 가치관, 커뮤니케이션 스타일이 서로 다른 팀원들이 심각하고 까다로운 문제를 두고 합의를 이끌어내는 과정 자체에 있다. 나는 5장에서 '공정함'의 주관적 의미에 관해 얘기할 때 혈액투석기를 먼저 제공할 환자를 결정하는 모의협상을 언급했다.

이 모의협상이 끝나면 각 팀은 투석기를 누구에게 제공하기로 했는지, 그 이유가 무엇인지 발표한다. 나는 각 팀의 발표를 듣고 나서 팀원 중에 최종 합의한 결론과 다른 의견을 가진 사람이 있었는지 물어본다. 내 기억에 강하게 남아 있는 학생 중에 캐럴린 Carolyn 이라는 젊은 여성이 있다. 캐럴린은 손을 들고 자신은 팀원들과 의견이 달랐다고 말했다. 팀원들은 투석기를 어린아이에게 주기로 결정했지만, 그녀는 기업 CEO에게 줘야 한다고 생각한다는 것이었다. 내가 이유를 묻자 그녀는 이렇게 대답했다.

"나는 캔자스시티 출신입니다. 일자리 창출은 너무나 중요한 문제예요. 특히 캔자스시티처럼 경제 발전이 더딘 지역에서는 더욱요. 이 CEO는 지역사회에 꼭 필요한 사람입니다. 이 사람이 없으면 안 돼요."

그러자 학생 한 명이 말했다. "어째서 다른 CEO가 오면 그 사람만큼 잘해낼 수 없다고 생각하는 거죠?" 캐럴린이 대답했다. "바로 '이' CEO가 회사를 지금껏 성장시켰으니까요. 회사는 그녀 덕분에 성공하고 있어요. 그녀는 지역사회에 많은 일자리를 창출해 주민들이 일할 수 있게 했어요. 작은 도시에서 일자리는 사람들 삶을 좌우한다고요." 다른 학생이 말했다. "하지만 다른 CEO도 회사를 훌륭하게 운영해서 일자리가 줄어들지 않게 할 수 있잖아요? 원래 CEO는 자주 바뀌는 자리인데, 그래도 회사는 잘 돌아가요." 그러나 캐럴린은 단호하게 똑같은 말만 되풀이했다. "그렇긴 하죠. 하지만 캔자스시티 같은 도시에서는 말이에요…." 그때 또 다른 학생이 말했다. "참나, 이해가 안 가네요. 대신 CEO 자리에 앉을 사람은 얼마든지 찾을 수 있는데. 당신이 아는 도시라고는 캔자스시티뿐인가보죠?"

캐럴린은 대답하지 않았다. 그녀의 침묵은 많은 것을 말해줬다. 모두가 뭔가 느껴야 마땅한 순간이었다. 캐럴린은 경제적으로 낙

후된 지역에 살았기 때문에 실업률에 대한 관점이 다른 학생들과 달랐다. 그들은 먼저 캐럴린의 경험을 이해하지 않고서는 의견 일치에 이를 수 없었다. 협상 전술은 접어두고라도 캐럴린을 무시하듯이 말했던 마지막 학생은 내 이맛살을 찌푸리게 했다. 그녀는 라틴계였고 세계 여러 나라에서 살아본 경험이 있었다. 그녀는 심지어 자신이 캐럴린에 대해 섣부른 가정을 하고 있다는 사실조차 인지하지 못했다. 자신과 관점이 다르다는 이유로 캐럴린의 생각을 곧장 틀렸다고 무시하고 있었다.

2015년 라디오 프로그램 〈디스 아메리칸 라이프This American Life〉에서 동성결혼이나 낙태 등의 이슈에 대한 지지를 호소하는 활동가들의 이야기를 소개했다. 그런데 이들의 접근법은 흔히 예상하는 것과 크게 달랐다. 그들은 유권자를 찾아가 "나는 당신이 동성결혼에 찬성해야 한다고 생각하며 그 이유는 이렇습니다"라고 말하지 않았다. 대신 그들은 유권자의 삶에 대한 질문들을 던졌다. 기억에 남는 일화 중에 이런 게 있다. 한 주민(평소 동성결혼에 반대하는 사람이었다)은 활동가의 질문을 받고서 자신의 아내에 관한 얘기를 시작했다. 아내가 몇 년 전 세상을 떠났지만 지금도 날마다 그립다고 했다. 그는 아내를 너무나 깊이 사랑했다고, 다른 이들도 살면서 그런 사랑을 경험했으면 좋겠다고 말했다. 활동가가 주변에서 동성애자를 본 적이 있느냐고 묻자, 그는 길 건너편에 사는 레즈비언 커플을 언급하면서 그들도 생전의 아내와 자신처럼 행복해 보였다고 대답했다. 그는 활동가(게이였다)와 인간적인 이야기를 나누고 공감대를 형성하면서 스스로 생각이 정리되고 있었다. 대화가 끝날 무렵 활동가가 동성결혼에 찬성하느냐고 묻자, 그의 대답은 바뀌어 있었다.[59]

우리가 타인의 관점을 이해하는 일은 쉽지 않다. 특히 정치적 주제에서는 더욱 그렇다. 정서적으로, 경제적으로, 정치적으로, 또는 사회적으로 특정 진영과 깊이 얽혀 있으면 감정을 배제하고 객관적인 입장을 견지하기가 어렵기 때문이다.

정치적 대화에서 감정 다스리기

정치적 견해가 다른 사람과 대화를 하려면 '지금 여기에 존재하기'를 숙지하고 실천해야 한다. 정치만큼 민감한 주제가 또 있을까. 해마다 명절이 오면 인터넷에는 '저녁식사 시간 보수파(또는 진보파)인 가족과 싸우지 않는 10가지 방법'과 같은 제목을 단 글들이 넘쳐난다. 만일 스스로 감정이 폭발 직전에 이르렀다고 느낀다면 나는 먼저 심호흡을 한 후 전략적으로 생각하라고 조언하고 싶다. 만약 이성을 잃고 폭발하면 어떻게 될까? 나는 무엇을 얻게 되는가? 나는 상대방의 생각을 바꿀 수 있는가?

나는 이런 상황에서 감정을 통제하는 일이 쉽다고 말할 만큼 바보는 아니다. 만일 당신이 유대인이거나 홀로코스트 생존자의 후손, 또는 유색인종인데, 2017년 샬러츠빌에서 인종차별주의와 반유대주의를 외쳤던 백인우월주의 집회를 옹호하는 사람을 만나면 굉장히 거슬리고 불쾌할 것이다. 그가 백인우월주의를 겉으로 드러내면 당신은 심한 모욕감을 느끼는 상태로 대화를 시작하게 된다. 상처를 입은 당신은 그가 하는 말을 듣고 싶은 생각이 싹 사라지고 공격적인 태세로 나가고 싶을 것이다. 상대방이 당신의 존중을 받을 자격이 없는 사람이라는 생각이 들 수도 있다. 그렇다 해도 당신을 탓할 수는 없다. 절대 쉽지 않은 상황이기 때문이다. 하지만 심호흡을 하고 마음을 가다듬으면 어떤 일이 일어날 수 있는지 보라.

아프리카계 미국인이자 비영리 공공정책 연구기관의 소장 헤더 맥기Heather McGhee는 케이블 채널 C-SPAN의 대담 프로그램 〈워싱턴 저널Washington Journal〉에 게스트로 출연했을 때 게리 시비텔로Garry Civitello라는 시청자와 통화를 하게 됐다. 게리는 이렇게 말했다. "나는 백인 남자이고 인종 편견을 갖고 있습니다."[60] 헤더는 잠시 눈을 감고 심호흡을 했다. "인종 편견을 극복하려면 어떻게 해야 할까요? 더 나은 미국인이 되려면요?" 먼저 헤더는 솔직하게 말해줘서 고맙다고 말하고는, 부정적인 고정관념을 강화하는 야간 뉴스 프로그램을 보지 말라고 말했다. 그리고 아프리카계 미국인의 역사에 관한 책을 읽어보라고, 그가 사는 동네의 아프리카계 미국인들을 사귀고 대화를 나눠보라고 조언했다. 〈업스탠더스Upstanders〉라는 다큐멘터리에서도 소개했듯, 헤더의 반응은 게리로 하여금 '첫걸음'을 내딛게 했다. 게리는 그녀가 제안한 것을 실천했을 뿐만 아니라 이후 그녀에게 종종 연락해 조언을 구했고 두 사람은 친구가 됐다. 물론 이 대화의 출발점은 자신의 편견을 인정하는 게리의 태도였다. 그는 처음부터 열린 자세를 갖고 있었다. 하지만 그는 헤더의 정체성과 직결된 종류의 오래된 편견을 가진 사람이었다. 헤더는 불쾌한 기분에 휩싸여 게리를 그냥 무시할 수도 있었을 것이다. 하지만 그녀는 눈을 감고 심호흡을 한 뒤 그와의 대화에 기꺼이 응했다.

모든 사람이 게리처럼 심각한 편견을 가진 건 아니다. 그러나 편견은 우리 내면에 생각보다 깊이 박혀 있을 수도 있다. 누구에게나 이런저런 종류의 편견이 있으며, 이 사실을 떠올리면 상대의 편견으로 인해 흥분하려는 자신을 진정시키는 데 조금은 도움이 된다. 《다크호스Dark Horse》의 저자 토드 로즈Todd Rose와 오기 오가스Ogi Ogas는 코페르니쿠스Copernicus가 지동설을 주장하고 100년이 지난 후에도 지동설을 믿는 사람이 거의 없었다는 사실을 언급하면서 이렇게 썼다. "고정관념은 매우 끈질긴 것이다. 특히 일상의 현실에 밀착된 종류의 것일 때는 더욱 그렇다." 이후 갈릴레이Galilei가 목성 주위를 도는 4개의 위성을 발견했고,[61] 이는 코페르니쿠스의 지동설이 옳다는 증거였다. 그러나 갈릴레이가 천동설을 믿는 동료 과학자들에게 직접 와서 망원경으로 목성의 위성들을 확인해보라고 권했을 때, 그들 다수는 갈릴레이가 주장하는 위성이 보이지 않는다고 말했다. 몇몇은 망원경을 들여다보기만 해도 머리가 아프다고 했다.

내가 말하고 싶은 포인트는 이것이다. 편견은 당신에게만 있는 것도, 나에게만 있는 것도 아니다. 우리 모두 편견을 갖고 있다. 그러니 당신 앞의 누군가가 편견에 사로잡힌 어이없는 말을 하더라도 이성을 잃고 흥분하지는 마라. 또는 맬컴 엑스_{Malcolm X}의 말을 떠올려보라. "다른 사람이 당신처럼 행동하거나 생각하지 않는다고 섣불리 그를 비난하지 마라. 지금 당신이 아는 것을 몰랐던 시절이 당신에게도 있지 않았던가."

설명해야 안다

영화 〈히든 피겨스_{Hidden Figures}〉는 1960년대의 극심한 인종차별과 남녀차별에도 굴하지 않고 NASA(미국항공우주국)에서 당당히 꿈을 이룬 아프리카계 미국인 여성 세 명의 실화를 바탕으로 한다. 영화 속 한 장면에서 수학자 캐서린 존슨_{Katherine Johnson}은 휴식 시간이 끝났을 때 비를 흠뻑 맞은 채 사무실에 돌아온다. 그녀가 오랫동안 자리를 비운 것이 못마땅한 상사는 모든 직원이 보는 앞에서 그녀를 꾸짖는다. 캐서린은 서럽고 분한 감정을 터트리며 상사에게 이런 말을 쏟아놓는다. 아마도 영화에서 가장 인상적인 장면이 아닐까 싶다.

여기엔 제가 쓸 화장실이 없습니다. (상사: "쓸 화장실이 없다니, 그게 무슨 말이야?") 여긴 화장실이 없습니다. 이 건물에는 흑인 전용 화장실이 없습니다. 서쪽 캠퍼스 근처 어느 건물에도 없습니다. 여기서 800미터 떨어진 그곳에도요. 알고 계셨나요? 저는 볼일을 보려면 아주 먼 곳까지 걸어가야 합니다. 자전거를 이용할 수도 없어요. 생각해보세요. 제게 규정된 근무 복장은 무릎 아래까지 오는 치마, 구두, 심플한 진주목걸이입니다. 근데 저는 진주목걸이 같은 거 없어요. 신께서는 아시겠죠, 여기서 흑인이 받는 월급으로 진주 사는 건 꿈도 못 꾼다는 걸요! 그리고 저는 밤낮으로 개처럼 일합니다. 당신들이 만지기도 싫어하는 흑인 전용 주전자에 끓인 커피를 마시면서요! 그러니 하루에 몇 번씩 화장실에 가더라도 양해해주세요.[62]

이것은 영화 속에서 캐서린이 처음으로 세상이 그녀에게 기대하는 모습(얌전하고 고분고분하게 일하는 전산원)을 벗어던진 순간이었다. 그녀는 그동안 쌓인 울분을 토해냈다. 사무실 안의 누구도 그녀의 고통을 부인할 수 없었다. 그녀에게는 사람들의 공감을 이끌어내는 능력이 있었다. 그녀의 울부짖음은 자신의 처지가 돼보라는, 자신의 삶이 어떨지 상상해보라는 진심 어린 호소였다.

우리도 캐서린처럼 해야 한다. 우리는 자신이 흑인, 백인, 특정 종교인, 무신론자, 남성, 여성으로서 어떤 곤경에 처했는지 상대가 당연히 알 것이라고 가정한다. 뻔히 짐작할 수 있는데 왜 모른단 말인가? 그리고 설령 모른다고 해도 내가 그것을 설명할 책임은 없지 않은가? 그러나 앞에서 설명했던 '투명성 착각'을 기억하라. 제대로 설명한 적도 없으면서 자신의 감정이나 욕구를 상대방이 당연히 알 것이라고 착각하는 것 말이다. 당신이 처한 실제 현실과 그것을 바라보는 상대방의 인식은 다를 때가 많다. 1960년대에 대다수의 NASA 직원은 당연히 아프리카계 미국인이 그곳에서 일하기 쉽지 않겠다고 생각했지만, 캐서린이 한 인간으로서 자신의 처지를 설명하며 공감을 이끌어내기 전까지는 그녀가 직면한 고통을 제대로 이해할 수 없었다.

커뮤니케이션과 공감이라는 화두는 미투 운동과 페미니즘 운동, 그리고 자기 목소리를 내는 여성들이 늘어나는 오늘날 현실에도 반영되어 있다. 작가 킴벌리 해링턴Kimberly Harrington은 〈미디엄 Medium〉에 실은 글에서 여성에 대한 적극적 이해를 호소하면서 이렇게 썼다. "여성의 몸으로 태어났기 때문에 자동차까지 걸어가는 동안에도 열쇠들을 손가락 사이에 끼워 호신용 무기로 준비하는 데 익숙한, 그리고 잘하는 거라고는 고함지르기뿐인 무능한 남성 동료에게 밀려 승진에서 제외되는 데 익숙한 우리 여성들은 남성들에게 요청하는 바이다. 그들이 결코 겪어보지 못했을, 그리고 앞으로도 겪어보지 못할 경험을 상상해보라고 말이다. 우리는 남성들에게 당장 달라지라고 요청하고 싶다. 여성이 돼보라고 요청하고 싶다."[63] 아무리 배려 깊고 자상한 남자라도, 누군가 얘기해주지 않으면, 그리고 그들이 귀 기울여 듣고 공감하려 애쓰지 않으면, 여성이 지고 살아야 하는 짐의 무게를 이해하기 힘들 수 있다.

설명할 필요가 없다고 생각하는 것, 또는 상대방이 '어차피 절대 이해 못 할' 것이므로 설명하는 일이 무의미하다고 생각하는 것은 절대 바람직하지 않다. 그런 태도로는 제자리걸음만 할 뿐 아무런 진전도 발전도 없다. 서로 의견이 일치하는 지점도 찾을 수 없다. 찾으려는 시도조차 안 했기 때문이다. 대신 우리는 같은 처지에 놓인 사람들을 위로하고 그들하고만 공감하면서 확증 편향에 빠지게 된다. 그리고 오해는 계속해서 쌓여간다.

나는 영화 〈호텔 뭄바이Hotel Mumbai〉를 보다가 지금 내가 말하는 주제가 정확히 담긴 장면을 만났다. 어두운 극장 안에서 허둥지둥 노트를 꺼내 그 장면을 메모했다. 끔찍한 테러 사건을 다룬 영화지만, 중간에 가장 인간적인 소통으로 편견을 잠재우는 장면이 등장한다. 2008년 인도에서 연쇄 테러가 일어난 상황. 무장한 테러범들이 고급 호텔에 진입해 투숙객들에게 무차별 총격을 가하는 동안, 이 호텔 식당에서 일하는 시크교도 웨이터 아르준Arjun은 손님들을 호텔 내의 안전한 장소로 피신시킨다. 손님들은 언제 테러범들에게 발각돼 죽을지 모른다는 두려움에 떨며 점점 더 겁에 질린다. 그중 한 영국 노부인이 편집증적인 불안을 심하게 보이면서 모두를 위험에 빠뜨리려고 한다. 아르준의 상사였던 셰프는 아르준이 쓰고 있는 터번 때문에 노부인이 불안해하므로 터번을 벗으라고 아르준에게 말한다. 터번이 뭔지, 그것을 왜 쓰는지 모르는 노부인은 아르준이 테러범들과 한통속일지 모른다고 생각한 것이다.

시크교도에게 터번은 매우 신성하고 중요하다. 아르준은 터번을 한 번도 벗어본 적이 없으며 당연히 지금 이 순간에도 벗고 싶지 않다. 하지만 셰프의 말에 반항하는 것도, 노부인의 망상적인 불안 때문에 손님들 모두가 위험해지는 것도 원치 않는다. 그래서 아르준은 노부인에게 다가간다. 그리고 휴대폰을 꺼내 딸과 임신한 아내의 사진을 보여준다. 자신은 한 가정의 가장이고 시크교도라고 말하면서 터번을 쓰는 이유를 설명하고 어렸을 때부터 늘 썼다고 말한다. 하지만 그녀는 이 호텔의 손님이고 자신은 직원이므로, 터번을 벗어서 손님이 심리적으로 편해질 수 있다면 기꺼이 터번을 벗겠다고 말한다. 이에 노부인은 아니라고, 괜찮다고 대답한다. 정말로 멋진 설득을 보여주는 장면이었다. 만일 아르준이 진심 어린 태도로 자신의 이야기를 하지 않았다면 상황은 완전히 다르게 흘러갔을 것이다.

이야기의 힘

《바른 마음The Righteous Mind》의 저자 조너선 하이트Jonathan Haidt는 "인간의 정신은 논리가 아니라 이야기를 처리하는 프로세서"라고 말했다. 그래서 공감 능력을 키우려면 소설을 읽으라고 조언한다. 충분히 수긍이 가는 말이다. 자기 자신을 잊고 책에 몰두한다는 것은 소설 속 등장인물들의 세계와 생각을 내 것처럼 느낀다는 의미다. 뉴스쿨대학교의 연구팀은 소설을 읽는 사람들의 공감 능력이 그렇지 않은 사람들보다 더 높다는 것을 밝혀냈다.[64]

영화가 사람들의 생각을 변화시키는 영향력을 연구해온 데이턴대학교의 미셸 퍼츠Michelle C. Pautz 박사는 이렇게 말했다. "미국인에게 인종차별을 주제로 한 대화는 여전히 어렵고, 그런 화제는 종종 금기시된다. 그러나 영화에 대해서는 훨씬 편하게 이야기를 나눌 수 있다. 영화는 민감한 주제에 대한 토론의 출발점이 되기도 한다."[65] 톰 행크스Tom Hanks 주연의 영화 〈필라델피아Philadelphia〉가 에이즈에 대한 세상의 편견을 희석하는 데 어떻게 기여했는지 떠올려보라. 그럴 수 있었던 부분적인 이유는 사람들이 그저 피하기만 했던 주제를 마침내 꺼내놓기 시작했기 때문이다.

이 모든 것과 협상의 공통분모는 바로 공감이다. 공감하기는 훌륭한 협상의 심장이며 영혼이다. 자신의 이야기를 하는 것은 어려운 주제에 인간적인 관점으로 다가가도록, 고정관념을 깨도록, 자신을 보호하려는 방패를 내려놓도록 해준다. 그러고 나면 우리는 훨씬 더 효과적으로 소통할 수 있다. 이런 이유로 의료서비스 문제를 논할 때 정치인의 의견이나 통계 자료를 들이미는 것보다 뇌종양과 싸우면서 감당하기 힘든 치료비로 고통받는 당신 가족의 이야기를 들려주는 것이 훨씬 더 효과적이다. 또는 총기 규제에 관한 대화를 나눌 때 비록 총으로 살인하는 사람들을 절대 옹호하지 않지만, 치안 시스템이 열악한 외진 지역에 살고 있어서 총이라도 있어야 자신을 지킬 수 있다고 설명하는 것이 훨씬 나은 결과를 가져온다.

계속 대화하라
: 논쟁을 넘어 이해로 나아가기

나는 수업에서 가능한 정치 이야기는 하지 않는다. 그러나 가끔 그런 화제가 등장하면 학생들이 자유롭게 대화를 나누도록 맡겨두곤 한다. 피츠버그 스쿼럴힐의 유대교 예배당에서 유대인 혐오 범죄인 끔찍한 총기난사 사건(2018년 11월 27일 피츠버그의 유대교 예배당에서 40대 백인 남성이 총을 난사해 11명이 숨진 사건-옮긴이)이 발생하고 일주일쯤 지났을 때, 나는 시카고에서 강의를 했다. 서로 원만하게 잘 어울리고 똑똑하며 수업 참여도도 높은 학생들이었다. 학생들은 시종일관 서로 정감 어린 농담을 주고받으며 화기애애했다. 그중에 나이가 좀 있는 라틴계 여성인 소피아_{Sofia}가 눈에 띄었다. 굉장히 쾌활하고 사교적인 모습이 인상적이었다. 그녀는 인재파견회사를 운영하는 사업가였는데 세일즈맨의 면모도 두드러졌다. 특유의 매력으로 호감을 주면서 주변 사람을 대화에 참여하게 하는 능력이 뛰어났다.

나는 학생들을 여러 팀으로 나눈 후 모의협상을 하게 했다. 협상이 끝나고 살펴보니 만족스러운 결과를 얻은 사람이 하나도 없었다. 나는 소피아가 노아_{Noah}라는 학생에게 물건을 판매하면서 가장 낮은 가격을 제시했는데도 협상이 결렬된 이유가 무엇인지 궁금했다. "소피아, 어떻게 된 거예요?" 내가 질문하자 소피아는 웃으면서 어깨를 으쓱했다. "어떻게 되긴요. 흥정에서는 노아한테 두 손 두 발 다 들었어요. 하지만 별로 놀랍지는 않아요. 노아는 유대인이잖아요."

순간 나는 멈칫했다. 반의 다른 학생들도 마찬가지였다. 다들 헉하고 숨을 들이마시는 소리가 들리는 듯했다. 잠시 후 나는 다시 정신을 차리고 소피아가 어떻게든 다시 설명하게끔 유도했다. 그녀가 자신이 방금 한 말실수를 깨닫고 그 말을 취소할 거라고 확신하면서 말이다. 하지만 그녀는 내 기대를 저버리고 오히려 한술 더 떴다. 그녀는 사업 때문에 많은 유대인과 거래한 경험이 있는데 굉장히 영리하고 비즈니스 능력이 뛰어나더라고 설명했다. 그녀 나름대로는 유대인들이 대단하다는 말을 하려는 것이었지만, 강의실 안의 분위기는 싸늘하기만 했다.

소피아의 말에는 타인에게 상처를 줄 수도 있는 고정관념이 담겨 있었다. 하지만 내가 보기에 그녀는 사업상 만나본 유대인들에게 진심으로 깊은 인상을 받았기 때문에 금전 거래에 밝고 영리한 특성을 유대인과 연결지어 생각하게 된 것이었다. 유대인에 대한 그녀의 관점은 일종의 편견이었고 다듬어지지 않은 접근법이긴 했지만, 유대인에 대한 혐오는 결코 아니었다. 하지만 반 학생들이 즉각 드러낸 반응을 보건대, 그들은 꼭 나처럼 생각하지 않는 것 같았다. 부정적인 감정과 판단이 강의실 안을 가득 채우고 있었다.

그때 강의실 뒤쪽의 남성이 손을 들더니 약간 떨리는 목소리로 말했다. "한마디 안 할 수가 없네요. 소피아, 당신이 좀 심했어요. 그건 상대방에게 상처를 주는 말이라고요." 인종과 민족에 상관없이 다른 학생들은 너도나도 이 남성의 말에 찬성표를 던지면서, 노아를 향해 소피아를 대신해 사과하고 싶다고 말했다. 한편 소피아는 어안이 벙벙한 표정이었다. 자신의 말이 초래한 그 상황이 이해가 가지 않는 듯했다. 그녀는 자신을 해명하려고 노력했다. 나는 모두에게 침착하자고, 말할 때 신중하게 표현을 고르자고, 다른 학생들의 말을 충분히 듣자고 말했다. 한 여성이 이 방에서 고정관념이나 편견 하나쯤 없는 사람이 어디 있겠느냐, 소피아는 그냥 그것을 겉으로 드러냈을 뿐이다, 소피아를 비난하는 사람들은 다 위선자다, 라고 말했다. 그러자 아까 그 강의실 뒤쪽 남성이, 자신도 소피아가 타인에게 상처를 줄 의도가 없었다는 건 알지만 그녀의 말은 결과적으로 상처를 줬다고 말했다.

한참 후 노아가 손을 들었다. "제가 얘기해도 될까요? 이 모든 게 저와 소피아 때문에 시작됐으니까요." 그는 소피아를 향해 "소피아, 난 당신을 원망하지 않아요"라고 말하곤 반 전체 학생들을 보며 이렇게 말했다. "내게는 그리 놀라운 일도 아닙니다. 그런 말, 별로 기분 나쁘지 않아요. 나는 야물커_yarmulke(유대인 남자들이 쓰는 둥글고 작은 모자-옮긴이)를 쓰고 다니기 때문에, 처음 만나는 경우라도 사람들의 반응이 충분히 예상될 때가 종종 있거든요. 물론 즐거운 일은 아니지만 이제 그러려니 합니다."

그 시점에 나는 과열된 분위기도 식힐 겸 잠시 휴식시간을 갖자고 말했다. 그때 소피아가 주섬주섬 가방을 챙기는 게 보였다. 나갔다가 다시 돌아오지 않을 모양이었다. 수업 분위기가 그렇게 흘러가서 기분이 몹시 안 좋은 것 같았다. 다들 그녀가 잘못했다고 몰아세우는 분위기여서 억울하다는 생각이 들었을 것이다. 내 예상대로 소피아는 휴식시간이 끝나도 돌아오지 않았다. 나는 싸해진 분위기가 그대로 이어져 학생들이 수업에 소극적이 되면 어쩌나 내심 걱정이 됐다.

다행히 우리는 나머지 오후 시간에 교재의 나머지 부분을 끝냈다. 나는 수업을 마치면서 오늘은 길고 힘든 하루였다고, 그리고 여러모로 정말 중요한 하루였다고 말했다. 뭔가 찜찜한 상황을 좋은 말로 서둘러 포장하려는 것이 아니었다. 그날 우리에게는 실제로 긍정적인 성과가 있었기 때문이다. 우리는 상처와 고통에서 용서와 이해로 나아갔다. 우리는 극심한 분열과 소통 불능의 시대를 살고 있지만, 강의실에서만큼은 대화의 끈을 놓지 않고 끝까지 토론했다. 우리는 타인의 말을 가로막거나 서로를 대화에서 배제하지도 않았다. '저 사람은 나랑 너무 달라서 절대 이해 못 할 거야'라고 생각하는 건 매우 쉽다. 그렇게 단정하는 순간 간극은 점점 더 벌어진다. 나와 의견이 다른 타인을 비난만 할 게 아니라 기꺼이 대화 테이블로 초대해야 한다. 나는 학생들에게 소피아의 발언이 나오기 전인 오전 내내 얘기한 것, 즉 공감의 중요성을 잊지 말라고 당부했다. 그리고 이제 반 학생 수가 한 명 줄었다는 점을 상기시키면서 마음이 내키는 사람이 있다면 소피아에게 한번 연락해보라고 했다.

나는 소피아가 다음 주 다른 수업에 나왔고, 반 학생 모두 그녀를 두 팔 벌려 환영했다는 소식을 나중에 전해 들었다. 지금 돌아보면 그날 수업은 힘들긴 했어도 모두에게 의미 있는 경험이었다. 학생들은 그날 토론으로 그 어떤 사례 연구도 가르쳐줄 수 없는 값진 교훈을 배웠다. 우리는 상처와 비난에서 치유로 나아갔다.

내 수업에서 누군가 부적절한 발언을 하는 경우는 종종 일어난다. 때때로 그런 발언은 의미 있는 토론으로 이어지지 못하고 그냥 흐지부지 지나간다. 그러나 지금 우리가 사는 시대를 생각해보라. 유대인도, 소수인종도, 여성도, 남성도 공격 대상이 된 기분을 느낀다. 날것 그대로의 거친 말들이 그들을 조준하곤 한다. 그런 말을 하는 누군가를 만났을 때 우리는 적극적으로 대화를 시도하기보다는 아예 피해버리기 일쑤다. 이런 이유로 나는 소피아 반의 수업을 마치면서 너무나도 흐뭇했다. 그들의 입에서도 다듬어지지 않은 거친 말이 나왔지만(소피아뿐만 아니라 모두 마찬가지다) 끝까지 대화했다. 그들에게는 대화 테이블을 떠나지 않을 용기가, 그리고 다음 주에 다시 테이블에 앉을 용기가 있었다.

긍정적인 변화에서 희망을 보다

정치인들이 취하는 가장 기본적인 전략은 유권자들의 불만에 초점을 맞추는 것이다. 선거 유세에서는 바로 그 부분을 공략해 유권자들이 마음을 바꾸도록 설득한다. 유권자가 불만을 가진 영역은 의료서비스, 이민자 문제, 범죄 등 다양하다. 정치인들은 하나같이 고장 난 그 부분을 자신이 고치겠다고 말한다.

그러나 나는 이런 생각이 든다. 이 세상이 정말로 정치인들이 말하는 것처럼 문제투성이고 나쁘기만 할까? 혹시 우리가 세상의 긍정적인 모습들은 그냥 외면하고 있는 것은 아닐까? 그도 그럴 것이 나는 강의실에서 늘 긍정적인 변화를 목격하기 때문이다. 이 책에서 소개한 사례들은 그동안 내가 학생들에게서 목격한 변화의 극히 일부에 불과하다. 단순히 협상 능력이 향상되는 것만을 말하는 것이 아니다(물론 그것도 중요한 변화지만).

그들은 성장하고 자신을 바꾸면서 타인과 소통하고 관계 맺는 방식을 변화시킨다. 그들은 자기 자신에게, 그리고 타인에게 더 친절한 사람이 된다. 완강하게 원래의 모습만 고집하는 이들은 거의 없었다. 나는 이것이 우리가 희망을 품어도 되는 이유라고 본다. 그들은 나를 자꾸 강단에 서고 싶게 만든다. 앞으로도 그럴 것이다. 그들은 협상의 힘을 보여주는 증거이기 때문이다.

감사의글

이 책을 쓰는 일은 쉽지 않은 작업이었다. 특히 나의 인생 이야기를 쓰는 것이 어려웠다.

고마움을 전할 사람이 너무 많으므로 가족과 친구들 이름을 일일이 부르는 것은 생략하겠다. 늘 내 편이 돼주고 끊임없이 영감을 주는 그들에게 감사한다. 특히 남들 눈치 보지 말고 내 이야기를 책에 쓰라고 용기를 북돋워준 언니에게 고맙다. 언니와 나눈 대화는 그 무엇과도 비교가 안 될 만큼 내게 소중하다.

책이 세상에 나오는 데 특히 중요한 역할을 해준 이들이 있다. 하워드 윤Howard Yoon이 보내준 응원과 도움에 감사의 말을 전한다. 이 책은 오래전부터 구상했고 그동안 수없이 쓰고 지우고를 반복했다. 함께 올바른 방향을 찾아가는 동안 옆에 있어준 하워드에게 감사한다. 책이 나오기까지 애써준 에이버리출판사_{Avery Publishing}의 모든 관계자에게도 감사드린다. 특히 담당편집자 루시아 왓슨_{Lucia Watson}의 분별력과 통찰력, 사려 깊은 접근법에 존경을 보낸다. 원고를 제일 먼저 읽어준 질 허드슨_{Jill Hudson}과 켄 슈롭셔_{Ken Shropshire}에게도 감사한다. 그들의 예리하면서도 애정 어린 피드백이 크나큰 도움이 됐다. 제나 프리_{Jenna Free}에게 감사한다. 우리는 함께 배우고 함께 성장했다. 제나는 늘 인내심 있는 태도와 열린 마음으로 가장 필요한 순간에 내게 용기를 심어줬다.

내가 가르치는 일을 하게 되리라곤 상상도 하지 못했었다. 나는 켄 슈롭셔가 내게서 무엇을 봤는지 지금도 잘 모르겠다. 하지만 그는 내 능력을 믿었다. 그는 가르치는 일이 자신의 역량 밖이라고 생각하던 내가 교수의 길에 들어설 수 있도록 이끌어줬다. 내게 멘토가 돼주고 와튼스쿨로 향하는 문을 열어준 그에게 감사의 말을 전한다.

든든한 지원과 응원을 보내준 존 F. W. 로저스_{John F. W. Rogers}와 골드만삭스재단 관계자들께 감사한다. 내가 카이로아메리칸대학교의 골드만삭스 '1만 여성' 프로그램에서 강의할 수 있게 도와준 리타 맥글론_{Rita McGlone}과 와튼스쿨의 동료 교수들에게 특별한 감사를 전한다. 이 프로그램에서 학생들을 가르친 일은 내 인생을 바꿀 만한 대단한 경험이었다.

독자들이 생생한 경험담에서 교훈을 얻을 수 있도록 자신의 이야기를 책에 싣는 데 흔쾌히 동의해준 많은 분께 감사드린다. 그들은 내게 아낌없이 시간을 내주고 언제나 진솔한 모습으로 이야기를 들려줬다.

마지막으로 용기와 확신을 갖고 늘 배움에 열정적인 내 학생들에게 감사를 전한다. 그들의 이야기와 경험이야말로 이 책의 심장에 해당한다. 그들은 나를 누구보다 잘 안다. 그들은 나의 강한 모습도, 약한 모습도 본다. 내 마음과 머리를 활짝 열어준, 그리고 내 삶을 한층 풍성하게 만들어준 그들에게 고마움을 전한다.

참고문헌

Lesson 1 자신의 가치를 스스로 깎아내리는 사람들

1 Oprah Winfrey, "Wes Moore: Is Your Job Your Life's Purpose?," podcast audio, Oprah's SuperSoul Conversations, OWN, May 21, 2018, https://podcasts.apple.com/gb/podcast/wes-moore-is-your-job-your- lifes-purpose/id1264843400?i=1000411964463.

2 Daniel J. Tomasulo and James O. Pawelski, "Happily Ever After: The Use of Stories to Promote Positive Interventions," Psychology 3, no. 12A (December 2012): 1191, http://dx.doi.org/10.4236/psych. 2012.312A176; Martin Seligman et al., "Positive Psychology Progress: Empirical Validation of Interventions," American Psychologist 60, no. 5 (2005): 410, http://dx.doi.org/10.1037/0003-066X.60.5.410.

Lesson 2 타인의 시선에 잠식당한 사람들

3 Linda Babcock et al., "Nice Girls Don't Ask," Harvard Business Review, October 2003, https://hbr.org/2003/10/nice-girls-dont-ask.

4 Julie J. Exline et al., "People- Pleasing through Eating: Sociotropy Predicts Greater Eating in Response to Perceived Social Pressure," Journal of Social and Clinical Psychology 31, no. 2 (2012): 169, https://doi.org/10.1521/jscp.2012.31.2.169.

5 Elizabeth Grace Saunders, "Stop Being a People Pleaser," Harvard Business Review, October 30, 2012, https://hbr.org/2012/10/stop-being-a-people-pleaser.

6 Alex Spiegel, "By Making a Game out of Rejection, a Man Conquers Fear," Morning Edition, NPR, January 16, 2015, https://www.npr.org/sections/health-shots/2015/01/16/377239011/by-making-a-game-out-of- rejection-a-man-conquers-fear?t=1556281440846.

Lesson 4 제안하는 '방식'도 중요하다

7 Joe Campolo, "Mandela— Master Negotiator," Campolo, Middleton & McCormick, LLP blog, March 27, 2014, http://cmmllp.com/mandela-master-negotiator/.

8 David McCandless, "51 Favorite Facts You've Always Believed That Are Actually False," Reader's Digest, https://www.rd.com/culture/false-facts-everyone-believes/, accessed May 25, 2019.

9 PON Staff, "The Star Wars Negotiations and Trust at the Negotiating Table," Harvard Law School, Program on Negotiation (PON) blog, May 7, 2019, https://

www.pon.harvard.edu/daily/business- negotiations/a-forceful-deal-george-lucas-puts-his-trust-in-disney/.

10 Madeline E. Heilman et al., "Penalties for Success: Reactions to Women Who Succeed at Male Gender- Typed Tasks," Journal of Applied Psychology 89, no. 3 (2004): 416, http://dx.doi.org/10.1037/ 0021-9010.89.3.416; Madeline E. Heilman and Michelle C. Haynes, "No Credit Where Credit Is Due: Attributional Rationalization of Women's Success in Male- Female Teams," Journal of Applied Psychology 90, no. 5 (2005): 905, http://dx.doi.org/10.1037/0021-9010.90.5.905; Madeline Heilman, "Gender Stereotypes and Workplace Bias," Research in Organizational Behavior 32 (2012): 113, https://doi.org/10.1016/j.riob.2012.11.003; Rhea E. Steinpreis, Katie A. Anders, and Dawn Ritzke, "The Impact of Gender on the Review of the Curricula Vitae of Job Applicants and Tenure Candidates: A National Empirical Study," Sex Roles 41, no. 7– 8 (1999): 509– 510, https:// link.springer.com/ article/ 10.1023/ A:1018839203698.

Lesson 5 열린 태도의 힘

11 Jeremy Frimer, Linda J. Skitka, and Matt Motyl, "Liberals and Conservatives Are Similarly Motivated to Avoid Exposure to One Another's Opinions," Journal of Experimental Social Psychology 72, no. 1–12 (2017): 10, https://papers.ssrn.com/sol3/papers.cfm?abstract_id=2953780.

12 Jennifer Eberhardt, Biased: Uncovering the Hidden Prejudice That Shapes What We See, Think, and Do (New York: Viking, 2019), 14.

13 Eberhardt, Biased, 85.

14 Alisa Chang, "MacArthur Genius Recipient Jennifer Eberhardt Discusses Her New Book 'Biased,' " All Things Considered, NPR, March 26, 2019, https://www.npr.org/2019/03/26/706969408/macarthur-genius- recipient-jennifer-eberhardt-discusses-her-new-book-biased.

15 Erik Larson, "New Research: Diversity + Inclusion = Better Decision Making At Work," Forbes, September 21, 2017, https://www.forbes.com/sites/eriklarson/2017/09/21/new-research-diversity-inclusion- better-decision-making-at-work/#3fca39af4cbf.

16 Anne d'Innocenzio, "Gucci, Prada, H&M — Fashion Brands Blunder over Racial Sensitivity," Stuff, February 18, 2019, https://www.stuff.co.nz/business/world/110664121/gucci-prada-hm-fashion-brands- blunder-over-racial-sensitivity.

17 Tom Jacobs, "Why We Shut Ourselves Off from Opposing Viewpoints," Pacific Standard Magazine, June 14, 2017, https://psmag.com/news/why-we-shut-ourselves-off-from-opposing-viewpoints.

18 Jolie Kerr, "How to Talk to People, According to Terry Gross," New York Times,

November 17, 2018, https://www.nytimes.com/2018/11/17/style/self-care/terry-gross-conversation-advice.html.

19 Dale Carnegie, How to Win Friends and Influence People, rev. ed. (New York: Simon & Schuster, 1981), 30.

20 Patricia Donovan, "Study Finds That Curiosity Is Key to Personal Growth in Many Spheres, Including Intimate Relationships," University at Buffalo, News Center, December 16, 2002, http://www.buffalo.edu/ news/releases/2002/12/5996.html.

21 Jonathan Mahler, "The White and Gold (No, Blue and Black!) Dress That Melted the Internet," New York Times, February 27, 2015, https://www.nytimes.com/2015/02/28/business/a-simple-question-about-a- dress-and-the-world-weighs-in.html.

Lesson 6 공감의 힘

22 L. Gregory Jones, "Leadership as Loving Enemies," Faith and Leadership, January 4, 2009, https:// www.faithandleadership.com/content/leadership-loving-enemies.

23 Pervaiz Shallwani, "Life Lessons from the NYPD's Top Hostage Negotiator," Wall Street Journal, August 28, 2015, https://www.wsj.com/articles/life-lessons-from-the-nypds-top-hostage-negotiator- 1440726792.

24 Gary Noesner, "The Best Books on Negotiating and the FBI Recommended by Gary Noesner," Five Books, https://fivebooks.com/best-books/ gary- noesner_on_ negotiating- and- the- fbi/, accessed May 26, 2019

25 Ben Rhodes, The World As It Is (New York: Random House, 2018), 201.

26 PON Staff, "Win Win Negotiation — Managing Your Counterpart's Satisfaction," Harvard Law School, Program on Negotiation (PON) blog, December 24, 2018, https://www.pon.harvard.edu/daily/win-win- daily/win-win-negotiations-managing-your-counterparts-satisfaction/.

27 Michael S. Hopkins, "How to Negotiate Practically Everything," February 1, 1989, https://www.inc.com/ magazine/19890201/5526.html.

28 Charalambos Vlachoutsicos, "Empathetic Negotiation Saved My Company," Harvard Business Review, October 24, 2013, https://hbr.org/2013/10/empathetic-negotiation-saved-my-company.

Lesson 7 지금, 여기에 집중하는 힘

29 Wendy Sherman, Not for the Faint of Heart (New York: PublicAffairs, 2018), 43.

30 Kevin McSpadden, "You Now Have a Shorter Attention Span Than a Goldfish," *Time*, May 14, 2015, http://time.com/3858309/attention-spans-goldfish/.

31 Adrian F. Ward et al., "Brain Drain: The Mere Presence of One's Own Smartphone Reduces Available Cognitive Capacity," *Journal of the Association for Consumer Research* 2, no. 2 (2017), https://www.journals.uchicago.edu/doi/full/10.1086/691462.

32 "Americans Don't Want to Unplug from Phones While on Vacation, Despite Latest Digital Detox Trend," press release, Asurion.com, May 17, 2018, https://www.asurion.com/about/press-releases/americans- dont-want-to-unplug-from-phones-while-on-vacation-despite-latest-digital-detox-trend/.

33 Maryanne Wolf, *Reader Come Home: The Reading Brain in a Digital World* (New York: HarperCollins, 2018), 2.

34 Michelle Obama, *Becoming* (New York: Crown, 2018), 61.

35 Obama, *Becoming*, 89.

36 Keith Allred et al., "The Influence of Anger and Compassion on Negotiation Performance," *Organizational Behavior and Human Decision Processes* 70, no. 3 (1997), https://doi.org/10.1006/ obhd.1997.2705.

37 Jeremy A. Yip and Martin Schweinsberg, "Infuriating Impasses: Angry Expressions Increase Exiting Behavior in Negotiations," *Social Psychological and Personality Science* 8, no. 6 (2017), https://doi.org/ 10.1177/1948550616683021.

Lesson 8 풍족함을 가정하라

38 Neil Katz and Kevin McNulty, "Interest- Based Negotiation," Maxwell School of Citizenship and Public Policy, 1995, https://www.maxwell.syr.edu/uploadedFiles/parcc/cmc/Interested-Based%20Negotiation%20NK. pdf.

39 PON Staff, "Why Is Sincerity Important? How to Avoid Deception in Negotiation," Harvard Law School, Program on Negotiation (PON) blog, January 7, 2019, https://www.pon.harvard.edu/daily/ conflict-resolution/why-we-succumb-to-deception-in-negotiation/..

40 Michael Benoliel, *Done Deal* (Avon, MA: Platinum Press, 2005), 114.

41 Paul B. Brown and Michael S. Hopkins, "How to Negotiate Practically Anything," interview with Bob Woolf, Inc., February 1, 1989, https://www.inc.com/magazine/19890201/5526.html.

42 Fast Company Staff, "Fresh Copy: How Ursula Burns Reinvented Xerox," *Fast Company*, November 19, 2011, https://www.fastcompany.com/1793533/fresh-copy-how-ursula-burns-reinvented-xerox.

43 Leslie K. John, "How to Negotiate with a Liar," Harvard Business Review, July–August 2016, https://hbr.org/2016/07/how-to-negotiate-with-a-liar.

44 John, "How to Negotiate with a Liar."

Lesson 9 당신의 강점을 믿어라

45 Sallie Krawcheck, Own It: The Power of Women at Work (New York: Crown Business, 2017), 7.

46 Krawcheck, Own It, 4.

47 Ursula Burns, "Ursula Burns: First Woman to Run a Fortune 500 Company," Time, http://time.com/ collection/firsts/4883099/ursula-burns-firsts/, accessed May 28, 2019.

48 "From Paper-Clip to House in 14 Trades," CBC News, July 7, 2006, https://www.cbc.ca/news/canada/ from-paper-clip-to-house-in-14-trades-1.573973.

49 Sherman, Not for the Faint of Heart, xvi.

50 Robert Cialdini, "Principles of Persuasion," video, Influence at Work, https://www.influenceatwork.com/ principles-of-persuasion/, accessed June 1, 2019.

51 Sherman, Not for the Faint of Heart, 39.

52 Nicole Spector, "Smiling Can Trick Your Brain into Happiness — and Boost Your Health," NBC News, November 28, 2017, https://www.nbcnews.com/better/health/smiling-can-trick-your-brain-happiness-boost- your-health-ncna822591.

53 Michael Schaerer, Martin Schweinsberg, and Roderick Swaab, "Imaginary Alternatives: The Effects of Mental Simulation on Powerless Negotiators," Journal of Personality and Social Psychology 115, no. 1 (2018), https://psycnet.apa.org/ record/2018-13326-001.

54 Amy Cuddy, "Your Body Language May Shape Who You Are," TED Talk video, 2012, https://www.ted.com/talks/amy_cuddy_your_body_language_shapes_who_you_are?language=en..

55 Amy Cuddy, Presence: Bringing Your Boldest Self to Your Biggest Challenges (New York: Little, Brown, 2015), 41.

56 Schaerer et al., "Imaginary Alternatives."

Lesson 10 타인과의 접점을 찾아라

57 Laura Entis, "Loneliness Is a Modern Day Epidemic," Fortune, June 22, 2016,

http://fortune.com/2016 /06/22/loneliness-is-a-modern-day-epidemic/.

58 Karin Tamerius, "How to Have a Conversation with Your Angry Uncle over the Holidays," New York Times, November 18, 2019, https:// www.nytimes.com/ interactive/ 2018/ 11/ 18/ opinion/ thanksgiving- family-argue-chat-bot.html.

59 Ira Glass, "The Incredible Rarity of Changing Your Mind," podcast audio, This American Life, WBEZ Chicago, April 24, 2015, https:// www.thisamericanlife.org/ 555/ the- incredible- rarity_of_changing- your- mind. (이 연구의 접근법은 이론적 검증 부족으로 평가되었으나 활동가의 대화는 사실에 근거한 자료로 남아 있다.)

60 Heather McGhee, "'What Can I Do to Change? You Know? To Be a Better American?'" Interview with Heather McGhee, CSPAN's Washington Journal via YouTube, August 20, 2016, https:// www.youtube.com/watch?v=BsUa7eCgE_U; Daniel Smith, "A Friendship for a More Tolerant America," New Yorker, December 25, 2016, https://www.newyorker.com/magazine/2017/01/02/a-friendship-for-a-more-tolerant-america.

61 Todd Rose and Ogi Ogas, Dark Horse: Achieving Success through the Pursuit of Fulfillment (New York: HarperOne, 2018).

62 Hidden Figures, 20th Century Fox, released December 25, 2016.

63 Kimberly Harrington, "When Will It Be Times Up for Motherhood and Marriage?," Medium, July 20, 2018, https://medium.com/s/story/when-wil-it-be-times-up-for-motherhood-and-marriage-2766d311bfae.

64 David Comer Kidd and Emanuele Castano, "Reading Literary Fiction Improves Theory of Mind," Science 342, no. 6156, DOI: 10.1126/ science.1239918.

65 John Guida, "How Movies Can Change Our Minds," New York Times, February 4, 2015, https:// op-talk.blogs.nytimes.com/2015/02/04/how-movies-can-change-our-minds/.

옮긴이 이수경

서울에서 태어나 한국외국어대학교 노어과를 졸업했으며 전문번역가로 활동하며 인문교양, 경제경영, 심리학, 실용, 자기계발, 문학 등 다양한 분야의 영미권 책을 우리말로 옮겨 왔다. 옮긴 책으로 《존중받지 못하는 자들을 위한 정치학》《친밀한 타인들》《백악관 속기사는 핑크 슈즈를 신는다》《뒤통수의 심리학》《영국 양치기의 편지》《완벽에 대한 반론》《아무도 나를 이해해주지 않아》《멀티플라이어》《소소한 즐거움》《해피니스 트랙》 등이 있다.

사람은 무엇으로 움직이는가
연결의 힘으로 원하는 결과를 끌어내는 와튼스쿨 협상수업

초판 1쇄 2021년 2월 5일
초판 5쇄 2024년 9월 5일

지은이 ｜ 모리 타헤리포어
옮긴이 ｜ 이수경

발행인 ｜ 문태진
본부장 ｜ 서금선
편집 1팀 ｜ 한성수 송현경

기획편집팀 ｜ 임은선 임선아 허문선 최지인 이준환 송은하 김광연 이은지 장서원 원지연
마케팅팀 ｜ 김동준 이재성 박병국 문무현 김윤희 김은지 이지현 조용환 전지혜
디자인팀 ｜ 김현철 손성규   저작권팀 ｜ 정선주
경영지원팀 ｜ 노강희 윤현성 정헌준 조샘 이지연 조희연 김기현
강연팀 ｜ 장진항 조은빛 신유리 김수연 송해인

펴낸곳 ｜ (주)인플루엔셜
출판신고 ｜ 2012년 5월 18일 제300-2012-1043호
주소 ｜ (06619) 서울특별시 서초구 서초대로 398 BnK디지털타워 11층
전화 ｜ 02)720-1034(기획편집) 02)720-1027(마케팅) 02)720-1042(강연섭외)
팩스 ｜ 02)720-1043   전자우편 ｜ books@influential.co.kr
홈페이지 ｜ www.influential.co.kr

한국어판 출판권 ⓒ (주)인플루엔셜, 2021

ISBN   979-11-91056-43-3 (03320)